现代社会学文库 第二辑

The Sociology of Consumption
(Second Edition)

消费社会学

（第二版）

王宁 ◎著

社会科学文献出版社
SOCIAL SCIENCES ACADEMIC PRESS (CHINA)

《现代社会学文库·第二辑》出版说明

1998年，社会科学文献出版社筹划出版了《现代社会学文库》，希冀汇总中国社会学优秀作品，引介国外社会学优秀成果，推动中国社会学的发展。十多年过去了，这套文库粗具规模，在社会学界获得了良好的反响，对中国社会学的发展作出了其应有的贡献。时至今日，中国社会学的恢复重建已经过去了三十多年。在这三十多年中，中国社会学从无到有，逐渐走向成熟，学术从业者的训练也逐步专门化，并有大批海外学子学成归来。在此，有必要在社会学面对中国发展现实的基础上，在学术从业者构成以及知识生产条件发生变化的背景下，重新组织一套社会学研究丛书，以推动中国社会学在新时代的进一步发展。

社会科学文献出版社近十年来在社会学图书的出版方面着力甚多，陆续出版了多套社会学丛书，比如《清华社会学讲义》、《社会学教材教参方法系列》、《社会学人类学论丛》、《中山大学社会学文库》、《民族与社会丛书》等，并已经成为中国最主要的社会学著作出版基地。在这种条件下，《现代社会学文库·第二辑》的取向将是两个方面，一是可以普遍推广的社会学讲义。这类讲义必有丰富的基础理论知识，以及鲜活的中国经验，必有对过往经验的反思以及基于实践的创新。二是基于中国社会转型的实证研究和理论专著。学者基于扎实的调查而形成的著作是重点。此类著作当有深刻的理论思索，在一定程度上可以作为研究范本。

中国社会的伟大转型产生了丰富的中国经验。社会学学者当能生产出更加丰富的知识，才能无愧于这个我们身在其中的伟大时代。社会科学文献出版社也愿以微薄的力量参与其中。愿此套文库的出版能够对中国社会学的知识生产作一份贡献，也愿与社会学界的朋友一道，共同推动中国社会学在中国社会新成长阶段的更大发展。

社会科学文献出版社
2011年中于北京华龙大厦

目 录

绪 论 ………………………………………………………… 1

第一章 消费社会学的研究对象 ………………………… 7
  一 问题的提出 ……………………………………………… 7
  二 从学科属性的原则看研究对象 ………………………… 10
  三 从学科目标的原则看研究对象 ………………………… 15
  四 从学科视角的原则看研究对象 ………………………… 17

第二章 消费与需要 ………………………………………… 21
  一 需要的性质 ……………………………………………… 21
  二 需要的区间 ……………………………………………… 26
  三 需要的二重性 …………………………………………… 28
  四 影响消费需要的因素 …………………………………… 30

第三章 消费与认同 ………………………………………… 43
  一 认同作为社会学概念 …………………………………… 44
  二 个体认同与消费活动 …………………………………… 49
  三 社会认同与消费群体 …………………………………… 56

第四章 消费与生活方式 ································ 65
  一 消费选择的分类 ···································· 66
  二 消费选择是对生活方式的选择 ···················· 74
  三 消费选择的后果：产品生命周期问题 ·············· 78

第五章 消费与情感 ···································· 81
  一 情感社会学回顾 ···································· 82
  二 情感的社会宣泄方式与消费享乐主义 ············· 83
  三 情感的社会沟通方式与营销沟通中的情感诉求 ···· 88
  四 情感的社会表达方式与服务行业 ·················· 97

第六章 消费与文化 ···································· 100
  一 文化的概念 ·· 100
  二 文化作为符号系统 ································· 105
  三 消费作为文化 ······································ 112

第七章 物质消费文化 ································· 115
  一 物的符号功能和符号价值 ························· 116
  二 商品的符号化过程 ································· 119
  三 商品的空间符号 ··································· 125
  四 物的符号转换 ······································ 128

第八章 规范消费文化 ································· 132
  一 家庭消费规范 ······································ 134
  二 交际消费规范 ······································ 139
  三 消费习俗与消费规范 ······························ 144

四　意识形态、消费规范与消费禁忌 …………………………… 148

第九章　表现消费文化 ……………………………………………… 152
　一　消费的表现功能 ……………………………………………… 153
　二　象征消费 ……………………………………………………… 157
　三　衣食住行与消费象征 ………………………………………… 164

第十章　消费与时间 ………………………………………………… 172
　一　时间：从社会学角度看 ……………………………………… 172
　二　休闲时间作为消费的条件和诱导 …………………………… 174
　三　休闲作为消费的对象 ………………………………………… 179

第十一章　消费与空间 ……………………………………………… 189
　一　空间化实践 …………………………………………………… 189
　二　消费空间的社会发生 ………………………………………… 192
　三　公共消费空间的社会建构 …………………………………… 194
　四　家庭消费空间的社会建构 …………………………………… 203

第十二章　公共消费方式 …………………………………………… 212
　一　关于公共消费的几个基本概念 ……………………………… 213
　二　社会公共消费的社会功能 …………………………………… 215
　三　公共消费作为一种消费方式 ………………………………… 220
　四　公共消费方式的变迁 ………………………………………… 224

第十三章　可持续消费问题 ………………………………………… 229
　一　关于可持续消费的探讨 ……………………………………… 230
　二　"不可持续"消费模式的价值基础 ………………………… 233

三　"不可持续"消费模式产生的社会、文化和市场机制 ………… 235
　　四　环境问题的全球化与后消费主义 ………………………… 242

第十四章　消费者权益问题 ……………………………………… 245
　　一　交易关系中的消费者弱势 ………………………………… 245
　　二　消费者权益受损现象的宏观社会学分析 ………………… 249
　　三　消费者权益的保护问题 …………………………………… 259

结束语 …………………………………………………………… 263
参考文献 ………………………………………………………… 268
再版后记 ………………………………………………………… 283

绪　论

消费是"联结经济与文化的社会活动"（Lee，1993：xiii），是经济生活、文化生活与社会生活的联结点和汇聚地。消费既是经济领域与日常生活领域进行交换和沟通的渠道，也是"资本与日常生活实践相结合的领域"（Lee，1993：xiii）。因此，消费不仅具有经济和营销意义，而且具有重要的文化和社会意义（Baudrillard，1988；Bourdieu，1984；Douglas and Isherwood［1979］1996；罗红光，2000）。消费生活向我们展示了人们不但通过自己的"生产者"角色，而且也通过自己的"消费者"角色，与他人结成一定的分工、合作、交换和互动的社会关系。消费不但是经济学意义上的消费者追求个人效用最大化的过程，而且也是社会学意义上的消费者进行"意义"建构、趣味区分、文化分类和社会关系再生产的过程（Bourdieu，1984；Douglas and Isherwood，［1979］1996）。消费过程不仅是商品的交换价值和使用价值实现的过程，而且也是商品的社会生命和文化生命的形成、运动、转换和消解的过程，换句话说，消费不但是物质生活过程，而且也是文化、交往和社会生活的过程。消费在物理意义上消解客体的同时，也在社会和文化的意义上塑造主体，并因此找到了使个体整合到社会系统中去的媒介。消费是社会生活的"辩证法"：它使某种东西（如商品）消失，同时又使其他东西（如自我与社会认同）产生。从消费主体来看，消费者不仅仅是一个"经济人"，更是一个具有多重角色的人，甚至是一个充满矛盾的人。消费者可以同时是理性选择者、意义传播者、生活方式的探索者、认同寻找者、快乐主义者、商品消费的牺牲者、反叛者、活动主义者和公民（Gabriel and Lang，1995）。这一切都说明，消费并不仅仅是一种经济现象，更是一种复杂的、综合性的经济、社会、政治、心理和文化现象。消费是一面"镜子",它不但从一个侧面映出了经济体系某个部分的运行机制,而且也照出了文化过程和社会生活中的许多"秘密"。简言之,消费所隐含的意义远远超出了经济学和市场营销所能把握的范围;对消费与消费者,不但应该而且也迫切需要从社会学以及其他社会科学分支的角度来进行研究。本书就是从社会学角度对消费进行研究的一次尝试。

我们每个人都是天然的消费者:消费的历程从我们出生开始,直到我们死亡。但是,我们却不是天然的生产者,我们作为生产者既要等候生理的成熟,也要经过技能的培训;而疾病和衰老又会使我们失去生产者的资格。显然,个人作为消费者的历史比作为生产者的历史更长。因此,消费并不仅仅是人的经济活动的属性,同时还是人的存在的基本属性之一。不仅如此,人的消费模式也是在社会化过程中形成的,是文化适应的结果,是文明积淀的产物,因此消费反映了人的文明化和社会化成果,体现了文化和社会环境对人的教化和塑造作用,具有社会和文化属性,因而理应成为包括社会学在内的社会科学的研究对象。可是,长期以来,消费被看成只是经济学和营销学(包括消费者行为学)的研究领域,在社会学家的视野里是很少有消费的位置的。消费几乎成为社会学研究中的一个黑箱。

不过,在西方,这种情况发生了显著的变化。自 20 世纪八九十年代以来,消费成为西方社会科学各学科竞相研究的领域(Miller,1995),其中也包括社会学。关于消费的经济学研究由来已久,且分布甚广,在此无须赘言。消费者行为学则是在 20 世纪初随着市场营销学的兴起而逐渐形成的。不同于消费经济学仅仅从纯经济的角度来研究消费,消费者行为学是把消费者视为一个生活在社会关系中的真实的人来进行研究,因而为人文科学各个分支学科尤其是社会学的介入埋下了伏笔。如果说在 20 世纪 80 年代以前,消费者行为学的研究基本上是以经济学和心理学为取向的话,那么,从 80 年代以来,消费者行为学中的经济学和心理学的"帝国霸权"地位受到了挑战,社会学和人类学也成为其中的显学分支(Belk,1995)。这种局面的出现,同 80 年代一批人类学家、社会学家和文学批评家加入各大学的市场营销系有密切的关系。可以说,社会学与消费者行为学的联姻,使消费社会学成为一门成功的应用社会学学科。〔此外,一些在高校社会学系任教的社会学家(如帕森斯和斯梅尔瑟)也曾在五六十年代从结构—功能主义角度对消费进行了一些社会学研究(参见富永健一,1984:61~71)。〕

但是,从 20 世纪 80 年代末以来,社会学家不再满足于社会学只是充当消费者行为学和市场营销学的附庸,而要建立一门同消费者行为学有所分工的、以高校社会学系为学术体制依托的独立的学科。这种情况的出现不是偶然的,它反映了西方社会在过去二十多年中的深刻变化。也就是说,随着西方社会从工业社会向后工业社会转变,西方社会已经从传统的以"生产"(制造)为中心的社会转变为以"消费"(以及消费服务)为中心的社会。消费和消费服务不但对经济的作用和贡献加大,而且在社会和文化生活中也从原来所扮演的"边缘角色"变成了"时代的主角"之一。反映在学术上,社会学家开始意识到传统的研究范式已不能对当代社会的变化做出完全令人信服的解释(Bauman,1987)。正是在这样的背景下,一些社会学家开始尝试以"消费"或"消费文化"为研究范式,对当代消费的社会和文化性质进行探讨(Baudrillard,1988;Bourdieu,1984;Bauman,1987),并因此促进了消费社会学的发展。例如,由英国社会学协会主办的《社会学》杂志就在1990年出了一辑由沃德主编的有关消费社会学的专刊(Warde,1990)。英国的Salford大学、Lancaster大学和Keele大学社会学系也在90年代中叶定期举办消费社会学研讨会,并初步形成了消费社会学的理论体系(Edgell,Hetherington,and Warde,1996)。一批社会学家,如布迪厄(Bourdieu,1984)、布西亚(Baudrillard,1988)、鲍曼(Bauman,1987)、桑德斯(Saunders,1986)等,为消费社会学的发展奠定了基础。此外,人类学家(以道格拉斯为代表)在消费人类学领域的研究成果(如Douglas and Isherwood,[1979]1996;Appadurai,1986;Miller,1987;McCracken,1988),也对消费社会学产生了重要影响。与此同时,消费社会学家还重新对古典和现代一些社会学家及社会、文化理论传统产生了兴趣,包括齐美尔、凡勃伦、法兰克福学派、伯明翰当代文化研究中心等。

可以扼要地说,经过这些年的努力,当代西方的消费社会学形成了三个主要"范式"。第一个是"应用社会学"范式。它指的是传统的、包含在消费者行为学中的、针对消费的应用社会学研究范式,其主要解释性概念工具是传统社会学的概念,包括"家庭"、"社会阶层"、"社会群体"、"参照群体"、"文化"、"亚文化"等(参见所罗门,1999;Schiffman and Kanuk,1997;Peter and Olson,1998;汪和建,1993:169~183;彭华民,1996;朱国宏,1998:95~117)。它的"学科目标"是经营、管理和市场营销(王宁,1999)。基于此目的,消费者行为的研究是可操作化的,从而使研究的结果有助于市场营销。

第二个范式是"消费的生产"。它包括两个分支：一支是由英国社会学家桑德斯倡导的、用于取代城市社会学的集体消费社会学，其关注的焦点在于消费的社会方式，即社会组织形式，以及消费的社会化形式（公共消费）和市场化形式（私人消费）的关系（Saunders, 1986；Saunders and Harris, 1990；Warde, 1990）。它的学科目标不是经营和营销，而在于消费的社会方式与消费者的个人自由和福利的关系。另一支则是法兰克福学派对第二次世界大战后消费主义的批判（这一学派对国内学界有较大影响）。布西亚对当代"消费社会"所进行的独创性分析，在某种意义上也属于这个范式。

第三个范式是"消费文化"（参见 Featherstone, 1991；Lury, 1996），其奠基人物是布迪厄（Longhurst and Savage, 1996）和布西亚（参见李文，1998；高丙中，1998）。布迪厄（Bourdieu, 1984）用"惯习"、"品位"、"生活风格"和"文化资本"等概念对消费尤其是各个社会阶层的文化消费进行了精辟的社会学分析。布西亚（Baudrillard, 1988）则从符号政治经济学和符号学的角度对消费的性质进行了全面而深刻的剖析。这一"范式"的研究成果，大大加深了人们对消费现象的理解，并揭示了后现代"消费文化"的性质。

"消费文化"范式包括几个不同（相互交叉）的分支："快乐主义"（伯明翰当代文化研究中心）、"生活风格"（Bourdieu, 1984；Tomlinson 1990；Bocock, 1992）、"后现代主义"（Baudrillard, 1988；Jameson, 1985；Featherstone, 1991）和"女性主义"。"快乐主义"视角发源于英国的伯明翰当代文化研究中心。该中心一反法兰克福学派对"消费主义"所采取的"精英主义"（elitism）的批判立场，转而从"大众主义"（popularism）立场出发，对包括消费主义在内的大众文化进行了价值中立的分析。"快乐主义"范式把消费主义看作是一种创造性的、寻求新奇的、想象性的快乐活动和浪漫伦理（Campbell, 1987）。"生活风格"视角主要是布迪厄所奠定的。它强调消费生活是一种生活风格的体现，是一种结构性条件内化为主体的"惯习"的结果，是不同阶层的"品位"在消费领域的实践。"后现代主义"视角则源于布西亚（Baudrillard, 1988）和詹姆森（Jameson, 1985）等人。后现代主义认为，在后现代社会，消费不再是工具性活动，而是符号性活动；消费越来越涉及失去了固定"所指"的、"自由的"和

"被解放了的""能指",成为"对符号进行操纵的系统性的行动"(Baudrillard, 1988: 22)。这一后现代主义的消费文化范式在英国学术刊物《理论、文化和社会》以及它的主编费瑟斯通教授那里得到进一步的阐述和发挥(Featherstone, 1991)。"女性主义"视角则揭示了消费文化所隐藏的男权社会中的男女不平等关系以及消费购物作为女性"反叛"的符号意义(参见 Lury, 1996: 118 - 155)。

上述"范式"各有不同的研究侧重点。"应用社会学"范式侧重的是"消费的行为"(侧重可操作化的消费者购买行为及影响这种行为的社会学因素);"消费的生产"范式注重的是消费的社会发生和建构过程,以及政治、经济和社会制度环境;"消费文化"范式则强调消费的符号意义、文化建构和感受过程。

上述各个范式各自都有其合理和不足的地方,需要深入地进行整理、分析,并在此基础上加以借鉴。但是,对于中国这样一个发展中国家来说,对消费进行社会学研究,单单借鉴西方的研究成果是不够的,还必须结合自己的国情做一些本土化研究。为此,就有必要考虑中国的消费所面临的一些独特的情况。

第一,社会转型。中国是一个发展中国家,正在经历前所未有的现代化进程,经济、政治、文化和社会生活的各个方面都在发生日新月异的变化,在这样的背景下,中国人的消费生活也发生了急剧的转型,并深受经济、政治、文化和社会变迁的影响。消费生活的快速变动性是当代中国消费生活的一个显著特征。

第二,人口效应。中国是一个人口众多的国家,庞大的人口"分母"大大地限制了人均资源的拥有率,对环境、资源和社会生态都构成了巨大的压力。因此,面对这种人口基础,中国的消费模式尤其需要注重可持续性,切不可盲目模仿西方发达国家的某些高消费模式。此外,中国的独生子女政策也对家庭消费生活产生了明显的影响,这种影响是中国所独有的。

第三,文化传统。中国是一个有着五千年文明史的国度,有着根深蒂固的传统观念和行为方式,这些观念和行为方式也反映在人们的消费生活中。因此,要研究中国消费方式的变迁,不能不考察中国的传统消费观念和行为方式的作用。但是,这些文化传统跟随现代化的脚步也发生了嬗变,因此,有必要研究现代化过程对传统消费文化的影响。此外,中国地域辽阔，存在多民族和丰富多样的地方消费习俗，这些民族和地方消费传统是一个博大精深的"宝库"，值得认真发掘。

第四，全球化效应。中国是一个发展中国家，随着全球化进程的加快，人们的消费观念和方式越来越受到发达国家的影响。伴随着国际交往的增多、跨国公司的登陆和国外媒体（如电影、电视）的进入，西方的消费主义观念和生活方式有形无形地对中国的老百姓产生了或大或小的冲击。例如，跨国公司借助强大的资本对中国的消费者发起营销攻势，推销西方的消费主义，煽动老百姓的购买欲望（黄平，1997）。与此同时，西方媒体也在客观上将发达国家的消费模式树立为中国消费者的理想模式，将发达国家的消费者作为中国消费者的消费"参照群体"。那么，西方的消费主义究竟在多大程度上对中国的老百姓造成影响和冲击？对哪些群体的影响更大？影响的性质是什么？怎样来应对这种影响？发展中国家究竟是否应该照搬西方的消费模式，还是应该建立适合自己国情的消费模式？什么样的消费模式才是适合发展中国家的消费模式？这些问题都是中国目前急需研究并加以解决的问题。社会学家在这些问题上可以也应该贡献自己的才智。

本书共分14章。第一章是对消费社会学的研究对象问题的论述。剩余的13章则按4个部分进行组织：消费行动（第2~5章）、消费文化（第6~9章）、消费环境（第10~12章）和消费问题（第13~14章）。其顺序是先微观，后宏观，再进入社会问题与社会控制。最后，结束语对本书的引申含义做了简要的概括和讨论。

第一章
消费社会学的研究对象

一 问题的提出

从20世纪90年代开始,消费社会学引起了中国一些学者的重视(李新家,1992a,1992b;汪和建,1993:第6章;周显志,1995;彭华民,1996;朱国宏,1998:第4章;黄平,1997;李文,1998;高丙中,1998;罗红光,2000;李培林、张翼,2000;王宁,2005;郑红娥,2006;赵卫华,2007;王建平,2007;刘毅,2008;姜彩芬,2009;王宁,2009;王宁等,2010)。不过,总的来说,消费社会学的研究还处于起步阶段。对消费社会学的学科理论基础、学科目标、研究对象、学科意义以及研究方法论等问题的研究,都还处于探索的阶段。在建立一门新学科的过程中所面临的众多问题中,研究对象的问题引起了学者们特别的重视。由于这一问题直接影响到学科的"合法性"地位,因此,在建立消费社会学之初,学者们大都把注意力投向"消费社会学的研究对象是什么"这一问题。

在消费社会学的研究对象和内容问题上,学者们已提出了不少有益的建议。例如,李新家(1992a)认为,消费社会学的研究对象包括以下六个方面:第一,研究居民的消费水平、消费结构、消费方式以及消费者决策等同各种社会文化因素的关系,探讨社会文化因素对居民消费的影响和制约作用;第二,研究消费在社会运行、社会管理和调控、社会变迁中的地位和作用,探讨消费的社会功能;第三,研究消费过程中体现出来的社会问题和各种社会问题与消费的关系;第四,研究消费与社会环境(包括自然生态环境、人类文化环境和人工物质环境)的相互作用;第五,把对消费的经济学研究和对消费的社会学研究有机地结合起来；第六，探讨引导和调控消费的社会文化措施。在另一篇文章中，李新家（1992b）又把消费社会学的研究对象概括为：第一，消费与社会环境的关系；第二，消费与社会结构的关系；第三，消费与社会运行的关系；第四，消费与社会问题的关系。

周显志（1995）则从消费的社会属性出发阐述了消费社会学的研究对象：消费与社会之间的内在、必然联系以及消费在整个社会系统中的运行发展规律。简言之，就是消费与社会的关系。他认为，消费社会学的对象或内容包括：第一，关于消费与生态环境和社会环境之间的相互关系及其相互作用的研究；第二，关于消费与社会分层和社会结构之间的相互关系及其相互作用的研究；第三，关于消费与社会运行和社会发展的相互联系及其相互作用的研究；第四，关于消费与社会矛盾和社会问题的相互联系及其相互作用的研究。在这里，社会矛盾包括：①需求与生产力之间的矛盾；②支付能力与消费品供应之间的矛盾；③消费力与消费资料效用之间的矛盾；④消费与积累之间的矛盾。与消费相关的社会问题则包括：①不良消费行为；②消费者权益受侵犯。可以看出，周显志的观点和李新家的观点基本上是一致的，都主张消费社会学的研究对象包括消费与社会和生态环境、社会结构、社会运行和社会问题的关系。两者的观点道出了消费社会学研究对象的重要方面，不过，他们没有阐明确定消费社会学研究对象的根据和原则，也没有考虑到研究对象的"建构性"、变动性和相对性。

彭华民的观点略有不同，她主张消费社会学的研究对象是社会成员的消费行为及其规律。其原因在于：第一，消费行为是消费社会学最基本的单位；第二，消费行为分析是探索社会成员消费规律的钥匙；第三，以消费行为为消费社会学的研究对象，能体现社会学的特点，即：概念的操作性、对象的整体性、方法的综合性（彭华民，1996：2~4）。与此相联系，彭华民认为，消费社会学的研究领域主要有以下几个方面：①消费行为；②消费者家庭；③消费者群体；④消费者阶层；⑤消费者文化；⑥消费者运动；⑦消费者组织；⑧消费者权益；⑨消费者调查（彭华民，1996：5）。彭华民的观点比较接近西方的消费者行为学（其中部分内容是社会学性质的）的观点。但是，消费行为及其规律同时也是消费心理学的研究对象。把消费社会学的研究对象限定在消费行为及其规律上显得过于狭窄，既未能同消费心理学特别是消费者行为学明显区分开来,也未能把消费社会学应该研究的其他现象包括进来,如消费制度和消费方式(包括社会公共消费等)。

无疑,上述学者在消费社会学的研究对象方面提出了有价值的见解。本书无意反驳这些观点,只想弥补他们的一个共同的不足:他们未明确阐明(或未清楚地意识到)区别消费社会学和其他消费社会科学分支的研究对象所依据的原则和标准是什么。本书认为,要确定一门学科的研究对象,重要的不在于"研究什么"和"不研究什么",而在于根据什么原则和标准来确定研究的对象。换句话说,一门学科的研究对象的确定,必须以某些客观的标准和原则为依据,而不是依据直觉或思辨。那么,这些原则是什么呢?本书认为,确定学科研究对象的原则包括:第一,学科属性原则(或学科分工原则);第二,学科目标原则;第三,学科视角原则。此外,本书还主张,不能把对一门学科的研究对象的划定绝对化,因为研究对象总是随着知识的发展而变动的;在某些情况下,传统的研究对象会被搁置一旁,而新的研究对象会被建构出来。

先来看"学科属性原则"(或学科分工原则)。人类的知识体系在长期的发展、演变过程中,形成了传统的学科分工。不同的学科研究不同的对象,如经济学研究经济现象,政治学研究政治现象,心理学研究心理现象,地理学研究地理现象,法学研究法律,教育学研究教育,社会学研究社会行为、社会群体、社会关系、社会结构和社会过程,等等。不过,这一传统学科的划分标准是相对的。第一,由于学科之间的渗透越来越密切,传统的学科分工所适用的范围十分有限。第二,任何一种对象,既可从某种特定的学科视角来加以研究,也可同时从其他几个学科的视角来研究,如经济本是经济学传统"分工"的研究对象,却可以同时从心理学、地理学、人类学或社会学的视角来进行探讨,从而形成经济心理学、经济地理学、经济人类学、经济社会学这些交叉学科。其原因在于:一种现象不可能只具有一种"学科属性"(如经济行为的经济学学科属性),相反,任何现象都可能同时具有几种不同的"学科属性"(传统的学科分工往往导致只注重其中某种"学科"属性而忽略其他"学科属性"),因而,它可以同时作为几种不同学科的研究对象。第三,"研究对象"不是固定不变的,会随着知识的发展而变化。在某种意义上说,"研究对象"是建构的产物。学科的发展常常迫使人们去"寻找"和"发现"新的研究对象,而不是固守原有的对象。

不过，尽管有这些缺陷，"学科属性"或学科分工仍然是划分学科研究对象的一种常用的标准。但是，这一标准只是一种初级标准。研究对象的最终确定还要借助其他标准。

再来看"学科目标原则"。学科的研究对象常常同学科研究所要达到的目标有联系。不同的学科目标导致不同的研究对象，或同一对象的不同侧面。例如，社会学的"社会秩序"学科目标和经济学的"行为效率"学科目标决定了二者对经济现象的研究侧面与范围的分野。因此，正是由于学科目标的不同，决定了消费社会学的研究对象和其他消费社会科学分支的研究对象有所不同。

最后来看"学科视角原则"。不同的学科有不同的观察事物的角度、立场和方法。因此，即使是对"同一"对象的研究，不同的学科由于视角不同，对该对象的研究侧面也不同。在这个意义上说，研究对象是从某一学科的视角出发"建构"出来的。所以，要判定一门学科的研究对象，不是去思辨该学科"应该"做什么，而是去分析它"能够"做什么，它的视角、立场和方法能够允许它做什么。

基于上述考虑，随后的论述将按这三个原则展开对消费社会学研究对象的讨论。第二部分将根据学科分工标准，讨论消费所具有的"社会学学科属性"，从而确定消费现象的哪些方面和属性是消费社会学所要研究的。第三部分将根据学科目标原则，探讨消费社会学与消费经济学、消费心理学等消费分支学科的区别。第四部分将从学科视角原则出发，来阐明消费社会学"研究对象"问题的实质。

二 从学科属性的原则看研究对象

从学科分工的标准来看，消费在早期通常被划到经济学领域。随着市场营销学的形成和发展，其他社会科学分支如心理学、人类学和社会学也逐步介入对消费的研究（Belk，1995）。可见，即使从目前常规的学科划分标准来看，消费也并不是经济学"独占"的对象，而是一种综合性现象，需要从多学科、多角度进行研究。不过，作为对消费这一综合性现象的研究，各门学科所研究的侧面和角度还是有所不同的，因而，对消费的各个侧面仍需要多学科分工合作进行研究。为了说明社会学能够从哪些侧面入手对消费进行研究，我们可以考察一下消费所具有的基本属性，以便确定这些属性是否适合（或值得）从社会学角度来加以研究，也就是说，确定消费是否具有"社会学学科属性"。

所谓消费，指的是在现代经济、社会条件下，人们为满足其需求和需要，对终极产品（物品、设施或劳务）的选择、购买、维护、修理或使用的过程，该过程被赋予一定意义，并带来一定的满足、快乐、挫折或失望等体验。那么，消费具有一些什么样的属性呢？概括说来，主要有以下几种属性：自然属性、主观属性、社会属性、文化属性和符号属性。

1. 消费的自然属性

众所周知，消费的自然属性指的是商品的使用价值发挥作用的过程，即商品在满足人的需要过程中的自然磨损、损耗或消耗。消费的自然属性满足的是人们的功能性尤其是生存性功能（如衣食住行）的需要。与之相关，商品是有寿命的。在短缺经济条件下，由于消费者的悉心维护，商品的物理寿命就比较长。昔日"南京路上好八连"所奉行的"新三年，旧三年，缝缝补补又三年"就属于这种情况。随着收入水平的提高，商品的自然属性在许多消费者心目中的地位相对下降了。与之相对，商品的表现功能上升了。与此同时，决定商品寿命的因素不再仅仅是物理功能（如"没法再用了"），而经常是主观因素（如"不再喜欢了"）和社会文化因素（如"不合社会潮流了"）。可见，商品的寿命同社会经济、政治、文化和意识形态等紧密相联。在后福特主义的西方社会，商品的寿命越来越短，更新换代的频率越来越快。原因之一就在于消费者的需求变化越来越快，甚至变得越来越难以捉摸。

商品的自然属性是商品学研究的对象。商品的寿命，尤其是社会寿命，则可以从社会学角度加以研究。社会学可以通过考察社会经济、政治、意识形态因素以及大众文化的变化对消费需求、选择和品位的影响，来解释商品的"社会寿命"问题。

2. 消费的主观属性

消费的主观属性包括消费观念和消费心理。从其理性化程度来分，消费观念可分为理性消费观念、感性消费观念和传统消费观念。消费者个人的消费观念是在个体社会化过程中形成的，深受外部社会因素影响。消费心理指伴随消费者在购物和商品使用过程中的主观心理活动和体验，既包括消费认知、学习、态度、信仰、购买决策和想象，又包括商品使用过程中的心理体验，如快乐和满足（或是相反，痛苦、不满和挫折）。消费的主观属性是同人的选择性和体验性联系在一起的。

消费的主观性还包括消费决策的主观形态。它主要有两种不同的形态：理性消费与感性消费。理性消费是指在已知信息的情况下，消费者根据其收入水平以最低的价格获取最大效用的商品及商品组合。感性消费是指消费者在选择商品时以"是否喜欢"为首要考虑因素，包括商品的造型、色彩等，以及商品是否入时（星野克美，1988）。感性消费是受社会和文化因素影响较大和较多的领域。同一定阶层或阶级的品位、生活风格和社会时尚紧密相联。

消费经济学和消费心理学都对消费的主观性进行了研究。消费经济学是从理性主义的假定出发来把握消费者的主观选择过程（理性消费观念）。它认为消费者是理性主体（经济人），追求效用最大化，而忽略了非理性因素和感性消费。消费心理学研究消费心理过程，但却忽略了消费心理的历史变化过程。虽然消费心理学也借用一些社会学概念（如参照群体和社会阶层）来对消费心理进行解释，但却未能从社会关系和社会结构出发来把握消费心理的演变趋势。消费社会学则不但找出影响消费主观性的社会因素，而且把消费的主观性放在社会总体结构和条件的基础上来整体地把握。消费社会学对消费主观性的研究侧重点也与消费心理学不同，后者侧重的是消费心理，而前者侧重的则是消费观念，尤其是消费的价值观念，以及代际、阶层、团体、民族、性别等不同的社会群体之间的消费观念的异同。

3. 消费的社会属性

消费是个体、社会组织、社会关系和社会系统的再生产活动，其社会属性（社会制约、社会关系、社会影响、社会后果或功能）表现在：第一，消费主体的社会性。消费主体不是孤立的、抽象的个人，而是处于社会关系中的人。人是社会的人。人的社会性决定了消费也具有社会性。此外，消费的基本单位除了个人，还有家庭和社会团体（如单位）。此外，城市和国家也构成消费主体。第二，消费观念的社会性。消费观念主要是在社会化过程中形成的，它反映了特定的社会关系。不同的社会条件和关系左右着不同的消费观念。不同的群体（如代际群体和信仰群体等）、阶层和民族经常有不同的消费观念。第三，消费功能的社会性，消费不但维持了个体的再生产，而且起着社会关系再生产的作用。消费既是表现社会认同和社会区分的方式之一，又是加强社会关系的纽带（如交际消费）。在一定意义上，消费是一种社会交往和沟通方式，表现了相同群体的共同品位和生活风格。第四，消费行为的社会性。个体消费行为受参照团体和其他社会因素的影响，导致消费的社会模仿性。消费行为又是一种象征性竞争，通过相互攀比或炫耀性消费以维持或提升社会地位和身份（参见 Veblen，[1967] 1994）。消费行为的社会性还表现在追逐时尚和流行。此外，消费的后果也具有社会性，即具有消费示范效应。第五，消费供应的社会性。随着社会分工的发展，自给性消费所占的比例越来越小，消费者越来越需要通过交换或某种社会关系来获取消费品。消费供应社会化了。消费供应的主要社会主体有：市场（交换）、国家（公共消费、福利和补贴）、社区（慈善事业和社会工作）和家庭（如家务、义务赡养孩子）（参见 Edgell, Hetherington, and Warde, 1996：3；Warde, 1990）。

消费的社会性是"社会学学科属性"最明显的体现。研究消费的社会性是消费社会学理所当然的任务。消费的社会性也是消费社会学区别于消费经济学和消费心理学的主要前提之一。如果说消费经济学把消费看作一种经济活动、消费心理学把消费看成一种心理活动的话，那么，消费社会学则认为消费在本质上是一种社会活动，即一种社会交往、社会沟通、社会互动和社会竞争活动。

4. 消费的文化属性

消费固然涉及生理和心理的需要，在一定意义上是生理和心理现象，但作为生理和心理行为的消费在任何时候都不能不被烙上文化的烙印。在许多场合，消费本质上就是一种文化，即消费文化（McCracken, 1988：xi）。第一，消费的具体内容是历史地决定的，并形成一个民族、一个群体或一个区域的独特文化，如中国人的饮食内容不仅是由自然环境决定的，而且也是由历史传统决定的，形成一种独特的饮食文化。消费的具体内容也随不同文化的互动而相互借鉴和渗透。第二，许多消费活动和文化活动是合而为一、无法分开的。例如，结婚典礼、生日宴会、年节家宴等，既是一种礼俗或岁时文化，又是一种消费活动，它们构成一种独特的消费文化，即消费习俗（彭华民，1996：183~193）。再如，消费流行与时尚本身也是一种文化，既消费时尚文化。第三，消费观念也是一种文化（或文化要素），它同一定的信仰、价值和人生哲学相联系，支配着人们的消费选择和消费活动。消费还受传统道德观念的影响。第四，消费商品的制造或生产不但是物质生产的过程，而且也是文化生产和传播的过程（McCracken, 1988）。一方面，商品是文化的载体。一定的商品总是体现了一定的文化内涵，具有一定的表现和传播功能。换言之，商品既具有物理功能，又具有文化传播的功能。另一方面，文化也是商品的载体。商品总是按一定的文化编码来进行生产和营销的。要使商品能满足消费者的需要，不但要考虑商品的物理性能和质量，而且要考虑商品是否合乎消费者的文化习惯和要求。商品的设计（造型、色彩和包装）均要考虑不同民族、阶层和群体的文化习惯与要求。

消费的文化属性历来受到文化人类学家的重视（McCracken，1988），同样也为社会学家所关注（Bourdieu，1984；Campbell，1987）。例如，当代消费文化就成为消费社会学研究的一个重点（Featherstone，1991）。因此，对消费的文化属性或消费文化的关注也成为消费社会学区别于消费经济学和心理学的特征之一。从文化的角度来探讨消费现象，为消费研究提供了一个新视角，对加深我们对消费现象的理解具有重要意义。

5. 消费的符号属性

消费的符号属性同商品的符号属性相联系。商品不仅具有使用价值和交换价值，而且具有符号价值（Baudrillard，1988）。商品的符号价值在于其示差性，即通过符号显示与其他同类商品的不同（青木贞茂，1988：72~73）。商品的符号价值包括两个层次：第一是商品的独特性符号，即通过设计、造型、口号、品牌与形象等来显示与其他商品的不同和独特性（青木贞茂，1988）；第二是商品本身的社会象征性，商品成为指称某种社会地位、生活方式、生活品位和社会认同等的符号（Baudrillard，1988；Bourdieu，1984；Featherstone，1991）。这两种层次的含义是相互联系的。

正因为商品具有符号价值，所以对商品的使用就具有了符号性和象征性（星野克美，1988：24），也就是具有了社会表现力。首先，商品的符号性使消费具有了社会表现和社会交流的功能。消费者得以借消费以表现个性、品位、生活风格、社会地位和社会认同。其次，商品的符号性又假定了社会观众的必要性（冈本庆一，1988）。商品是按一定的文化规则编码的，又是由社会观众解码的。如果观众不能识别商品的符号，商品的表现功能就无从实现。因此，商品的符号编码与解码利用了共同的文化资源。可见，每一个消费者都既是表演者，又是观众，明白其他消费者表演的含义。在这个意义上，消费者的表演预设了消费剧场的存在。古代的庙会、集市，现代的城市空间，均是这种消费剧场（冈本庆一，1988：115）。这就是为什么化妆和时装在城市最为盛行的原因。

消费的符号性进一步揭示了消费的文化属性和社会属性。首先，消费行为的符号性使得消费本身成为"表征"（representation），从而成为一种"文化"；其次，消费又经常是一种社会交流（social communication）和表演的过程，是以他人的期待和评价为行为导向的，因而是韦伯所讲意义上的"社会行动"，具有社会性。消费的符号象征性是消费社会学和消费文化学的研究对象，也是消费社会学何以不能被消费经济学和消费心理学所取代，因而具有其"合法性"的重要原因之一。

综上所述，从消费所具有的属性来看，消费绝不仅仅是经济或心理现象，而是一种集经济、心理、文化和社会现象为一身的综合性现象。因此，除了从经济学、心理学和营销学等角度对其加以研究外，还有必要从社会学、人类学、文化学、地理学等角度来加以探讨。一句话，消费社会学在消费社会科学群中有其存在的必要性、合法性和迫切性，能够而且也必须对消费研究做出自己独特的贡献。

三　从学科目标的原则看研究对象

一门学科存在的合法性基础之一是它服务于某些有意义的目标（以及具有能够成功地实现这些目标的成熟的视角、方法与手段）。例如，增加人类对关于世界及其各种现象的知识，就是各门学科的共同目标，即学术目标。学术目标是学科存在"合法性"的最起码的目标。然而，社会或人们对某一学科投入多少资金和人力，所依据的并不仅仅是学术目标，同时还依据实践目标，即学术研究必须具有某种实际效用（或政策意义与应用价值），有助于达到或实现某种经济、政治、文化或社会目标。如果说学术目标是各门学科的第一层次的目标的话，那么，实践目标就是第二层次的目标。各门学科都追求其学术目标，以增加其学科领域的新知识为己任。但是，在许多情况下，仅有学术目标还不足以吸引更多的学者来从事某一学科的研究。可以说，实践目标是学科的价值基础之一。我们不排除有一些学者以做"学问"本身为目的，甚至为人生的全部意义所在。但对大部分学者而言，"学术"功用仍是治学的一个很重要的动力。

传统的消费研究主要集中在经济学、心理学和营销学领域。它们的实践目标也比较一致和确定，即都是为了发展经济、经营和营销。这一实践目标也是导致社会对这些学科投入相对较多人力和资金的原因。消费社会学研究显然也可以服务于这一目标。例如，消费者行为学就包括了从社会学角度对消费现象的研究，如影响消费行为的社会学因素、消费者家庭、消费参照群体、消费者群体和消费者运动等。因此，即使在发展经济和经营这一目标上，消费社会学的研究内容也是消费分支学科所不能替代的。这就是为什么它的内容可以被消费者行为学吸纳，成为其不可缺少的一部分的原因。一句话，消费社会学的知识在发展经济、经营和营销方面有着重要的应用价值。

但是，消费社会学要想成为一门独立于消费者行为学的合法性学科（不再充当"消费者行为学"的附庸），除了服务于发展经济、经营和营销目标外，还必须有其他不可替代的实践目标作为其"独立主权"的合法性基础。本书认为，发展经济、经营和营销仅仅是消费社会学的一个局部目标。除此之外，消费社会学还以人的全面发展（物质消费和精神文化消费）、文化建设（克服消费陋习、消费教育）、社会秩序（消费问题和社会控制）、社会协调（社会公共消费与私人消费的矛盾）以及生态和环境保护（可持续消费和发展）为其实践目标。换言之，除了发展经济、经营和营销目标外，消费社会学的实践目标还包括人的全面发展的目标、文化建设目标、社会秩序目标、社会协调目标以及可持续消费和发展目标。消费社会学的实践目标显然比消费经济学、消费心理学和消费者行为学等以发展经济、经营和营销为导向的学科要广。这些更为全面的实践目标决定了它可以成为一门单独的学科，也决定了它对消费的研究范围（即研究对象）有所不同。当然，毋庸赘言，它的独立性只是相对的。

消费社会学的实践目标也可以概括为致力于解决以下几对矛盾：第一，生产经营者（消费供应者，既包括厂家，又包括商家）与消费者的矛盾（经营目标和社会秩序、社会协调目标的统一，后者也包括消费者权益保护的目标）；第二，社会公共消费与私人消费的矛盾（社会秩序与社会协调的目标，可以部分地通过消费公共政策来解决）；第三，消费拉动经济增长与消费的环境后果的矛盾（可持续消费和发展目标）；第四，物质消费与精神消费、合理消费与唯消费主义、健康消费与畸形消费的矛盾（文化建设目标和人的全面发展的目标）。总之，从实践目标（或政策角度）来看，消费社会学既可服务于经济发展的需要，又为审视消费提供了一个更为广阔视角，从而为制定可持续消费政策提供了理论基础，使得国家的消费政策既有利于个人，又有利于社会和生态环境，既有利于经济，又有利于社会各方面的协调发展。

正是由于学科目标的独特性，使得消费社会学的研究对象比消费经济学、消费心理学等消费分支学科的研究对象要广得多。消费社会学不能仅仅研究消费行为（消费心理学）和消费运行（消费经济学）的规律，同时还必须探讨消费与社会秩序、社会公正、社会协调、文化发展和社会控制的关系，以及消费的社会和生态后果。

四 从学科视角的原则看研究对象

在学术界似乎存在一种观点，即认为决定一门学科是否"合法"、是否具有存在的必要的标准在于该学科是否具有其独特的研究对象，也就是说，它对其研究对象是否具有独立自主的"主权"，它的研究对象是否具有排他性。例如，经济学的"合法性"在于其研究对象（经济现象）的独特性。这种观点是对研究对象与学科关系的一种误解。其实，正如上面说过的，研究对象本身是"建构"的产物。在同一门学科内，不同的视角和学派决定了其研究对象是不同的。例如，在社会学学科内部，结构学派认为社会结构是研究的对象，而符号互动论则把互动过程中的意义和符号建构作为研究的对象。很显然，一门学科的"合法性"不在于其对象的独特性，而在于其研究视角、范式和方法的独特性。因此，同一种现象，常常可以而且也应该成为不同学科共同的研究对象，比如消费就是这样。这并不是说各门学科已经完全融为一体了，而是说，对于同一个对象（如消费），各门不同的学科可以运用各自独特的视角和方法去加以研究，从而从多方面、多角度（如消费经济学、消费心理学、消费符号学、消费人类学、消费社会史、消费政治学、消费地理学、消费社会学等）并运用多种方法加深对该对象的理解。所以，一门学科的"合法性"和存在的必要性主要不在于其对象的独特性和排他性，而在于其研究视角、范式和方法的不可替代性和独特性。

正是由于不同学科的研究视角、范式和方法不同，所以，对于同一个研究对象，各门学科仍然可以从各自的视角、方法和目标出发，对该对象的某个方面、范围或层次有所侧重地进行研究，从而在相同的对象中找出不同的"亚对象"。这里所说的消费社会学的研究对象，就是在这个意义上说的。如果说消费经济学侧重研究的是消费行为的经济意义和后果（如消费边际效用、消费函数等），消费心理学着重研究的是消费或购物心理的话，那么，消费社会学强调的则是消费的社会性质、社会意义、社会动机、社会过程和社会后果。因此，简单地说，消费社会学的研究对象，就是作为社会现象和过程的消费。

正如上面所说的，研究对象具有某种"学科属性"，其实就是说，它可以或适于从某一学科的视角来进行研究。尽管社会学有自己传统的研究对象，如家庭、社会分层、离轨、贫困等，但社会学实质上是一种独特的观察社会的角度和思维方式。正因为社会学是一种观察视角和思维方式，随着它的应用范围的扩大，社会学的具体研究对象在这几十年中也在不断丰富和扩展。例如，以往认为与社会学并不相关的环境、人体、军事、健康、体育、旅游等，现在在国外均成为社会学的研究对象，其中，有些还是热门研究对象，如环境、健康和旅游。可见，人为地划定研究对象容易束缚社会学的发展。而把社会学看作一种学科视角（观察和思考社会的角度和方式），就克服了这一弊病。对一门学科来说，重要的不是先"找好"研究对象，而是先"找好"研究视角。有什么样的视角，相应地就可以发现什么样的研究对象。可见，对研究对象的探讨，最后可以归结为对研究视角的探讨。所谓的消费社会学的研究对象问题，实质上是消费社会学本身的视角是否成熟和有效（有独特的解释力）的问题。当经济学家、心理学家、人类学家和社会学家都宣称他们的研究对象是"消费"时，他们都没有错，因为尽管"研究对象"看似一样，但他们各自的研究角度、立场和方法却不相同。谁都无权声称对"消费领域"拥有垄断性的研究"主权"，因为消费领域实质上是"共管领域"或"共管对象"，只不过各路"兵马"（学科）所用的"兵器"（研究角度和方法）不同而已。

社会学的视角可以进一步分为一般学科视角（即区别于社会学、经济学等其他社会科学分支的视角）和具体研究视角（社会学内部各流派的研究视角）。就前者来说，社会学是一种对社会现象进行观察和思考的一般性视角和思维方式。也就是说，社会学总是把某一社会现象放在社会整体与结构、社会关系与互动网络或社会历史的长时段背景中加以观察和研究，或是从更一般的社会互动、互赖关系来对每一个社会事实进行解释。从这个视角出发，社会学对消费的研究就不仅仅局限在经济领域，同时还把消费与更广的社会背景和更长的过程，或更为一般的社会互动和关系联系起来加以考察。

除了一般的学科视角不同，社会学在具体研究视角上也与其他学科不同，如结构—功能学派的视角就不同于符号互动论的视角。这种具体研究视角的不同，也会导致所选择的具体研究范围和研究侧面的不同。消费社会学学科内部分具体研究视角各不相同的学派，包括：古典学派（Veblen，［1967］1994）、结构学派（Saunders，1986）、功能主义学派（帕森斯、斯梅尔瑟，1989；斯梅尔瑟，1989；富永健一，1984）、文化学派（Bourdieu，1984；Campbell，1987；McCracken，1988）、女权主义学派（Nava，1992）、批判学派（Baudrillard，1988；陈学明等，1998）、后现代主义学派（Baudrillard，1988；Jameson，1985，1991）等。可见，关于什么是消费社会学的研究对象问题，本身就是充满争议的。不过，从社会学的一般学科视角来看，有一点是可以肯定的，即社会学对消费的研究绝不是就事论事地仅仅研究消费行为或消费运行本身，而是把消费同其他社会事实、社会过程和社会关系联系起来进行更为整体的思考。

所以，研究消费的社会学家完全不必过分着急地去划定"主权"研究对象或范围，而是应该先来深刻反思消费社会学自身的研究视角、立场和方法论，并由此来实实在在地从事一些实质性的研究。根据迄今为止的国内外研究成果，我们可以概括出以下几个成熟的消费社会学的研究领域或对象。

第一，消费行为。同消费心理学有所区别，消费社会学对消费行为的研究重点在于消费行为的社会性质、社会与文化因素对消费行为的影响，以及社会群体（如家庭和社会阶层）的消费行为。对消费行为的社会学研究的目标同消费经济学、消费心理学和消费者行为学有些类似，均是为了服务于发展经济、经营与营销的目标。

第二，消费文化。它把消费同文化联系起来加以讨论，主要研究消费与文化的种种关系，以及消费文化在生产经营领域和消费生活中的运行过程。对消费文化的社会学研究既有助于实现营销目标，也有助于实现文化（精神文明）建设的目标。

第三，消费制度。它重点研究消费资料的供给方式（或制度）和占有方式（或制度）。消费资料的供给制度主要包括市场、国家、社区和家庭。消费资料的占有制度主要有私人化制度、社会化制度和混合型制度。对消费制度或方式的研究有助于社会协调这一实践目标的实现（从而解决社会公共消费和私人消费之间的矛盾）。

第四，消费问题与社会控制。其内容包括消费离轨〔如白色消费（毒品消费）、黄色消费、灰色消费、消费陋习等〕，消费与生态和环境保护（可持续消费），消费者权益，消费者运动，消费者组织，消费公共政策，等等。这些问题的研究为的是服务于人的全面发展的目标、社会秩序目标与生态和环境保护目标。

综上所述，由于消费具有明显的社会学学科属性，它能够而且也应该成为社会学的研究对象。由于社会学对消费的研究不仅具有独特的视角和方法，而且具有独特的实践目标（尤其是文化建设目标、社会秩序与社会协调目标、生态和环境保护目标与人的全面发展的目标），因此它的研究内容和对象同消费经济学和消费心理学等以发展经济和经营为目标的学科有明显的不同。这些内容是消费研究中不可缺少，也是其他学科难以替代的，因而，消费社会学有其"合法性"。同时，由于对这些内容的研究还很不够，因此有大力加以研究的必要。把社会学排除在消费研究的领域之外，完全是错误的。

第二章
消费与需要

消费需要是人们的消费行动以至一切行动的动机和驱动力，因此，要研究消费行动，首先必须从消费需要开始。人不同于动物的地方在于，动物的需要是由生物与环境因素决定的，而人的需要则是由生物、环境、经济、社会、文化与历史等因素决定的。在一定的历史阶段，消费需要表现为特定的消费需要水平；这种需要水平反过来又成为决定个体消费需要的一个参照。而消费需要水平则是一个宏观社会事实，需要从社会学角度来加以解释。

一 需要的性质

个人的需要在一定程度上是多种因素共同作用的结果。第一，需要尤其是基本需要同人的生理或心理的匮乏状态有关，是个人为消除由匮乏状态所造成的生理或心理的紧张而产生的一种冲动和心理倾向；第二，需要同一定的自然环境、社会环境、文化传统和经济条件相关，是这些客观因素制约和作用的结果；第三，某些需要（如吃、喝和呼吸等基本需要）是先天的，某些需要（如买金项链等装饰物）则是后天学习的结果，后者是个人在社会化过程中习得的。可见，需要作为人的行动的驱动力，是自然因素（生理因素）、环境因素、主观因素与社会、文化和经济因素共同作用的产物。需要既具有共同性，又具有差异性（包括个人差异、代际差异、性别差异、群体与阶层差异、文化与民族差异、地域差异和历史阶段的差异）。因此，我们不但要研究需要的共同性，而且要研究需要的差异性和造成这些差异的原因。但是，我们首先有必要对需要的性质进行一番讨论。

需要作为人的行动的一种动力，说的是人的一种存在状态，即生理存在、社会存在和精神存在的状态。人的这三种状态始终处于匮乏与充实的交替循环中。当人的这三种状态处于被感觉到的匮乏状态时，便构成了人的需要，即消除匮乏以进入满足状态。因此，需要是维持人的生理、社会和精神存在的再生产（或发展）所必不可少的要素和动力。与人的这三种存在状态相对应，需要分别指人的物质匮乏状态、社会匮乏状态和精神匮乏状态。

首先，需要是一种物质匮乏状态，例如，饥饿、口渴、寒冷、患病、不安全等状态。这种需要的满足是人作为动物有机体存在下去的前提和条件。因此，与这些匮乏相对应，便有了对食物、水、服装、治疗和保安等方面的需要。这种物质匮乏状态通常是被意识到的，但有时也可以是未被意识到的。例如，不知道自己有病，因而未意识到治疗的需要。同时，物质匮乏可以区为两种：一种是绝对匮乏状态，它指的是对维持生存的基本需要，满足不了这种需要，就是处于绝对贫困；另外一种是相对匮乏状态，即与其他人相比较而呈现出来的匮乏状态，例如，如果大部分人都拥有小汽车，那么，没有小汽车的人就处于一种相对匮乏状态。此外，社会往往会有一些平均消费标准，如果一个人的消费低于这些标准，就是处于相对贫困。物质匮乏形成物质需要，并进而构成物质生活的动力。

物质匮乏往往会反映在人的心理上从而成为一种心理匮乏。如果物质匮乏着重说的是对生存所需的功能对象的缺乏，那么，物质匮乏反映在心理上，就是痛苦、紧张、不满足感、贫困感甚至是被剥夺感，因而会促使人们采取行动来克服这种匮乏。严格来讲，物质匮乏只有反映在心理上才构成物质需要。由于心理因素的介入，物质需要不仅侧重在物质生活资料对生存需要的满足上，而且侧重在物质生活资料对心理需要的满足上，从而产生满足感、幸福感、快乐感和美感。例如，人们常常并不是认为吃饭只有充饥的功能，而是经常把吃饭看成一种享受和快乐。我们所说的"美食"正体现了这一心理需要。我们的消费在很大程度上是为了消除物质匮乏状态，即满足物质需要。

其次，需要是一种社会匮乏状态，它指的是个人在社会资源方面的缺乏。社会资源包括配偶与家庭、朋友、归属群体、社会身份、地位和权力等。人是社会的人，具有对社会关系的依赖性。离开了这种社会关系，个人就是处于社会资源的匮乏状态，即处于社会匮乏状态。但是，社会关系有许多种，最基本的有三种：一是自然性社会关系，如家庭、亲属、朋友和邻居；二是象征性社会关系，如社区、民族和国家；三是功能性社会关系，如在劳动分工中形成的社会关系和合作伙伴。这三种社会关系均可构成个人的社会资源。但就其"不可替代性"来说，自然性社会关系是个人最重要的社会资源，象征性社会关系次之，功能性社会关系再次之。同时，当人们争夺某些社会资源（如权力）时，社会关系会呈现紧张和冲突状态。因此，社会资源有两种形式：一种是"非零和"式社会资源。这种社会资源不以损害他方的利益为代价，而是对各方均有益，如家庭、朋友等。另一种是"零和"式社会资源。这种资源是绝对稀缺的，它的获得往往是以其他各方的损失为代价的，如权力资源，因而对权力等稀缺资源的争夺具有冲突性。社会匮乏形成社会性需要，它是人们结成一定的社会关系、从事社会生活的原因之一。

社会匮乏也会反映在个人的心理上从而成为一种与之相对应的心理匮乏。因此，社会匮乏讲的不仅仅是社会资源的缺乏，更是一种反映在心理上的社会匮乏，即心理性社会匮乏。社会匮乏反映在心理上，就是孤独感、感情饥渴、危机感、挫折感、绝望、妒忌、失常等心理失衡状态。可见，社会匮乏同时也是心理匮乏。社会匮乏反映在人的心理上，就形成了人的社会性需要，即社会心理需要，包括对爱、友情、归属感、受尊敬、被接受、荣誉、名望和自我实现等的需要。我们的消费活动在某种程度上是为了消除社会匮乏，即满足社会需要。例如，馈赠礼品就是一种维持自然性社会关系的消费行为。

再次，需要是一种精神匮乏状态，它指的是对意义、价值、信仰以及精神性产品（如宗教、文学艺术、娱乐、教育等）的需要。如果说人的物质匮乏状态揭示了人的动物性和社会性一面的话，那么，人的精神匮乏状态则显示了人的神性的一面。人是神性与兽性的混合体，因而"人既相似于神又并非神，既相似于动物又并非动物"（李淑梅，1998：17~18）。人作为动物有七情六欲，但人又是唯一能摆脱物欲纠缠，超凡脱俗，追求精神自由、价值目标和意义世界的动物（李淑梅，1998：

18)。可见，对意义的追求是人区别于动物的特征之一。不论古代还是当代，人都有对意义的需要。原始时代的巫术、神话和图腾以及后来的宗教、艺术和哲学，均体现了人们寻求某种意义、赋予人生和世界以某种终极意义的努力。对意义的追求正是文化或精神性产品形成的动力。在某种程度上，我们的精神匮乏状态可以通过文化消费活动来消除。文化消费本质上就是精神性消费。

人对意义的需要有两种情况：一是对终极意义的需要，表现为某种信仰、价值和理想。宗教就是人们寻求意义、满足这方面需要的一种制度。二是对精神性产品的需要，包括文学、艺术、娱乐、民俗、教育等方面的需要。人们从事文化生产在一定程度上就是为了满足这种需要。不论终极意义的空虚，还是一般精神性产品的缺乏，都表现为意义或精神匮乏状态。相对来说，终极意义对人们的重要性显得较为隐蔽，较不会被人们明确意识到，只有在人们处于匮乏状态时才会真正感觉到它的重要。精神性产品可以通过精神消费活动来满足，但终极意义的空虚是无法仅仅靠消费（如看心理医生）来填补的。可见，物质的丰富并不意味着人们已经处于充实状态，也并不能说明他们就是幸福的，因为他们仍有可能处于精神匮乏状态，尤其是处于终极意义的空虚状态，后者无疑是一种精神上的痛苦。这种精神上的痛苦不是靠满足物质欲望就可以消除的，这就是为什么有些家财万贯的人仍不快活甚至痛苦的原因。此外，终极意义的空虚也可能导致过度贪婪，而贪婪过度的人在物质财富方面永远也没有满足的时候。实证研究证明，这些人比起那些容易知足的人来说，更缺乏幸福感（Richins and Dawson, 1992）。

虽然上述需要常常并行存在、相互依存，但从历史的角度来看，它们的满足是有先后顺序之分的。也就是说，人的需要是有层次之分的（Maslow, 1954；尹世杰，1993）。马克思认为，物质生活资料的生产活动是人们的第一个历史活动。"人们为了能够'创造历史'，必须能够生活。但是为了生活，首先就需要衣、食、住以及其他东西。因此第一个历史活动就是生产满足这些需要的资料，即生产物质生活本身。同时这也是人们仅仅为了能够生活就必须每日每时都要进行的（现在也和几千年前一样）一种历史活动，即一切历史的基本条件。"（马克思、恩格斯，1972a：32）正是在物质生活资料生产的基础上才产生了为满足社会交往需要和精神需要而进行的社会活动与精神文化活动。马斯洛也认为，人首先只有满足了最为基本的需要（如生存、安全等），然后才会去满足较为基本的需要；人的精神性需要，作为最高层次的需要（即自我实现），只有在物质性等更为基本的需要得到满足以后才能得到满足（Maslow，1954）。但是，不能将这种观点绝对化。人的各种需要的先后顺序和高低层次之分是相对于它们对人的存在的基础性和紧迫性来说的。物质需要对人的存在而言是最为基本、最为紧迫和最为基础的，因为如果连生命都不能存在，那么其他的一切都无从谈起。但是，这并不说明人们在任何时候、任何场合都只有先满足物质需要，然后才能去满足更高层次的需要。实际上，即使在原始社会，人们对意义的需要就已经存在了，表现为各种对神灵和图腾的崇拜。原始人对意义的需要和对物质需要的满足活动是同时进行的。不过，由于物质需要始终是人最为紧迫和基本的需要，因此，一般来说，每个社会往往是在首先满足了这一需要的前提下才能从事其他较不那么紧迫的活动。历史上，精神文化产品的生产和消费往往是在物质生活资料的生产有了剩余以后才得以进行的，精神文化消费表现为上层贵族社会的"特权"和"奢侈"，它是以被压迫和被剥削阶级的牺牲作为代价的。

人的需要构成人们活动的动力，而社会结构则是人的需要结构的投射（李淑梅，1998：48~67）。因此，生产活动、社会活动和文化活动都是人的需要的体现，是为了满足人的物质需要、社会需要和意义需要而进行的活动。需要与满足需要的活动是相互促进的。需要（匮乏）引起了满足需要的活动，而人们在满足需要的过程中总是会不断积累经验，不断发展更为先进的手段和工具来满足需要。因而，手段的进步使原来不容易满足的需要可以更为容易地得到满足，于是人们又有了新的需要，新的需要又引发了新的满足需要的活动。其结果是需要与满足需要的活动在相互促进的过程中不断提高，使人的需要表现为一个历史的，不断上升、不断分化和不断复杂化的过程。因此，需要总是具体的历史的需要，是与满足需要的手段和能力密切相关的。以物质需要来说，它是物质生产活动的前提和动力，而物质生产的进步又会导致物质需要的提高。在这个意义上，需要既是生产的起点，又是生产的终点。物质需要与物质生产总是在相互作用中不断提高的。按照马克思主义的观点，由于生产关系和分配制度的作用，不同的阶级只能有不同的需要，因为他们在生产关系中的地位是不同的，从而从分配中获得的财富也是不同的。

二　需要的区间

需要作为一种匮乏状态，既涉及主观因素，又受到客观因素的制约。需要首先要反映在主观意识上，以欲望的形式表现出来。而需要的满足又受到客观经济条件的制约，从而成为现实的或有效的需求。这种现实的需求经常是通过对欲望进行某种程度的抑制来实现的。因此，可以把需要看成是一个由欲望到需求的过程或区间，而需要则是介于二者之间的状态，它往往表现为由社会所决定的、与一定历史阶段相适应的需要水平。

欲望、需要和需求是一组相互联系又容易混淆的概念。欲望（want or desires）是一种主观的、被感觉到的并常常是强烈的匮乏感、欲求和愿望。它既包括人体器官在匮乏状态下渴望得到功能满足的生理冲动（如饥饿、性欲），又包括个体渴望获得某种东西（占有欲望）或进入某种状态的心理倾向。欲望具有如下特征：第一，欲望具有主观性，是人们意识到的渴望和希望。第二，欲望具有无限性，正如叔本华（1982）所说，一种欲望得到了满足，又会生出新的欲望，如此循环往复，永无终止。第三，欲望具有想象性，人们常常在欲望状态中想象欲望得到满足时的情景。有些欲望由于没有现实性，因此永远无法得到满足，人们就只能在想象中得到满足（如幻想自己会张开翅膀飞翔）。第四，欲望具有可塑性。欲望是一种主观心理现象，其强度和广度（所欲范围）可以通过某种手段（如宣传和广告）的作用而强化、扩张或膨胀。它也可以通过抑制而减弱。

需要（needs）指的是维持某种生存质量、满足某种生活要求的客观标准。这种标准既包括维持人的生存的基本标准（如水、空气、食品、衣物、住宅等），又包括某一历史阶段的社会对生活标准的集体界定。需要具有以下几个特征：第一，需要既可以是被意识到的需要（如饥饿），又可以是未被意识到的需要（如呼吸）。第二，需要具有层次性。正如马斯洛（Maslow，1954）所说，人的需要包括从生理需要（食物、安全和住所）到心理需要（归属、尊敬、爱）再到自我实现等由低到高的不同层次。人们只有先满足了较低层次的需要，才能进一步满足较高层次的需要。第三，需要具有递进性（江华，1997：33）和历史性，这一特征同需要的层次性密切相关。人们满足了较低层次的需要后，往往会要求满足较高层次的需要。与此相对应，基本需要的社会标准会随历史阶段的演进而不断被提高。

第四，需要具有客观性。在不同的社会和不同的历史阶段，人们会有不同的需要。但是，每一社会在每一时代都有其界定和衡量基本需要的标准，这一标准是客观的。马克思在《资本论》中提到，英国工人的劳动力再生产成本就包括对啤酒的需要。尽管对啤酒的需要是由文化决定的，但它却是客观的。在现代社会，一个人的生活水平如果低于体现基本需要的社会客观标准就被认为是处于"绝对贫困"。

需求（demands）指的是在商品经济条件下有支付能力的需要（江华，1997：34；陈惠雄，1999：48）。需求是以货币为基础的，是人的需要在具备支付能力基础上的实现（江华，1997：34~35）。可见，"需求"是一个比"需要"更为狭义的概念。人有对空气的需要，却未必有对空气的需求，因为空气是无处不在的，不必以货币支付的形式获得。不过，在空气污染非常严重的城市，人们就会有对"新鲜空气"的需求，因为在这种情况下新鲜空气要以支付货币的形式获得。例如，在美国，人们可以到海滨胜地去购买昂贵的住宅而享受新鲜的空气。然而，对居住在贫困乡村的居民来说，新鲜空气是大自然的无偿馈赠，因而对新鲜空气的需要就无须以需求的形式出现。因此，需求经常同"匮乏"状态相关。需求还同市场交换相联系，其交换的媒介主要是货币。而需要则未必一定要通过交换来得到满足。例如，人们可以通过接受馈赠、帮助、福利或自我劳动的形式来满足自己的需要。从最一般的意义上说，在同一时代和同一社会，人的需要是一样的。但是，在现实中，不同的阶层却有不同的需求，因为他们的收入水平和支付能力是不同的。可见，需求同社会分层是紧密联系在一起的。可以说，需求是社会经济地位的指示器，是人们对自身经济资本持有量的反应。对大部分人来说，需求是有限制的。

由上可见，由欲望到需要再到需求的演进，体现了人的消费要求由主观状态（欲望）到社会文化状态（需要）再到经济状态（需求）的实现过程。消费欲望是消费需要的心理动力，它是动态的、可塑的并潜在地是无限的。但是，它的实现却受到社会文化因素和经济因素的双重制约。就社会文化因素来说，社会经常有其界定需要的标准，包括下限标准（基本生存需要）和平均标准（全民需要的平均值）。就经济因素来说，消费需求作为欲望的最后实现阶段，体现了在经济条件的制约作用下，人们对某些欲望的满足和对其他欲望的压抑。但是，经济因素（如收入）并不是孤立地起作用。在给定的收入水平下，人们满足或压抑何种欲望是遵循了某种标准的，即具有某种消费倾向。各种欲望的满足是有机会成本的。给定的资源用于某种特定产品的消费，就相应地减少了对其他产品的消费。那么，这种标准是什么呢？经济学是根据效用最大化和无差异曲线来进行分析的。在这里，效用被假定为既定的、可充当解释项的东西。然而，效用本身是一个不确定的、有待解释的东西。把不确定的东西当作确定的东西，用被解释项充当解释项，显然回避了问题。实际上，效用标准在不同的民族和文化体系中是不同的。例如，在一个民族看来是有效用的东西，在另一个民族看来却是没有效用的。西方的观察家吃惊地发现，尼泊尔某个村的村民并没有把世界银行的援助资金用于改善水稻田的项目，而是用于修建寺庙。他们不能理解，在村民那里，同神保持一种和睦的关系，其重要性并不亚于填饱肚子（Thompson et al.，1990：55）。可见，满足某种欲望和压抑某种欲望并不完全是理性的，而往往是文化决定的。商品的效用与人们在交换过程中赋予商品的"意义"直接相关，因此，人们的消费需求固然同人们的收入等经济变量息息相关，但是，对某种欲望的满足或压抑仅仅用经济变量或理性标准来解释是难以令人信服的。

三　需要的二重性

人的需要具有二重性，即抽象性与具体性。所谓需要的抽象性，指的是功能性需要。这种抽象需要不涉及满足需要的具体的对象和形式，它只涉及一般和普遍的生存与生活功能。例如，人有进食的需要。那么，为什么要进食？因为进食具有某种功能，如消除饥饿所造成的痛苦、维持生命或享受生活等。这种需要在一个既定时期具有普遍性和一般性。例如，当饮食需要还未涉及"吃什么东西"的问题时，它就是一种抽象需要，因为它尚未指向具体对象。抽象需要往往可以表述为一定社会在一定时期的普遍的消费标准。例如，进食作为抽象的需要还可以表述为某个时期，某个社会的平均食物消费标准，即维持生命或维持健康需要摄入多少卡路里、蛋白质、维生素和水分等。布西亚认为，需要本身是作为一个系统被生产出来，而不是作为对具体物的需要（参见 Baudrillard，1988：42）。在这里，他显然是指抽象需要，即作为系统的需要。有必要指出，需要的抽象性是相对的，它不是指适用于任何时代、任何社会和任何个人的需要，不是超越时空的需要，而是相对于某个历史时期和某个社会的普遍性需要。

抽象的需要是不断进化的，具有历史的递进特征。仍以进食为例，在短缺经济时代，关于进食的抽象需要表现为充饥（营养则未被考虑）。在现代化和工业化社会，关于进食的抽象需要则体现为美食（享受）和健康（充分考虑营养成分的摄取和均衡）。

所谓需要的具体性，指的是满足需要的具体对象和形式。例如，当充饥作为一种功能时，它还是一种抽象的需要，但是，当充饥涉及"用什么东西来充饥"或"用什么方式来充饥"的问题时，它就是具体的需要。人们可以或者吃米饭，或者吃面食，或者吃野菜窝窝头来充饥，也可以或者自己在家做饭解决充饥问题，或者上餐厅饱餐一顿。总之，不同的时代、不同的社会、不同的群体和不同的地域在满足充饥的具体对象和形式上，均是不同的。因此，具体需要具有明确的指向性，即它指向具体的对象和形式。

对抽象需要和具体需要的划分有助于分析消费需要的不同方面。如果说那些满足功能需要的具体对象和形式具有可替代性和多样性，那么，抽象需要则具有较高的概括性，并有助于对不同时代和社会的需要标准进行比较。马斯洛的"需要层次论"描述的就是抽象需要，为对各个民族或同一民族在不同时期的消费需要的层次提供了一个理论分析框架。恩格尔则通过对用于食物的支出在家庭总支出中所占的比重进行统计分析来衡量一个国家的经济发展水平和富裕程度。他发现，随着居民家庭收入的增加，食物支出在家庭总支出中所占的比重会越来越小。这一趋势被称作恩格尔定律。而食物支出与家庭总支出之比，则被称为恩格尔系数。对抽象需要的层次测定有助于从总体上安排生产和消费，从而制定合乎经济发展水平、有利于生产和消费良性循环的消费政策。但是，抽象需要不能揭示满足需要的对象和形式的多样性、具体性和变动性。

在抽象需要的标准和水平大体相当的条件下，具体需要却可以相差甚远。假定A社会和B社会的经济发展水平相同，恩格尔系数也一样，但它们各自的具体需要仍然可以很不相同。例如，A社会可以消费大量的猪肉，B社会（如穆斯林社会）则可能禁止吃猪肉。造成这种具体需要差异的因素很多，包括地理因素、传统因素、技术因素、社会因素和文化因素等。与此同时，在同一社会，由于各个阶级/阶层在生产关系中所处的地位不同及所具有的技能的市场价值不同，因而他们所获得的财富不同，他们的生活方式、消费观念和具体需要也不相同。因此，只有了解了具体需要的地域、传统、技术、社会和文化差异性,才能生产出真正满足人们需要、产销对路的产品。换言之,了解人们的具体需要是市场营销的根本原则之一。具体需要的差异性、可替代性和变动性说明营销必须充分考虑影响市场和消费的社会与文化因素。如果说抽象需要体现了一个社会的经济发展水平,那么,具体需要则反映了该社会具体的生活方式和社会文化背景。

抽象需要往往是由经济发展水平或收入水平决定的,而具体需要则主要是由地理环境、社会文化等因素决定的。要研究消费需要,不但要考虑抽象需要,而且也要考虑具体需要。强调一方而忽略另外一方均是片面的。为了更为全面和充分地了解消费需要,有必要从社会学的角度对具体需要进行深入的探讨。也就是说,对消费的理解,不能仅仅停留在经济学解释上,即用收入和价格等经济变量来解释抽象的消费支出形式,也不能仅仅停留在心理学解释上,即用一般的、非历史性的人性和人格结构等心理学概念来解释抽象的需要结构,而必须进一步延伸到社会学解释上,即:一方面,用社会因素和文化因素等变量来分析具体需要的差异性、可替代性和变动性;另一方面,从历史的角度来分析抽象需要的进化程度和所处阶段。

四 影响消费需要的因素

消费需要不是一成不变的。无论抽象需要还是具体需要,都是随着历史的演进而不断进化的。因此,消费模型的建立必须引进时间或历史的变量,以及非经济变量,包括社会因素和文化因素变量。在人类进化的同时,消费需要也相应地经历了由低到高、由简单到复杂的进化过程。这一进化过程同人类满足需要的手段和形式的演变过程是一致的。

从横断面来看,不同的国家和地区有不同的消费需要标准,包括最低的消费需要标准,这是一种社会事实。对消费需要的解释,既要从宏观方面着手,又要从微观方面着手。下面的论述将侧重在宏观方面。也就是说,消费需要作为一个宏观的社会事实,可以通过社会生产水平、社会发展状况和文化传统等因素来加以解释,可以把它放在宏观的社会和历史的大背景中来加以考虑。

1. 技术进步与消费需要

人不同于动物的地方之一,在于动物的需要是先天决定的、遗传的,永远只能维持在简单的水平上，不能超越生理的限制。动物只能通过直接从大自然中获取食物来满足需要，而不能发展出超越自然界限制的满足需要的手段和方式。因而，一旦自然界发生危机，如出现大旱灾或生物链失去平衡，就会面临绝种的危险。恐龙的灭绝就是一个例子。人类则不同，人类能够超越自然界的限制而不断发展出更为先进的满足需要的手段和方式，同时相应地超越生理的限制而不断形成更高级的需要。物质生产技术的进步使人类不断与自然界进行能量交换，从而获取物质生活资料的手段和方式越来越先进，获取的物质生活资料的质越来越好，量也越来越多。与之相对应，人类的需要变得越来越复杂，层次也越来越高。

物质生产的技术化过程不但是某一历史时期一般消费水平和消费层次（即抽象需要）的决定性因素，而且也是决定具体消费需要（即满足抽象需要的具体对象和方式）的主要条件之一。一方面，随着人类社会从农业生产到工业大生产再到后工业信息生产阶段的进化，人的抽象需要经历了由低级到高级进化的阶段（匮乏消费——→温饱消费——→小康消费——→大众消费——→风格消费）。用布西亚的话说，"需要只不过是生产力在个人层次上的理性系统化的最高级形式。消费接过了生产的逻辑，是对生产的必要的接力"；"需要和消费事实上是生产的有组织的延伸"（Baudrillard，1988：43）。另一方面，技术化进程更是不断地造成了具体需要的变化。例如，在农业占据主导地位的经济时代，肥皂是"奢侈"品；而在工业时代，肥皂则是再普通不过的日用必需品；到了后工业时代，肥皂则随着洗衣机的普及而被洗衣粉所取代。可见，在市场营销过程中，技术化进程对具体消费需要的影响，尤其是对产品的生命周期的短期化影响，是一个不能不加以考虑的因素。在后福特主义时代，消费者的具体需要的变化速度加快，产品的时效性变短，更新换代的频率加剧，这些都对生产和经营提出了严峻的挑战，使商品竞争更趋激烈。因此，加强对消费者具体消费需要的研究，便是摆在企业面前的一项必不可少的任务。技术化对具体消费需要的影响是明显和广泛的。就具体需要而言，它的满足还受到产业结构的影响（尹世杰，1993：107～110）。换句话说，人们需要何种具体产品，受到供应方的影响。这一影响在短缺经济和国际贸易不足的条件下尤其明显。即使国际贸易可以弥补国内某种产品的短缺，但如果由于进口造成该种产品价格过高，则同样也会限制人们对这种产品的具体需要，使人们减少对此种产品的消费量而增加对其他替代产品的消费量。例如，根据经济学的观点，如果某地盛产水果而不产蔬菜，那么它就需要进口从而造成蔬菜价格高昂，那么，消费者便会增加对水果的消费，并用水果作为蔬菜的替代品，从而减少对蔬菜的消费，即降低对蔬菜的具体需要程度。可见，具体需要的可替代性进一步加剧了产业和产业以及企业与企业之间的竞争，并使得产品的价格和质量成为左右具体需要的重要因素。而技术化则可以通过影响产品的价格（即降低成本）和质量（即改进工艺）从而进一步影响人们的具体需要。

2. 市场化与消费需要

技术化必须同市场化过程联系起来才能真正对消费需要产生有效影响。道理很简单，技术的发明和引进涉及投资问题。技术只有被企业家或商家接受，并被引进生产过程，才能产生效益。也就是说，企业家或商家必须愿意在技术上投资，使技术市场化，技术化的影响才能显现出来。因此，技术化并不自动起作用，它只有同社会经济和生产组织相结合，并参与到市场化过程中才能发挥作用。如果说技术化会对消费需要产生影响，那么，市场化也同样如此。

市场化与社会分工是紧密联系在一起的。社会分工导致功能群体和部门之间的相互依赖性增强，使得社会交换成为联系各功能群体和部门的纽带。而社会交换，尤其是经济交换，导致了交换市场的产生。为了使交换得以顺利实现，人们便不得不考虑他人或市场的需要，并在一定程度上根据这种需要来从事经济活动或其他活动。可见，市场化既是满足消费需要的一种社会形式，又对消费需要施加了具体影响。市场化对消费需要的影响具体表现为以下几点：第一，市场化促使满足消费需要的形式发生转变，即由自给性消费转变为市场化消费。与这种消费形式相联，人们开始有了对劳务产品（如商业服务）的一般需求（抽象需要）。第二，市场化既导致消费需要的大众化（同质化），又导致消费需要的异质化。一方面，由于市场化导致产品种类、数量的增多，人们的选择范围扩大，从而使得人们的消费需要异质化和复杂化；另一方面，市场化导致大众化市场的形成，因而使得消费需要常常以大众化的形式出现。第三，市场化通过供应具体消费品的形式而影响或限制了人们的具体需要，消费者只能从市场上所能获得的产品范围中进行有限的选择。这种产品范围便影响了人们的具体需要或需求。也就是说，人们不得不抑制对没有供应的产品的具体需要，并用其他相关产品来替代。第四，与此同时，市场化竞争还导致技术进步和产品创新，使新产品不断问世并走向消费者家庭，从而使消费者的具体需要不断变化。第五，在一定条件（如反垄断法）下，市场化竞争的结果是产品质量的标准化和成本与商品价格的下降，从而使消费者在既定的收入水平下消费需要（求）量增大。同时，市场化竞争还导致服务质量的提高，使消费者对服务的标准要求越来越高。第六，市场化过程还导致对消费者的操纵和引诱。一方面，市场化过程利用种种手段，包括广告、公关和促销手段，来创造消费主义的意识形态；另一方面，市场化又以霓虹灯招牌、橱窗和购物环境来创造一个象征符号环境，从而挑起消费者的消费欲望，刺激消费者的购买激情。这种情况在市场化所导致的产品过剩时期表现得最为明显和典型。

3. 文明进程与消费需要

消费需要同文明的进程有密切的关系。也就是说，随着文明的发展，出现了消费文明。它使人的消费行为和生活从根本上摆脱了动物性，摆脱了茹毛饮血的野蛮消费习惯，而使消费成为人区别于动物和"野蛮人"的标志之一。就以饮食消费来说，人类就经历了从生食到熟食、从以手抓食到使用餐具、从共用餐具到分用餐具的文明化过程（Elias, 1978）。生活方式的文明化导致文明化的消费需要。因此，除了上述技术进步等因素以外，文明化成为另一个使人的消费摆脱动物性的自然需要束缚的因素。人的文明化的消费需要不是从生理或生存需要的角度可以解释得清楚的，它是社会因素促成的。例如，对原始人来说，香皂是没有效用的；而对于文明人来说，它则是日常必需品，因为沐浴和清洁卫生是文明的生活方式所不可缺少的内容。可见，消费需要不能仅仅从生物学和生理学的角度去解释，而必须把它看作消费文明，从它与社会的文明化进程的关系来说明。由此可见，要进行跨国市场营销，了解当地的消费文明和消费生活方式，是一项必不可少的任务。用一个极为浅显的例子来说，如果说向日本和韩国等受儒家文化影响的国家出口筷子是可行的话，那么，向非洲、欧洲和美洲大宗出口此类产品就根本行不通。很显然，消费文明决定了具体的消费需要。

在文明社会，即使是最基本的生存需要，也被打上了文明的烙印。不同的文明社会常常会制定不同的、最低的消费标准。如果一个群体的消费水平低于这种标准往往被认为是不文明的、不人道的和悲惨的，因而社会或国家有必要对那些处在"文明"消费标准以下的群体进行救助。当然，救助的方式（如慈善救济方式和福利国家方式）和标准随各国经济发展水平的不同而不同，但最低消费标准的出现说明了人的生存需要不能仅仅从生理学或生物学的角度去理解，更要从社会学的角度去理解，把它看作是文明的产物。西方福利国家的福利体系就是建立在这种"文明"消费标准的基础上的。享受不低于这种标准的生活被认为是人们的公民权利。而生活水平低于这种标准的消费群体则是一个被剥夺的群体，国家有义务对他们进行救助或补助。在第二次世界大战后的西方，随着物质文明的高度繁荣，这种"文明的"需要不仅成为人的权利，而且甚至成为人们的"义务"（Baudrillard，1988）。商业行为是围绕如何刺激人们的需要而进行的，国家政策的制定也是如此。这种文明的最低消费标准说明消费成为社会文明的一部分，成为公民权的一部分。而公民首先是一个政治和社会人，而不仅仅是经济人。他的权利和义务只有从他与国家和社会的关系中才能得到说明。由于最低消费标准是随着物质文明和社会文明的进步而不断提高的，因此，这种消费文明决定了人的最低的抽象消费需要及其提高过程。

随着人口城市化的发展和现代技术的进步，与城市文明和城市生活方式相匹配的一些公共基础设施，如下水道、抽水马桶、自来水、电力和燃料供应、卫生和医疗康复也被看作是基本的消费需要。这些需要首先是同城市文明和城市生活方式密切联系在一起的，并逐渐向乡镇和农村延伸。在当代中国城市，随着电子通信技术的迅猛发展，电话、手机、计算机也逐渐进入千家万户，这些信息消费将逐渐被看作是基本需要之一，并将构成中国未来的消费文明的重要内容。此外，全民基础教育消费也构成现代消费文明的一个不可缺少的要素。

4. 价值观念与消费需要

人的需要的满足与人的生活满意感密切相关。一般来说，需要得到了满足，容易产生生活满意感；需要得不到满足，则容易导致挫折感。而需要的满足又同一定的资源相联系。那么，是否资源越多，生活满意感就越强，而资源越少，则生活满意感就越低呢？在一定的范围内，的确如此。但是，人们常常视资源的多寡而调节自己的需要。也就是说，人们会根据个人的资源状况来决定主观需要（感觉到的需要）。如果资源少，人们就会抑制欲望，减少需要；与之相对，如果资源多，人的欲望和需要可能就会"水涨船高"，而需要的高涨会使原有的资源显得相对匮乏。因此，资源多的人未必比资源少的人感到幸福（例如，贪得无厌者反而是痛苦的）。换句话说，幸福感或生活满意感在很大程度上取决于主观需要与资源之间是否平衡。二者之间的脱节或失衡就会导致痛苦或挫折感。可见，在资源既定的条件下，人们的生活满意感取决于对需要的调节，即对主观欲望的某种程度的抑制以便使之同既定的资源相适应。就增长速度来说，资源的增长是有限的，而人的欲望的增长却可以是无限的，前者的增长远远跟不上后者的增长。因此，对欲望加以某种程度的抑制，在任何时期、对任何人来说都是必要的，尽管在不同的时期、对不同的人来说，对欲望的抑制程度和范围是不一样的。当然，这里所说的对主观需要的调节，指的是对相对需要的调节，而不是对绝对需要（即维持生存的最基本的需要）的调节。人的资源如果不能满足绝对需要（生存需要），无法维持最基本的生存，往往就会导致一种绝对痛苦。此外，如果一个社会不存在任何机会来改善人的经济地位和增加其资源，那么，根据资源可得性状况来对欲望和需要进行调节，在功能上便显得更加重要。

那么，怎样对欲望进行控制呢？在一定的时期，一定的社会总会有一些对人的欲望起奖惩作用的基本的社会价值规范。消费理性主义、禁欲主义、利他主义、利己主义、个人主义和享乐主义就是这方面的例子。消费理性主义主张先苦后甜和滞后享受，这种价值往往在短缺经济条件下对人们的消费行为起支配作用。禁欲主义主张对人的欲望进行节制和压抑，从而减少因欲望得不到满足而引起的痛苦。利他主义反对个人利益至上，强调以他人的幸福为自己幸福的前提。利己主义则是同利他主义相对立的价值，它主张个人利益至上，为达到个人利益，可以不惜牺牲他人或社会的利益。个人主义价值则突出个人本位主义。它不同于利己主义，即不主张把个人幸福建立在牺牲他人或社会利益的基础上，而是强调在不损害他人或社会利益的基础上去努力实现个人利益。国家和社会无权牺牲个人的利益以实现其总体目标，相反，国家和社会的总体利益必须建立在个人利益得以保障和实现的基础上。享乐主义则突出人生苦短的特征，强调在有限的人生中充分、及时地享受生活。

这些价值观念和规范在很大程度上影响了人们的欲望和需求。尽管这些价值规范常常在各个不同的社会同时共存，但是，在不同的经济条件下，不同的价值规范占据不同的地位。在传统的匮乏或短缺经济时代，欲望常常受到道德攻击，被认为是邪恶和堕落的根源。在那个时期，占据主导地位的价值观念往往是禁欲主义和消费理性主义，从而形成了相对应的规范，因而社会的主流价值和规范主张节约简朴、崇尚节制欲望、倡导先苦后甜和滞后享受。例如，在传统社会，作为占据主流地位的意识形态的宗教，包括基督教和佛教，就极力传播禁欲主义，把欲望看成是邪恶的，并大力鞭挞。卢梭也认为，欲望是堕落的根源，是造成人生痛苦的一个重要原因。韦伯则认为，以禁欲、节俭和苦干为特征的新教伦理是资本主义发源的文化条件（Weber，1970）。新教伦理奉行"滞后享受"的价值，把人生当作苦行，而把理想的生活放到未来或来世。由于这种价值观念已经深深地扎根在人们的心中，从而使其成为人们自我约束机制的一部分，并对不恰当的欲望进行监督和抑制。与这种价值相联系，人们的消费生活体现出理性主义特征，具有前瞻性、预见性和预防性。滞后消费成为当时的一种普遍特征。

但是，在西方，随着现代性的兴起和工业化大生产带来的大量财富的出现，传统的宗教禁欲主义受到享乐主义的挑战并逐渐瓦解。在传统的以匮乏为特征的社会，享乐主义虽然存在，却没有成为社会的主流价值和规范。当然，即使在匮乏社会，由于财富分配严重不均衡，少数人占据了大部分财富，享乐主义在上层阶级大有市场，因为财富为他们提供了奢侈享受的条件。但是，少数人的享乐是建立在大多数人节制欲望的基础上的。因而，在传统社会，一方面，禁欲主义成为占据主导地位的价值；另一方面，大多数人所奉行的禁欲主义价值规范同少数权贵阶层所奉行的享乐主义又是并行不悖的。但是，随着20世纪20年代以来资本主义生产能力的提高，生产过剩和消费不足成为摆在资本主义生产面前的一个大问题。换句话说，大生产要求大消费，否则，生产过剩必然带来严重的危机。这一危机在20世纪30年代爆发出来。因此，毫不奇怪，随着工业资本主义的发展，人的欲望逐渐非道德化。享乐主义在这个时期成为主流价值之一，并在第二次世界大战后的西方达到了巅峰，也就不奇怪了。

其实，早在18世纪自由主义思想家亚当·斯密那里，欲望就被看成是个人的"自由"，是应当加以利用和操纵的人性资源，因为它可以促使人们努力工作以增加收入或财富，从而增强社会的活力，尽管它也可能导致人们不择手段地增加财富并引起犯罪的增加。这种自由主义思想在19世纪得到进一步发展。从19世纪下半叶到20世纪初期，随着生产过剩导致的经济危机加剧，特别是20世纪30年代的经济危机，使消费问题不但成为一个经济问题，而且成为一个政治和社会问题。在这种情况下，凯恩斯主张的国家干预市场和刺激消费，便成为发达资本主义国家的政策选择。因此，随着第二次世界大战后西方资本主义经济的长期景气和繁荣，人们对消费欲望和需求的态度发生了根本的变化。消费主义和享乐主义，作为厂家和商家借助广告等促销手段操纵和传播的意识形态，便成为西方发达国家消费生活中的主流价值和规范。随着信用或信贷消费的出现，花未来钱，及时行乐和享受，便成为第二次世界大战后西方大众消费者时髦的消费生活方式。因而，超前消费成为西方社会的普遍特征。这种消费主义的意识形态和制度使人的消费欲望大大膨胀，在一定程度上导致了理性的退化。生产者也通过操纵人的欲望，达到操纵消费者的目的。而只有对消费者进行操纵，才能使资本主义经济系统的再生产和经济增长成为可能。

然而，随着消费主义和享乐主义生活方式对环境与能源所造成的负面影响日趋突出，要求改变消费生活方式的呼声也随之高涨。以马尔库塞和弗洛姆为代表的西方知识分子对消费主义进行了猛烈的抨击。绿色运动、生态主义和环境保护主义运动的兴起，形成一股遏制消费享乐主义的社会力量。因此，在90年代，西方（如英国）又出现了一个反消费的社会运动。这一运动主张重新回到简朴的生活方式，反对奢侈和浪费。这一运动将产生什么样的社会影响，还有待观察。但是，我们可以得出一个结论，那就是，消费需要从来就不是固定的，而是随着历史的变化而变化。其中，文化和价值因素起着重要的调节作用。

由上我们可以看出，一定的消费价值观念和规范往往是与一定的资源、财富和收入水平相联系与适应的。也就是说，价值观念和规范在调节人们的抽象需要上发挥着不可缺少的作用。这种作用表现为对人们的欲望加以抑制或刺激，以使人们的现实消费需要或需求同社会生产力的总体水平相适应。不仅如此，价值观念和规范对具体需要也起着重要的调节作用，消费禁忌就是一个最明显的例子（这一点我们留到"规范消费文化"一章详细讨论）。不同的民族、不同的区域、不同的群体往往会有各自特殊的价值观念、偏好或规范，这也会影响到人们对具体事物的需要。例如，在路遥的小说《人生》中，被城里人视为日常必需品的牙膏，在贫困地区的乡下老农看来就是奢侈品。对个人来说，消费目的常常受其生活理想和价值支配。人们对各种具体消费需要的满足正是通过所得的资源来实践这一生活理想和价值。不同的人拥有不同的生活理想和价值，表现在消费中，就是具体需要的个体差异和不同。

5. 社会分层与消费需要

上面说过，消费需要与对欲望的抑制是一个问题的两个方面。但是，不同的阶级或社会阶层对欲望的抑制程度是不同的。上层阶级/阶层由于占有生产资料，相应地就能占有较多的消费生活资料。下层阶级/阶层由于不占有或只占有少量的生产资料，相应地就较缺乏消费生活资料。因此，很显然，在社会总体经济条件较为匮乏的情况下，上层阶级/阶层的消费欲望处在较高的层次，而下层阶级/阶层的消费需要则处于较低的层次。可见，社会分层决定了不同阶级/阶层的抽象消费需要，但这并不是说，下层阶级/阶层注定只能有较低层次的需要，也不是说他们在生理、心理上没有更高层次的需要，而是说，由于社会地位的限制和社会剥夺所造成的资源匮乏，使他们不得不抑制自己的消费欲望。用经济学家的话说，消费是收入的函数，而收入则是同社会分层、社会结构以及收入分配制度密切联系在一起的。可见，消费不但是社会经济发展水平的指示器，而且也是社会分层的指标之一（李培林、张翼，2000）。

社会分层也影响了各个阶级/阶层的具体消费需要。这主要是由于阶级/阶层条件会反映在阶级/阶层成员的主观倾向性、消费品位和消费选择中，从而导致具体消费需要的区别（Bourdieu, 1984）。以饮酒为例，从事体力劳动的下层阶级/阶层喜欢烈性白酒，而从事管理职业的经理阶层则以较温和的葡萄酒、香槟酒或一些其他洋酒为所爱。法国社会学家布迪厄在《区隔》一书中对法国各社会阶级/阶层的消费品位和选择所做的深入、详细的研究，充分揭示了社会分层对具体消费需要的影响。关于这一点，我们在后面的章节还会有详细的讨论。

6. 生活方式与消费需要

消费需要在一定意义上是生活方式的延伸。生活方式既影响了抽象的消费需要，也影响了具体的消费需要。就抽象的消费需要来说，随着经济发展水平的不断提高，生活方式的内涵和外延也会跟着相应地发生变化。这种变化会在人们的消费需要中得到反映。例如，伴随着农村的城市化进程，农耕式的生活方式就会向城市化的生活方式转变。而城市化的生活方式则有对城市基础设施的需要，如对下水道、自来水、电力供应和公共交通设施等的需要。在城市中，对服务产品的消费需要也比在农村高得多。在当代，城市快节奏的生活方式引发了对与这种生活方式相适应的消费对象的需要，如对快餐、微波炉和微波炉食品、成衣、汽车等的需要。城市化（和工业化）的生活方式包括妇女的职业化，后者导致对家务劳动社会化的需要，如保姆、幼儿照看服务（托儿所和幼儿园）等。与人口的高度集中相对应，城市化的生活方式还表现为生活空间的压力变大，反映在商品形式上，就是商品的小型化（Lee，1993）、小巧件化（星野克美，1988）和空间商品（如住宅）利用的高度理性化。在城市中，消费品供应的市场化程度也远比乡村高。在农村，相当一部分消费品可以通过自给来解决，如饮用水、蔬菜、燃料和部分肉类食品等。在一个国家，随着工业化程度的不断提高，生活方式也会发生相应的转型，与之相对应，抽象的消费需要也会发生层次上的变化。恩格尔系数正是对这一变化的定量描述方式。

生活方式不但影响消费需要的层次（抽象需要），而且还影响消费需要的具体内容和对象（即具体的消费需要）。生活方式的纵贯性与历史性的变迁（如从农耕式生活方式到工业化生活方式的历史性跃进），决定了抽象消费需要的层次和结构。但是，在一个社会中，生活方式并不是单一的、同质的。在总体上相似的生活方式中会有具体生活方式的区别。城市化生活方式，特别是工业化国家的城市化生活方式，反映了社会的异质化程度比较高。社会的异质化会通过个人职业角色的异质化表现出来，角色的异质化又会通过职业群体的生活方式体现出来。此外，不同的地域、阶层、民族和群体均有其生活方式的某种独特性，即存在"亚文化"差异。生活方式的纵贯性和横切面的差异导致在同一消费层次和水平（抽象需要）上具体消费需要的不同。地域生活方式、阶层生活方式、民族生活方式和群体生活方式的差异决定了在经济发展水平和消费层次相同的社会中具体消费需要的不同。例如，中国东西南北各地域生活方式的不同，就体现为具体消费内容的差异。再比如，不同的职业角色群体在消费方面也有维持其角色连续性和一贯性的具体需要（如白领群体的消费生活方式不同于蓝领工人群体的消费生活方式），这种差异构成了市场细分的社会学基础。总之，消费需要是生活方式的体现和延伸，因而对消费需要的考察必须同对生活方式的考察联系起来。关于消费与生活方式的联系，我们在后面还有更深入、更详细的探讨。

7. 社会互动与消费需要

消费者是社会人（彭华民，1996：8~11），因而必然受到社会和周围群体的影响。首先，社会互动影响了具体的消费需要。在许多具体的消费需要方面，常常是因为我们与之互动的群体，如邻居、朋友、同事或亲戚购买或使用了某种东西，使得我们也想要有这种东西。有些东西的确是我们需要的、是有用的，但有些东西却未必有实际用处，只是因为邻居、朋友、同事或亲戚都有了，所以我们也想拥有。经济学家称这种情况为"跟潮效应"，这种效应体现为消费需求和选择的"从众性"。与"跟潮效应"相类似的是"认同效应"。不过，在"认同效应"中，消费者所跟从的不是周围群体，而是"认同群体"，即自己在心理和情感上接受的、与之有某种心理和情感"血缘"或"姻缘"的社会群体，如自己的民族、性别和年龄群体。这些群体成员未必在空间距离上挨得很近，但是在心理距离上却很近。例如，巴基斯坦和印度在英国的移民妇女都保持着自己民族的着装方式，尽管在空间上她们离自己的祖国很远。除了"跟潮效应"和"认同效应"，另一种受群体影响的消费效应叫"示范效应"。它指的是某个个人或群体的消费行为被其他个人或群体所模仿。在这里，被模仿者是参照群体。参照群体既可以是周围群体和认同群体，又可以同这二者有所区别。参照群体往往是消费者所崇拜和喜爱的群体，如明星、英雄和偶像。这些参照群体在空间上可能是很遥远的，但是借助大众传媒的作用，他们为消费者所崇拜和模仿。他们也可能跟消费者不属于同一个民族、性别和年龄群体，但却被消费者作为偶像接受。这三种效应都是影响具体消费需要和选择的非经济因素。

其次，社会群体的互动还影响到抽象消费需要的层次。在这方面，"反叛效应"和"攀比效应"（"凡勃伦效应"）是导致抽象消费需要膨胀或抑制的非经济因素。与"跟潮效应"相反，"反叛效应"是一种"逆众性"的消费需求。这一类消费者以标新立异为目的，力求显示自己的个性和与众不同的价值和生活方式。嬉皮士、绿色消费主义者和炫耀性节俭的消费者均是这一方面的例子。如果说"反叛效应"指的是为了与大众拉开距离以显示自我个性和价值目标的消费选择，那么，"攀比效应"（"凡勃伦效应"）则是为了与大众拉开距离以显示财富和地位的消费选择。后者的消费需求在很大程度上是由虚荣心或博取荣誉和声望的欲求决定的，而它的动力往往来自富有阶层的成员在消费领域相互竞赛。这种竞赛以财富为后盾，以获取荣誉、面子、声望和地位为目的，以炫耀性消费为手段（Veblen，[1967] 1994）。其后果是消费标准不断飙升，奢侈性消费品和浪费性消费在上层阶级/阶层中流行。关于这一点，后面的章节会有进一步的讨论。

8. 社会化过程与消费需要

消费需要可以区分为先天性需要和后天获得性需要。先天性需要是遗传的，其对象是抽象的。例如，人们先天就有进食的需要，但是，在什么东西可食和什么东西不可食这个问题上，遗传机制并未做出具体规定。遗传可以告诉人们避开臭的和苦的东西，但是，文化却教导人们，有些臭的东西（如臭豆腐）和苦的东西（如苦瓜）却是可食的；在一些地方（如江浙一带），这些东西甚至是美味佳肴。可见，消费需要往往是后天学习的结果。换句话说，大部分具体消费需要是个体社会化的产物，是文化和社会熏陶与培养的结果。

关于人的消费需要是社会化的产物这一观点，在人的较高层次的消费需要上表现得最为明显，文化和精神消费的需要就是这方面的典型例子。正如布迪厄所说，"文化需要是培养和教育的产物"（Bourdieu，1984：1）。文化消费首先同受教育程度有关。只有具有一定的受教育水平，才具有对文化艺术品的鉴赏和消费能力。同时，文化消费还同文化艺术修养有密切的联系。正如马克思在《1844年经济学哲学手稿》一书中所说的那样，只有具有音乐的耳朵的人才能欣赏音乐的美，只有具有艺术眼光的人才能体会艺术的韵味。可见，高层次的消费需要是个人社会化的结果。而文化社会化过程又同家庭的社会经济地位紧密相关。因此，文化消费需要和能力从一个侧面反映了社会分层和阶级条件。文化消费是社会分层和阶级条件在消费能力上的体现。

即便是基本的消费需要，也同个人的社会化过程有密切的关系。例如，四川"辣妹子"对辣椒的需要，就是她们在社会化过程中接受了四川的地域生活方式的结果。消费需要受到生活方式和价值的影响，而人们接受何种生活方式和价值，在很大程度上是在社会化过程中定型的。人在社会化过程中形成的一些消费需要会成为人的习惯性需要，或消费习惯。这种消费习惯是人的社会阶层条件和地域生活方式的内化，是个人的社会经济地位通过社会化过程在主观性结构中的反映。但是，尽管消费习惯是由经济条件决定的，但它一旦形成，就会具有相对的独立性。它常常可以滞后于经济条件和收入水平的变化。因此，在生活中常常有这样的例子，许多人在收入大幅度提高（有的甚至一夜之间暴富）后，其消费需要却仍然维持过去的习惯。对一些人来说，一些具体的消费习惯还可能保持终生。

消费经历或消费履历本身也构成消费社会化的一部分。消费履历常常导致消费需要的"阶梯"现象。也就是说，人们达到了一定的消费标准以后，就有向更高层次的需要迈进的动机。同时，人们一旦达到了某种层次的消费标准，常常难以退回到以前较低层次的消费需要状态。这种现象也就是经济学家所说的消费需要的"不可逆"现象。

9. 全球化进程与消费需要

随着全球化向越来越多国家的蔓延及其影响越来越向一个国家的经济、文化和消费生活渗透，消费需要也越来越受到全球化的影响。这一点对于发展中国家来说，尤其值得注意。随着发展中国家与世界各国在经济、政治和文化方面的交往日益增多，发达国家的消费主义思潮随着他们的资本向发展中国家的转移而在后者登陆，并对发展中国家的消费者产生影响（黄平，1997）。首先，来自发达国家的跨国公司或多国企业凭借其雄厚的经济实力，借助于广告等媒介手段大举推销消费主义的价值观念，从而俘虏发展中国家的潜在消费者。其次，这些公司借助其优质形象产品和发达的营销手段，引诱发展中国家的消费者对这些产品的欲望，例如，可口可乐、麦当劳汉堡包、奔驰汽车等。再次，随着发达国家的文化（如好莱坞电影）借助大众传媒向发展中国家渗透，发达国家的享乐主义生活方式也会影响发展中国家的消费者，尤其是青少年。例如，发展中国家的青少年就可能会以美国电影中的英雄偶像作为自己消费模仿的参照群体。最后，来自发达国家的旅游者的生活方式也会对发展中国家的消费者产生消费示范效应。

在全球化速度日益加快的今天，一个国家内的社会、经济和文化生活越来越受到国际社会的影响，尤其是发达国家的影响，消费需要也不例外。如果说消费水平受到经济和收入水平的制约，那么，对消费的欲望和对具体消费品的选择则明显受到伴随全球化而来的消费主义思潮的影响。西方发达国家的消费生活方式、消费价值观念和品位，不可避免地会对发展中国家的人们产生一定的冲击。

第三章
消费与认同

　　消费与认同相联系是十分明显的事实。例如，我们用餐具进餐而不是用手抓食，我们吃烹调的食物而不是茹毛饮血，我们刷牙洗脸沐浴而不是任自己肮脏龌龊……我们因此把自己看成是与"野蛮人"不同的文明人。我们不能忍受茹毛饮血、肮脏不堪的消费生活，因为我们不能认同"野蛮人"——"我们"与"他们"是不一样的。在这里，很显然，我们的认同支配了我们的消费；反过来，我们的消费又是认同的体现。在这里，我们将借鉴欧洲关于"认同"的理论，对消费与认同的关系进行一番探讨。

　　消费者不仅是一个社会人，而且是一个具有特定的社会位置和群体归属的人。物以类聚，人以群分。社会生活中的人必然要对人的群体归属进行划分，而且每个人通常会为自己找到一个群体归属。在日常生活中，每个人都是一个人们一眼望去就能按某种标准——如按性别、年龄、人种、口音、职业、气质、仪态等标准——进行初步归类的人。当一个陌生人出现在我们面前的时候，他／她给人的第一外表印象就使得我们可以判断出他／她的类别、属性和社会认同（Goffman，1968：12）。我们是以我们的认同而存在于社会，并通过认同与他人进行社会交往。消费在社会学意义上的重要作用之一就在于它既是用于建构认同的原材料，又是认同的体现和表达。正如人类学家弗里德曼所说，"在世界系统范围内的消费总是对认同的消费"（Friedman，1994：104）。如果说伴随现代市场经济而来的丰富商品为人们的生活方式提供了多样的可能性的话，那么，在世界范围内，在多种生活方式和消费方式并存的情况下，人们选择这种而非那种生存方式和消费方式，在很大程度上是由人们的认同决定的。人们的认同和消费不过是同一个过程的两个方面。一方面，"我"就是我所消费的东西和我所采取的消费方式；另一方面，面对商品世界，"我"消费什么和怎样消费，是由"我"对"我是谁"的看法决定的。可见，人们进行消费，实质上不过是创造、维持或改变着自己的认同。从认同的角度看消费和从消费的角度看认同，是消费社会学所特有的研究视角之一。

一　认同作为社会学概念

在英文中，"认同"（identity）一词起源于拉丁文 idem（即"相同"，the same）。詹金斯对"认同"一词的英文含义做了考察（Jenkins, 1996: 3-4）。他发现，认同一词有两个含义：第一，同一性，即 A 和 B 的相同或同一；第二，独特性，它表现为在时间跨度中所体现出来的一贯性和连贯性。由此可见，"认同"揭示了"相似"（similarity）与"差异"（difference）的关系。"同一性"（或相似性）与"差异性"是认同的两个不同的方面。一个人前后的同一特性，或一群体成员之间的相似性，同时也构成这个人与"他人"或这群人与"他们"（其他人）之间的差异性。霍那斯进一步从时间与空间两个方面来分析认同。一方面，从时间的角度看，认同指时间上的连续性。一个个人或群体的认同是指该人或该群体的某些较为稳定的属性和特性，这些属性和特性可以在较长跨度的时间内被识别和辨认。另一方面，从空间的角度看，个人认同是指把个人的各个方面结合成某种具有连贯性的结构性模式，而社会（或集体）认同则是因为人们之间具有相似性。当然，这种相似性不是绝对的相同和一致，而是异中之同（Fornäs, 1995: 232）。

认同还是一个动态的过程（Fornäs, 1995: 233; Jenkins, 1996: 4）。"认同事实上只能被理解为过程，被理解为'成为'或'变成'"（Jenkins, 1996: 4）。认同既指某个人与某一群体或他人相联系的倾向，又指对人或物加以分类的过程。认同固然是个人身上或群体之间较为稳定的特征和属性，但它不是凝固不变的，而是不断变化的。这种变化既是对外部社会环境变化的反映，也是人们之间的关系不断变动的结果。不仅如此，它不但反映了人们对自身认同的看法的改变，而且也体现了社会对某个人或某一群体的看法的改变。

认同不是一个简单的、单一的实体，而是分裂的、交叉的、多元的和多维的，包括生理的、主观的、社会的和文化的层面（Fornäs，1995：223）。把认同归结为其中任何一个方面而忽视和否认其他方面，都是片面的。因此，不论个人还是群体，都不是只拥有一种认同，而是同时拥有不同的认同。至于哪一种认同成为注意的核心，取决于人们具体所处的环境。例如，在传统社会中，年龄作为一种认同就比在现代社会中具有更重要的意义。年龄的大小成为经验多少的标志，因而成为获取权力的一个重要条件，其结果就是长老统治。而在现代社会中，虽然年龄依然是获取权力的一个因素，但其重要性大大降低了，能力而非年龄成为获取权力的更为重要的条件。认同的复杂性还表现在一系列对立或连续体中，包括个人认同和社会认同、主观认同和客观认同、实质认同和文化认同等。下面就对认同的这些不同方面进行具体分析。

认同是人们日常生活中不可或缺的内容。首先，人们必须对"我（们）是谁"有一个定位和概念。这个问题看起来似乎无足轻重，只是因为它的重要性未凸显出来。一旦它构成一个问题，个人就已处在认同的危机之中。因此，人的社会化过程，同时也是认同的形成和定型的过程。认同使人有了一个本体的支点，它是人们对自己以及与他人的关系的一个定位。换句话说，认同是对自己在社会中的某种地位、形象和角色以及与他人关系的性质的接受程度。缺乏这种可接受的认同，人们就会陷入认同危机，处于彷徨和焦虑状态。其次，人们不但在意识上对自己有一个认识和接受态度，而且对他人的认同也有了解的必要。为了进行社会交流和互动，人们首先就要弄清楚交流和互动的对象，也就是说，要弄清楚对方的身份〔"你（们）是谁"、"他（们）是谁"〕。不但要弄清他人的个人身份，而且更为重要的是弄清他人的社会身份或社会认同（如职业、民族、性别、年龄等）。对他人的社会认同的识别与社会分类实践（或标签化）是相关联的。人们看待一个人，总是根据某种分类规则和范畴将其放在社会地图中的一个恰当的位置上。我们对他人进行社会分类；反过来，他人也对我们进行分类。要在这一社会地图中获得一个更好的位置，这涉及分类者和被分类者之间的权力关系（Jenkins，1996：25）。例如，经济发达地区的一些人可能会看不起来自经济落后地区的人，相应地，前者在对后者进行认同分类和定义时就会加进一些歪曲的形象和内容（如过去上海人对苏北人的看法即是如此）。

从个人与社会的关系这个角度来看，人的认同可以分为社会认同和个人认同（个体认同）。社会认同是有关某个集体的共同认同，它强调的是人们之间的相似性以及集体成员相信他们具有某种（些）共同的或相似的东西。而一个集体的相似性总是同它与其他集体之间的差异性相伴而存在的。只有通过界定这种差异，相似性才能被识别。因此，"我们"在对自己的认同进行定义的同时也就是在对一系列"他们"进行定义。"我们"的相似性正是"他们"与"我们"的差异性，反之亦然（Jenkins，1996：80 - 81）。因此，詹金斯（Jenkins，1996：87）认为，社会认同包括内在和外在两个方面。社会认同的内在方面是指群体认同，即群体成员在主观上所具有的群体归属感。社会认同的外在方面是指社会分类，即社会对某一社会成员的群体归类和划分。任何一个人，不仅有对某一群体的归属感和主观认同，而且也对他人进行某种分类。对"他们"进行分类是建构"我们"自己的认同的另一种方式。"对他人的分类是一种我们可以用来建构我们自己的认同的资源"（Jenkins，1996：87）。可见，社会认同是群体认同和社会分类的产物，是群体认同和社会分类这两个方面在互动中形成的。此外，社会认同是有边界的：它的内在边界就是群体成员主观认同或认定的边界；它的外在边界则是社会赋予某个群体的边界，即社会分类所划分的边界。二者可能在互动和协商过程中达成一致，但也可能存在冲突或差异（Jenkins，1996：23 - 24）。

詹金斯认为，社会认同是人的社会性的具体体现。"社会认同是人作为社会存在的一个特征或属性"（Jenkins，1996：3）。社会认同乃是我们对关于"我们"是什么人和"他们"是什么人的理解；反过来，它是"他们"对自己是什么人以及其他"他人"（包括"我们"）是什么人的理解（Jenkins，1996：5）。他甚至宣称，"没有社会认同，事实上就没有社会"（Jenkins，1996：6）。所有人的认同在某种意义上均是社会认同（Jenkins，1996：4）。

个人认同与社会认同相对，但不与社会认同对立，它是个人认同和社会认同的连续体中的另外一极。个人认同也涉及内在和外在两个方面：个人认同的内在方面指的是个人在主观上的自我认同；个人认同的外在方面则是社会对个人的分类和综合评价。所以，个人认同涉及个人的自我形象（"我"这样看自己）和公共形象（"他们"这样看"我"，或"我"在他们心目中的形象）（Goffman，1959；1968）。也就是说，个人的自我形象是个人的内在认同或主观认同；而个人的公共形象则是个人的外在认同，是社会加给个人的东西。当然，个人认同的外在和内在两个方面是互动的。个人对自己的公共形象会有某种意识，并会将社会对自己的态度内化为自我认同的一个方面，即"客我"（Mead，1934）。

个人认同是个人人生经历的综合体现，但它并不排除社会认同。实际上，个人认同融合了个人的各种社会认同要素（如性别、年龄、民族和阶层等），是各种社会认同要素在个人身上的独特结合。在某些情况下，个人会具有一些不同的、割裂的和矛盾的但又相互连接的认同（Fornäs，1995：233）。个人认同与社会认同是辨证的统一。一方面，任何个人认同均是在社会认同条件下的认同，离开了社会认同的个人认同是不存在的。另一方面，社会认同并不排斥个人认同的存在；恰恰相反，社会认同存在于某一群具有个人认同的个体当中。社会认同是一群具有某种相似性或相同属性的个人的集体认同。

从主观与客观的关系来看，人的认同还有主观认同与客观认同的区别。主观认同又可进一步分为个体主观认同和群体主观认同。个体主观认同（或自我认同）是个体在主观上意识到的认同，是反思层次上的认同（Goffman，1968：129；Jenkins，1996：29），即内心接受的认同。反思层次上的自我认同（self-identity）往往是通过叙述（narrative）表达出来的，即所谓叙述性认同（narrative identity）。但是，这并不意味着离开语言叙述，认同就不能被认识和表达。个体主观认同还可以通过"前意识"行为而得到表现和被识别。在米德（Mead，1934）看来，自我认同本质上是社会的产物，因为"我"对于自我的看法是同一般化的"他人"对"我"的看法密切相关的，"自我"（ego）是在"主我"与"他人"对"我"的看法的互动中形成的。与个体主观认同相对应，群体主观认同是群体成员所共同具有的群体归属感，是群体成员在主观上意识到的集体认同。

客观认同是体现和显示人的认同的客观的符号、象征和交流工具，如依据肤色、方言、口音、习惯、风俗、生活方式、行为举止等表现的认同。它是客观的，因为它不是任意的，它的符号表达功能是在历史过程中被社会地和文化地决定的，是社会成员都能"读"懂的。它同时又是可视的和可感触的。它作为一种可感知的外表和线索，成为揭示人们的认同、地位和身份的符号与象征。客观认同既是主观认同又是社会分类的客观显现。一方面，人们会借助客观的符号（即具有普遍意义的符号和象征）来表现、传播和交流自己的认同（例如，民族服装就是表现民族认同的符号，即客观认同）；另一方面，人们也可以通过一些客观的标志、线索和暗示（如口音）来对他人进行分类。这些标志、线索和暗示就成为揭示人们的认同的符号，并构成社会分类的工具。由于客观认同的存在，一方面，使得人们可以通过非语言交流来传播和显示自己的认同；另一方面，也使人们对"他人"的认同和身份可以进行大致的分类和识别。这种社会识别是社会互动过程中的一个不可缺少的内容。当客观认同成为被人们接受的认同符号时，它同时就成为文化认同，即人们在主观上所共同接受、同意和理解的，并用来传播和显示自己的认同的符号和象征。这些符号和象征包括"我们"所用的语言、穿的衣服、常吃的食物、爱听的音乐、交往的圈子、居住的住宅形式和地段、喜爱的体育运动项目、爱看的电视节目和报刊种类等。很显然，消费成为人们表达自己的自我认同和社会认同的符号工具之一，它是人们的客观认同和文化认同的一部分。

不论主观认同还是客观认同，都存在继承性和获得性的区别。继承性认同是从前辈（父母或群体的先辈）那里继承下来的认同。不但人们的客观认同（如肤色、方言、口音和习俗等）是可以代代相传的，而且人们的主观认同也可以通过社会化和教育而得到继承。但是，正如上面说过的那样，人的认同是一个动态的、不断变化的过程。除了继承先辈的认同外，人们还会随着时代的变化和自己的努力以及人生经历而取得获得性认同。后者常常是通过行动和奋斗而获得的。在社会流动和个人的生活机遇较大的社会，个人可以通过自己的努力改变自己的命运，从社会的底层上升到上层，从而获得新的认同。但是，尽管如此，人们在早期阶段所继承的认同对其人生后来的阶段仍将发挥重要的影响。这种在人生的早期阶段所建立的认同，如自我、人性、性别、亲属和种族，构成人们的第一性认同。在人生后来阶段所形成的认同则是派生性认同。按照詹金斯的看法，第一性认同比起派生性认同来，要更牢固、更不容易波动和变化（Jenkins，1996：21）。

认同还可以再区分为正面的认同和反面的认同。正面的认同就是社会予以肯定和个人主动接受的认同，而反面的认同则是社会予以否定和个人常常力图避免的认同（或者是在客观上继承了的但在主观上感到矛盾的认同）。与正面的认同不一样的是，反面的认同往往更多地作为客观的认同出现，即社会加给人们的分类标签。作为社会分类而加给一些人的反面标签和认同经常是当事人不能接受和同意的。这种反面的认同也可以被称为"污名"。戈夫曼认为,所谓"污名"(stigma),指的是这样一种情形,个人由于某种与社会价值相偏离的特定特征和情况而不能被社会所充分接受;污名是对个人认同的损坏,是个人对"正常社会"的偏离,而社会自有一套对个人进行分类和对个人是否属于正常类别的评价标准(Goffman,1968:11)。一旦某人被排斥在正常类别之外,被放入"另册",那么,他就背上了污名,就不能被社会所完全接受,甚至常常受到排斥和歧视。

戈夫曼区分了在美国社会中存在的三种不同的污名:第一种,令人嫌恶的身体,即各种人体残疾;第二种,个人品质或人格上的缺点,如懦弱、飞扬跋扈、背信弃义、信仰的固执和僵化、虚伪等,这些缺点往往是和个人的不良记录相联系的,如精神病、囚犯、吸毒、酗酒、同性恋、失业、有自杀的企图和激进的政治行为等;第三种,族群污名,包括人种、民族和宗教。一旦某个人种、民族和宗教获得污名,那么,其所有成员均无一例外地背上了相同的"黑锅",从而受到主流社会的排斥和歧视(Goffman,1968:14)。美国的黑人就是第三种污名的最典型的例子。戈夫曼指出,人们把具有污名的人看作是一个不完全的人,并因此对其采取各种各样的甄别和歧视措施,其结果是减少了这些人的生活机遇(life chances)(Goffman,1968:15)。作为反应,背上了"污名"的人经常会采取反叛的形式来对抗社会的歧视(如犯罪、损坏公物、"破罐子破摔"等)。

二 个体认同与消费活动

人的认同的形成并不完全是一个自然而然的过程,它需要选择、维护、创造和管理。更具体地说,好的、积极的和正面的认同需要维护、表达和传播,而对自己不利的认同则需要避免、掩盖或抗争。人们要积极创造有利的认同,同时,又要积极避免被"污名"或防止认同被损害。简言之,认同需要不断管理。而认同的管理不是一个被动的过程,而是一个主动的选择和创造过程。同时,认同的管理又是遵循了一定的文化与社会规则和秩序的。

消费活动构成个人认同的形成、创造、维护和管理的重要方面。因此,个体的消费活动既是个人塑造个体认同的原材料,同时又是受个体认同的指导、支配和影响的。消费活动是一种特殊而又重要的认同行动(the act of identification)。人们消费什么和不消费什么,并不仅仅是对自己可支配的货币拥有情况的反映,更是反映了人们对某种有价值的东西的认同行动。"我"消费什么、怎样来消费,实际上体现和贯彻了"我"对自己的看法、定位和评价,也就是说,是自我认同的表现。自我认同决定了"我"在进行消费时,哪些消费内容和形式是恰当的与哪些是不恰当的,哪些是符合"我"的地位、身份和认同的以及哪些是不符合的。因此,人们的消费活动是围绕着自我认同进行的。人们并不能超越自我认同的边界去进行与自己的身份、地位和认同不相符的消费活动。消费活动如果跨越了自我认同的边界,就会有被"污名"的危险。研究消费,不能不研究消费者认同。而消费者认同是自我认同在消费领域的具体体现和贯彻。消费活动不但是个体的自我认同的体现,而且也有助于自我认同的创造。自我认同在一定的意义上是消费者"创造"出来的"作品"。

1. 认同创作与消费活动

霍那斯指出,认同创作指的是认同就像"作品"一样,需要经过创作的过程而成型。这个过程主要是社会化过程。在此过程中,个人在与其他人(父母、教师、朋友和同伴)合作和互动中形成自己的认同。但是,个体认同并不是一个封闭的,它是开放的、变动的和未完成的(个体认同只有到死时才能终结)(Fornäs, 1995:235)。虽然个体认同的形成主要是在早年社会化过程中完成的,但这并不意味着一个人长大成人后,其认同就完全定型了(Fornäs, 1995:236)。成人的认同固然要比青少年的稳定,但也仍然要经历不断再创造、再社会化的过程。而个体认同的变动程度,又同社会的变动程度密切相关。当一个社会处于急剧的转型过程中时,身处其中的人们的认同也会相应地发生变化。例如,中国改革开放30多年来的社会转型,不但是社会结构的转型过程,而且也是个体认同和社会认同发生剧烈变化的过程。民众支持改革开放,并愿意对自身的认同进行实验性和创造性的改变,构成改革开放事业深厚的认同基础。

这种变动在人们的消费上也得到了反映。在"文化大革命"时期,人们的个体认同和社会认同是高度政治性和同质性的。与之相对应,消费具有高度的政治色彩和分类功能。人们以"革命者"和"阶级敌人"(或"反革命")作为两个基本的、相互对立的社会认同,至于性别、个性等认同则被抹杀了。例如,当时的女青年(如女红卫兵)在穿着打扮上,不敢突出自己的女性特征。而涂口红、穿旗袍、戴金项链等,更被视为资产阶级腐朽生活作风的体现。因此，对这些东西的消费会使人背上"污名"。为了认同于"革命者"的队伍，人们在消费上千篇一律，不敢越雷池半步，从而使消费生活呈现高度的雷同和单调色彩。改革开放后，政治上对消费领域的控制放松了。消费领域脱离了政治领域而成为一个相对独立的领域。于是，人们逐渐把消费领域作为探索和创作自己的个性作品与自我认同的突破口。消费生活于是被纳入市民领域，摆脱了政治的束缚，遵循着自己的规则，开始获得沟通和表现功能，并成为塑造自我认同的基本领域之一。例如，女青年再也用不着掩饰自己的女性生理特征了；相反，探索和创作女性的认同，成为她们乐此不疲的事情。与此相对应，"没有什么大不了的"、"做女人挺好"之类的女性隆胸用品广告语堂而皇之地出现在大众媒体上。而这种对女性认同作品的关注，是社会转型（从泛政治化到专业政治化）在消费领域和认同领域的反映。消费领域的自由选择空间反过来又为改革开放事业的发展提供了广阔的社会空间，因为改革开放导致越来越多的消费品问世，为消费者探索、实验和塑造自己的认同提供了丰富的"原材料"。

2. 认同秩序与消费活动

霍那斯认为，个体认同作为一种作品，其形成是有一定秩序的。所谓认同秩序，就是认同的组织性规则和模式（Fornäs, 1995:239）。认同的形成是遵循了一定的规范、原则和标准的，违背这些秩序就会有被"污名"的危险。例如，一个成人就必须遵守成人的认同秩序，即在心理上不能还把自己定位为小孩，更不能在行为举止上像个小孩，否则，就会被人另眼看待。同样道理，有女人气的男人和男性化的女人也常常被人嘲笑，因为他/她们违反了认同秩序。

认同秩序存在于所有层次的认同（社会、文化和主观认同）和不同的层面（年龄、性别、种族、阶层等）（Fornäs, 1995:239）。不同的年龄、性别、种族和阶层群体，常常有不同的角色规范、行为准则和形象要求。接受了某种认同，就是接受了某些特定的角色规范、行为准则和形象要求，并自觉自愿地按照这些来做。这些由认同秩序决定的角色规范、行为准则和形象要求等，构成了个体认同的创造和维护活动所依赖的认同框架（the framework of identity）。人们接受了某种认同，也就是接受了某种与之相对应的认同框架，并在这个框架内从事对认同的管理、维护和创作活动。人们的消费活动，实际上也是在特定的认同框架内进行的。消费不过是个体认同的一个方面，是在消费领域进行的维护或塑造个体认同的过程。因此，消费活动也有自己的消费者认同框架。

那么，消费者是怎样选择适合自己的消费者认同框架的呢？第一，社会化过程教会了人们该以何种认同框架作为自己认同行动的基本准则。在个人的成长过程中，父母、前辈、教师和同伴等均以对个人行为加以肯定和否定两种方式，把社会现行的某种认同框架灌输给他/她。这种在社会化过程中所获得的认同框架，可以被称为继承性认同框架。第二，传媒和广告在告诉消费者某种商品适合哪一类消费者的同时，也在向消费者宣传不同类型的消费者应有的认同框架。这种由厂家和商家在幕后主导和指定的认同框架可以被称作诱导性认同框架。通过它，厂家和商家便"创造"了自己稳定的消费者队伍，从而"创造"了自己稳定的市场。第三，参照群体的示范作用也向人们传递了某种认同框架。人们在塑造自我认同的时候，总要有某个理想群体作为自己的参照。一旦确定以某个参照群体为自己的模仿对象，那么，参照群体的认同框架也就被人们所接受。这种由参照群体所传播的认同框架，可以被称作示范性认同框架。第四，消费者认同框架的选择受到经济地位和社会分层的制约。人们并不能随心所欲地选择他们所向往的认同框架作为行动的根据，原因就在于人们的经济条件的限制。因此，尽管人们有选择认同框架的自由，但这种自由不是绝对的，而是有限的。人们不得不根据自己的经济实力和阶层地位来选择相对应的认同框架。因此，处于底层的人尽管很向往上层富贵人家的消费方式，但是，他们的经济地位不允许他们以富贵人家作为自己的参照群体。因而，他们现实的认同框架也只能是属于底层群体的。这种由经济条件所制约的认同框架可以被叫做制约性认同框架。

认同框架使消费者获得了某种消费边界。也就是说，由于人们遵循了认同秩序，并在认同框架的范围内活动，人们的消费活动也就有了其活动的范围。首先，消费者对消费品的选择是有一定的限制范围的，是在一定的选择范围内进行的。人们不能无限制地扩大自己的消费选择范围。其次，消费者对消费形式的选择也是有一定的限制范围的。这两种选择范围就构成了消费边界。消费边界的存在，使消费者获得了不同的消费空间。除了消费边界以外，认同框架还使消费者获得了某种消费分层。也就是说，消费者处在不同的消费需求的层次上。一般来说，上层和中层群体处在较高的消费需求层次（他们有更高层次的消费需求）上，而下层群体则处在较低的消费需求层次上。市场营销中所使用的市场细分策略，实际上就是通过对不同消费者的消费边界和消费分层进行调查和测定，从而为企业寻找适当的、有针对性的目标市场。

3. 自我形象、印象整饰与消费活动

个人的外表包括静态外表和动态外表：静态外表包括个人的模样、体形、身材高矮、肤色、年纪、健康状况、穿着打扮、形象气质等；动态外表包括个人的行为举止、仪态风度、谈吐、待人接物等。不过，尽管有这种区分，个人的外表却往往是直观的、总体性的或格式塔的。个人的外表对个体认同有重要意义。第一，它具有实质意义。外表可以成为个人认同的一个构成部分。胖与瘦、高与矮、白与黑、年轻与衰老、健康与疾病、清洁卫生与肮脏邋遢等，都成为个体认同的实质"材料"。第二，它具有象征意义。外表可以成为个体认同的表达符号。可以说，有什么样的认同，就会有什么样的外表，因为外表常常是一个人认同的外部显现。如果说眼睛是心灵的窗户的话，那么，外表就是个体认同的显示。美国社会学家米尔斯（Mills, 1951: 257）所说的"外表拜物教"一词充分概括了外表形象对人的重要性。吉登斯（1998: 112）认为，"随着现代性的出现，某种类型的身体外貌和行为举止，明显地具有特殊的重要性"。现代性既为个人提供了更大的个性化空间，又使个人隐匿化了。而个人的隐匿化反过来使个性化显得更为重要，因为个性化是克服隐匿化的手段之一。打扮、修饰和美化个人的外貌等一系列消费活动，正是为了创造个性化的自我认同。

在所有的外表构成中，人的脸是最关键的部位。可以说，在一定的范围内，脸是个体认同的符号和缩写。由于每个人的脸都是独一无二的，因此它的相片成为个人身份证件的主要辨认标志。但是，脸的重要性是多方面的，而不仅仅是视觉上的可辨认性。关于这一点，西诺特（Synnott 1989: 607）写道：

> 脸以各种不同的准确程度表明自我的年龄、性别和种族，以及我们的健康和社会—经济地位、我们的心情和情感甚至或许我们的性格和人格。脸是我们五种感官中的四种——视觉、味觉、嗅觉和听觉的所在地，也是我们进食、喝水和呼吸的地方。它也是语言交流的来源和重要的非语言交流的渠道……脸还是个人的美或丑的感知以及这些感知所意味着的自尊和生活机遇的主要决定因素。的确，脸是自我的

象征，显示了自我的许多不同的方面。不同于人体的其他部位，我们把脸认作我或你。

显然，脸的重要性不仅在于它是人体关键的感觉器官的所在地（如它有超过 7000 种表情），而且在于它的象征性和社会性。脸在个体的自我的形成中和社会互动中的作用，都是不能低估的。一方面，脸是灵魂的镜子（西塞罗），是自我的表现，为他人"读懂"我们提供了线索和符号；另一方面，脸又是社会交流和互动的主要工具。而社会交流又迫使人们进行"印象整饰"（Goffman, 1959），因而脸常常成为自我的面具和掩饰。简而言之，脸是面具，是需要视情况决定是否"戴上"的东西（如笑脸）（参见 Hochschild, 1983）。脸的重要性还在于它是对个人的感性或审美评价的主要依据，脸是判断一个人美还是丑的主要因素。虽然脸生得好看不好看，主要是由遗传决定的，由不得自己，但它的美与丑却对个人的生活机遇有着重要影响。例如，卡科左偌斯基在加拿大对 4000 个全职员工的调查发现，1977 年，"好看的人"（占样本的 30%）比丑的人的工资收入要多出 75%，而丑人的工资收入只占好看的人的平均工资的 57%。这种长相与工资收入的相关关系，即使在考虑到年龄、受教育年限、工会作用、在公司中的工作时间等因素的作用，依然成立。因此，卡科左偌斯基认为，是好看的长相决定了收入，而不是财富决定了长相的好坏（Kaczorowski, 1989, quoted from Synnott, 1989: 609）。不管卡科左偌斯基的研究的信度和效度如何，外表会在一定程度上影响人的生活机遇是明显的事实。可见，人的外表审美特性成为个人的人力资本以外的另外一种资本，即形象资本。在某些情况下，拥有较高的形象资本的人，即使没有什么教育资本和人力资本，仍然可以有较好的生活机遇，获得较高的收入，因为爱美之心人皆有之。而缺乏形象资本的人（即长相丑陋的人），尤其是长得丑的女人通常在某些方面会受到社会的某种有形或无形的"歧视"，并因此失去许多生活机遇。很显然，形象资本的多寡对个人的自信、自尊、自我认同的形成以及生活机遇都有明显的影响。

尽管形象资本在很大程度上是先天决定的，但这并不意味着人们对此完全无所作为。现代医疗技术（如整容手术）、美容手段的进步和化妆用品的升级换代，使得人体美在一定程度上也是可以创造的。同时，即使是天生丽质，也需要借助现代美容手段来维护。可见，人们在化妆、美容、饰物和整容等方面的消费，是为了维护或创造形象资本，尤其是一张"好看"的、惹人喜欢的、有魅力的脸，或至少是不令人讨厌的脸。脸对自我认同的形成和形象创造的重要性决定了对脸部进行维护和美化的重要性。因此，西诺特指出，化妆具有两个主要功能：自我表现和自我创造。"化妆是角色——支持"（role-support），"化妆就是认同"（Synnott，1990：62）。对大部分妇女来说，化妆使她们变得更美，并因而使她们感觉更好。化妆使她们更具有自信和良好的心情。但更重要的是，化妆改善了她们的形象，增加了她们的形象资本，并可能在某种范围内影响到她们的生活机遇。对女人来说是如此，对男人来说也是如此。实际上，男人花在美容上的时间和金钱也不少（如洗发美容、面部美容和护肤品、男性香水的使用等）。当然，由于传统文化的作用，男人可以更多地通过业绩、金钱、成就或功名来弥补形象资本方面的欠缺。即便如此，他们也不得不按角色和社会的期待来进行形象的修整和维护。由于社会对人们外表形象的规范、期待和重视，使得人们在化妆和美容上所花的钱越来越多。以美国为例。1914年，美容用品的销售额达4000万美元（人均每年40美分），到1985年，销售额增加到170亿美元（人均每年70美元）。即使扣除通货膨胀的因素，美容消费的增长也是惊人的。美容产业在现代已成为一个重要产业（Synnott，1989：608）。

除了对人体形象资本的重点——脸——进行维护和创造外，对人体其他部位的整饰对创造直观的和格式塔的外表形象也是不可或缺的。因此，人的穿着对人的外表形象的创造有着极其重要的作用。这个道理极其浅显，故无须赘述。同时，由于人的体形和健康直接影响到人的外表美和形象，因而，人们的饮食消费越来越具有理性，各种维生素丸、补药和饮食指南，成为家庭必备。为了控制体重和防止过胖，人们（尤其是女人）选择节食，使得"厌食症"成为一种在女性中流行的"现代病"。各种减肥药更是风行无阻。作为辅助手段，体育锻炼也成为现代的人们塑造自我的重要手段，对体育器材的消费也因此增加。此外，消费也为人们掩饰一些生理缺陷（如狐臭、口臭、秃顶）、避免"污名"提供了手段。这些消费实践都说明，"身体成为现代性反思性的一部分"（吉登斯，1998：115）。人体形象成为反思性的自我认同的一部分而被作为生活规划的对象。

可见，在一定的范围内，消费与人对外表形象的维护和创造是分不开的。而外表形象则是自我认同的一个重要的组成部分。在这个意义上，消费服务于认同的形成和塑造。由于自我认同是在与社会的互动中形成的，与塑造认同形象相关的消费也是按照社会的预期来进行的，并受到社会和文化价值的支配。消费实际上体现了社会对个人的形象（或认同）的规范和预期（可接受的外表形象），是人们实践和创造为社会所接受的"认同"的一个不可缺少的方面和内容。如果说对个人来讲形象是一种资本的话，那么，对社会来说，形象则是一种规范和义务。而个体的社会形象的塑造是不能离开消费这个手段的。当然，形象认同还与其他社会变量相关。例如，对形象美的关注，女人更甚于男人，青年人更甚于老人，城里人更甚于乡下人。但是，随着现代化进程的推进，形象认同受到越来越多的人的重视，则是一个不争的事实。

三 社会认同与消费群体

研究社会认同是研究消费群体的一个重要的途径。要对消费群体进行分类，就必须根据某种分类标准。这种标准必须既是为群体成员自己所接受的，又是约定俗成的和为社会所接受的，可以进行客观辨认的。社会认同正是符合这两个条件的标准之一。在市场营销研究中，生活方式和价值的分类标准侧重的是主观标准（即为群体成员所接受的标准），而收入水平和人口统计的分类标准侧重的则是客观标准。究竟采用何种标准为好，取决于具体的研究状况和目标。但是，如果能把主观标准和客观标准结合起来，则更能符合消费的实际。而社会认同正是一种把主观标准（群体认同感）和客观标准（社会分类）结合起来的分类标准。

1. 青少年认同与青少年消费群体

每个人在一生中有不同的年龄段：幼年、童年、少年、青年、中年和老年。因此，在任何社会，都存在不同的年龄群体。年龄群体是一种独特的分类群体，具有独特的社会认同。不同年龄群体的认同差异的存在，不仅是因为他们的生理和心理年龄的不同与相应的人生经验和阅历的不同，而且也是因为他们的社会年龄的差异，即社会赋予各个不同年龄段以不同的含义。为了揭示各年龄群体的社会认同是如何形成的，有必要分别对不同的年龄群体进行分析。但是，由于篇幅的限制，在这里仅以青少年群体为例来进行分析。

严格来说，幼年只有外在的认同，还没有内在的认同。童年则开始有内在认同的萌芽。只有从少年开始，内在认同才开始逐渐形成。就人生的不同年龄段来说，青少年在身体和心理上都在发生急剧的变化。青少年时期是认同形成的过渡和关键时期。处在这一时期的人的认同开始形成，但尚未成型。霍那斯认为，青少年处于正在成为成人的阶段，即正在走向成熟却又没有完全成熟。这个时期是人生变动最大和最迅速的时期，也是对社会环境的变化最为敏感的时期。因此，青少年认同是人生中一个十分特殊的认同（Fornäs，1995：244）。

青少年身体的发育程度和心理的成熟程度可能同步，也可能不同步。有些人可能在生理上成熟得早，而有些人则在心理上成熟得迟，早于身体的发育程度。二者的关系同他们的家庭条件（如穷人的孩子早当家）、学校教育（如综合素质教育和单纯智力教育的区别）和社会环境（如农村环境和城市环境的区别）有密切的联系。总的来说，正如霍那斯注意到的那样，随着现代化程度的不断提高和青少年社会保护条件的日益完善，青少年的心理认同期比起传统社会的青少年来说是大大延长了（Fornäs，1995：245）。也就是说，工业化社会以及相应的教育的普及导致从依赖性的童年期到独立的成年期之间的过渡时期被大大延长了（Lury，1996：195）。一方面，青少年向成年转化的准备期延长了；另一方面，他们的身体和智力的成熟期却提前了，尽管他们心理的成熟期可能会被推迟。就中国来说，独生子女政策的实行使父母和长辈对子女过分呵护，客观上导致中国许多青少年的心理成熟期推迟。

青少年的认同往往通过他们独特的亚文化表现出来。青少年亚文化具有三个方面的特征（Abercrombie and Warde，1988，quoted in Lury，1996：196）。第一，它往往是有关休闲的而不是有关工作的；第二，这一亚文化往往存在于同辈群体中，以年龄群体为中心，这一特点同成人的以家庭和朋友为中心的特点形成鲜明的对照；第三，青少年亚文化还体现出注重风格（style）的特征。

青少年的消费意识也表现出过渡期的多变和易受外界影响与暗示的特征。他们的消费行动可以被看作是对新的规范、关系和生活方式的试探性的实验。他们在家庭、学校和公共空间来回穿梭，急切地探索各种从传媒和同伴那里看到的可供选择的理想、规范和生活方式，为走向成人的个人独立做着各种准备（Fornäs，1995：245）。青少年是一个骚动、浮躁、好奇和创新的消费群体。尽管大部分青少年在经济上还没有独立或完全独立，消费力有限，但他们却是消费创新的主力军之一。他们的特殊认同决定了他们的消费具有实验、尝试和探索的特征，因而他们对新鲜事物敏感，容易受新产品的诱惑，乐于尝试新潮商品。同时，由于他们的心理未完全成熟、认同未充分定型，决定了他们容易受传媒、时尚和意见领袖的影响与暗示。青少年迫切需要参照群体作为认同模仿的蓝本。由于他们的认同的过渡特征和未来认同的开放性和不确定性，使他们急于寻找某个理想群体作为自己现在和未来认同的参照。他们中的"追星族"就是这一方面的例子。因此，参照群体最容易在消费方面对他们产生示范效应。青春偶像或明星成为他们消费生活的模仿对象。

青少年处在社会化的关键时期，在此期间形成的第一性认同对他们的一生都将产生影响。不仅如此，由于独生子女家庭的日益民主化和子女的意见越来越受到父母的重视，青少年在家庭消费决策方面也越来越具有影响力。因此，市场营销人员极为注重对他们的宣传和影响，就毫不奇怪了。实际上，谁能影响青少年的消费认同，谁就影响并开发了未来的消费者大军，并预占了部分市场。

问题的另一面是，青少年群体的认同还经常具有文化反叛的特征。他们的生理、心理和社会特征决定了他们还只是权力作用的客体，而不是权力主体。与之相对，成人才是权力的主体。因此，成人社会代表了权力和统治秩序。在任何社会，权力主体都试图按自己的意志对权力客体进行控制、约束、监督和塑造，并将自己确立的价值标准强加给权力客体，从而建立文化霸权。因此，根据英国伯明翰当代文化研究中心的研究成果，青少年亚文化，尤其是来自工人阶级家庭的青少年亚文化（如逃学和旷课），可以被看作是对现存权力秩序和文化统治的象征性反叛（Willis, 1977）。以"不听话"来对抗"听话"，就是要以"坏小孩"的形式来抵制社会强加给他们的"乖小孩"的认同模式。同样道理，当青少年热衷于标新立异的消费形式、以打破青少年消费禁忌（如抽烟、酗酒和吸大麻）为乐时，他们实际上是以"反文化"的方式来对成人，尤其是上层阶层的统治秩序进行某种形式的挑战。他们的"消费逆反心理"不过是这种反叛意识的体现。

2. 女性认同与女性消费群体

性别的规范和角色恐怕是社会最普遍、最根深蒂固的认同秩序，也是最为明显的关系性的认同秩序（Fornäs, 1995: 248）。性别认同的形成是从幼年的社会化时期开始的。父母、兄长、亲属、邻居和教师等均向幼儿灌输性别规范和角色。女孩穿花衣服、扎头巾、抱布娃娃等，男孩则穿素色衣服、玩玩具汽车。大人是按成人世界的性别认同来对幼儿进行教育的。所以，在日常生活中，人们教导女孩要温顺、要乖、要听话，男孩则要勇敢、要积极主动。于是，通过性别的社会化过程，成人世界的男女性别认同在下一代身上得到了再生产。

性别认同是在男女两极的相互参照中形成的。男女双方各自的认同成为双方可相互映照的"镜子"。男女正是通过"镜子"来塑造起与对方相对或相反的性别认同（Fornäs，1995：250）。一般来说，人的性别认同只能分成男性社会认同和女性社会认同这两种。这种性别社会认同既是一种主观上的群体认同，也是一种社会分类，同时还是人口统计的基本内容之一。对消费者进行社会学研究，就不能不对男性社会认同和女性社会认同这两种社会认同都进行分析。但是，根据女权主义者的观点，传统社会学往往是男性社会学家从男性的角度把社会看成是男性的世界，忽略了女性应有的地位、作用和权利。因此，有必要从女性主义的角度来揭示现实中种种司空见惯和自然而然化的女性受压迫和男女不平等的现象。有鉴于此，我们在这里以女性群体为例，来分析性别社会认同与消费群体的关系。

女人作为一个基本的性别消费群体，其消费通常力图体现"女人化"或"女人味"，即女性认同。女性认同常常被看作一个作品、一个可以创造的东西。女性认同作品集中体现在女性形象上。女性认同形象既是社会尤其是男性世界进行社会分类的结果，又是女性自己主动认同的产物。例如，在妇女杂志的广告中，女性美被赋予了新的含义。女性身体的每一部分，都被看成创作的对象。嘴巴、头发、眼睛、眼睫毛、眉毛、指甲、手指、皮肤、牙齿、嘴唇、脸蛋、肩膀、胸部、手臂、大腿和脚趾等，均无一例外地成为需要加以修饰、整理、加工和美化的部位。之所以如此，是因为社会构造了一个关于女性美的规范和理想。而在消费社会中，女性美不再仅仅是自然赋予的，而是可以通过努力和某些手段获得的东西。妇女杂志向妇女们灌输了一种焦虑，那就是，女人要保持好自己的身体和形象，使之完美和性感，经得起人们挑剔的眼光。因此，女人要使用各种厂家和商家为她们准备的种种商品以塑造一个女性美的形象和认同（Winship，1987，quoted in Lury，1996：134－135）。以上述方式，女人就被客体化了，成为性客体和男性目光注视的对象（Lury，1996：140）。女人的消费生活于是再生产了现实中的男女权力不平等关系。她们为在视觉上取悦男人而进行的消费活动,正是女人在男权社会中依附于男人的体现。所以,女人花大量的钱消费来美化自己的形象,是因为她们理想的观众是男人,而男人在权力关系中往往处于支配地位。在生活评价中,如果说对男人是根据他们的行动和业绩来评价的话,那么,对女人常常是根据她们的外表来进行评判(Lury,1996:140-142)。的确,在某种意义上可以说,这种对男女两性社会认同的评价标准的差异正是男权社会的产物。

从另外一个角度看,女性的消费认同本身也构成女性的快乐来源之一。按照露蕾的看法,现代商场的出现实际上有助于妇女的解放。到商场购物不再是简单地购买预先想好要买的物品,而是成为纯粹的逛商场活动;它使妇女获得了一个超越家庭领地去探索自己欲望的机会(Lury,1996:142)。现代豪华商场为妇女提供了一个幻想的境界、一个娱乐的场所、一个摆脱"家庭妇女"束缚的可能的解脱机会(Bowlby,1985)。但是,人们会说,女人对商品挑剔的眼光不过是男人对女人挑剔的眼光的延伸。女人学会辨别商品,是因为她们首先了解了男人欣赏女人的角度。

3. 民族认同与民族消费群体

民族(nation)和种族(ethnicity, race)是两个不同的概念。例如,美国的白人和黑人都是美利坚民族的成员,但白人和黑人却是两个不同的甚至经常发生冲突的种族。种族是基于一定的生物特征(如肤色)的文化建构和社会分类的产物。例如,白人种族中心主义者就认为白人在生理和智力上优于黑人,因而是高等种族,而黑人则是低等种族,理应受白人的统治。很显然,这种种族观念并没有什么生理上的客观依据,而完全是一种社会和文化的建构。它构成种族主义、殖民主义和帝国主义的意识形态。

民族认同和种族认同也是不同的。民族认同是在占主导地位的种族特征基础上形成的认同(Smith,1981);种族认同则是民族认同之下的一个种族群体的认同。种族认同与民族认同既有共同的一面,又有差异和对立的一面(如美国和欧洲的黑人种族群体与白人种族群体的差异)。在中国,除汉族以外的其他55个民族,统统被叫做"少数民族"。(冯客,1999)。

民族认同又分民族政治认同和民族文化认同。民族政治认同主要是在同一个政治实体或国家中的认同;而民族文化认同则既可以超越政治实体而成为一种共同的文化认同(如全世界的华人都有着某种共同的文化认同,即有相同的语言文字和传统习惯),又可以是一个国家内的多民族中的少数种族的文化认同。民族认同是在长时期的历史过程中形成的。因此，首先，民族认同的特征是具有共同的文化传统（包括语言文字和传统习惯）、历史渊源和生活方式。其次，民族认同还具有神圣化特征。民族作为一个"想象的社群"（Anderson，1991），是一个神圣实体，并成为其成员的精神家园和情感归属。在这个意义上，民族认同对其成员具有精神上的聚合作用。再次，民族认同还具有象征作用。一个民族的历史传说、神话、历史事件、民族遗产、纪念碑、民族圣地、风景和节日仪式等，都构成该民族的象征和符号。在这方面，中国的长城、黄河和龙就是民族认同的象征的最为典型的例子。

印刷和传媒对民族认同的形成起重要作用（Anderson，1991）。印刷超越了方言的限制而使处在不同区域的人们拥有了共同的文字与使用同一文字的书籍和媒体。借助这种共同的交流工具，人们得以把自己同其他相距遥远却又同文同种的人联结成一个"想象的社群"，从而促成了统一的民族认同感的形成。报刊、电影、广播和电视更是成为沟通民族精神、加强民族认同的工具和媒介。此外，当面对共同的敌人（如外族的入侵）时，统一的民族认同也会得到加强或突出。

消费生活方式构成民族认同的一个内在的方面。消费习俗、消费习惯和消费方式，均同民族认同有密切的关系。一方面，它们是民族认同的象征和"素材"。以何种方式进行消费，从一个侧面揭示了消费者的民族渊源和民族身份。另一方面，它们也是民族认同的情感纽带和实质内容。按照自己民族的习惯和传统来进行消费，对消费者来说是民族认同的逻辑延伸。一旦被迫同这种传统相割裂（如漂泊他乡），就会或者导致文化震撼（cultural shock），或者导致乡愁和怀旧。可见，消费的民族习惯和传统构成人们不可舍弃的民族认同。当消费者得以按民族习惯和传统来进行消费时，这一点似乎不太明显；但是，一旦消费者被迫同自己民族的消费习惯和传统相隔离时，这一点就变得十分突出。因此，作为民族认同的一部分，消费的民族习惯和传统构成吉登斯（Giddens，1979；1984）所说的人们的"本体保障"（ontological security），即人们的精神性"家园条件"。当然，这并不是说人们的消费习惯和方式是凝固不变的。事实上，人们的消费生活方式总是随着民族交流而不断有所变化，并不断借鉴和融合其他民族的消费方式。例如，东方人的饮茶习惯就随着英国在东方的殖民扩张而成为英国人的生活习惯和生活方式中一个不可缺少的内容。不仅如此，"下午茶"或"茶歇"（tea time）构成英格兰民族认同的一个实质要素。但是，在任何一个时期，消费者总会按照自己相对稳定的民族习惯和传统来进行消费，尽管这个习惯和传统中已经包含和吸纳了一些其他民族的消费生活方式的要素。

4. 阶层认同与阶层消费群体

民族认同的存在并不意味着民族成员之间是没有冲突和矛盾的；相反，任何民族内部都存在着阶级/阶层的裂痕、矛盾和冲突。阶级/阶层的划分是同社会分层联系在一起的。阶级/阶层划分的标准包括经济的（即是否占有生产资料或财产）（马克思、韦伯）、社会的（即社会地位或名誉地位的高低）（韦伯）、政治的（即政治党派）（韦伯）、人力资本的（即体力资本和教育资本的区别，以及人力资本市场价值的高低）（韦伯、布迪厄）和文化资本的（即是否占有文化资本以及占有多少）（布迪厄）。究竟用什么标准来进行划分，常常取决于实际的需要和研究的目标。在这里，考虑到与消费的联系，我们拟采用国内学者常用的经济地位和社会地位的双重标准，将阶层定位于经济地位和社会地位的层次差异。

就经济地位（阶级/阶层）来说，对其进行划分具有客观的指标，如个人的资产、财产和收入水平。就社会地位来说，对其进行划分就相对复杂一些。它既涉及社会评价（即社会分类），又涉及自我评价（即群体认同）。在这里，可能存在两个脱节。第一，经济地位和社会地位的脱节。也就是说，经济地位高的人其社会地位（或职业社会地位）未必也高。例如，在20世纪八九十年代，一些"个体户"或民营企业家，其个人资产和收入都在平均水平之上，但是，在相当长的一段时间内他们却没有获得相应的社会地位，社会对他们的评价还比较低。与之相对，大学教师的收入在相当一段时间内低于城市各种职业收入的平均水平，其经济地位处于社会的中下层，但是，由于他们的职业的社会功能的重要性，他们的社会地位（即社会评价地位、声望地位）却仍然比较高，尽管收入低下可能导致社会对他们的评价有不同程度的下降。第二，社会评价和自我评价的脱节。由于社会评价是外在的，个人既可以接受，也可以不接受，这就在客观上造成了对社会地位的社会评价和自我评价的差异。社会评价较高的，自我评价可能较低；反过来，社会评价较低的，自我评价可能较高。但是，尽管存在这两个方面的脱节，人们却总能在经济地位和社会地位的差异与社会评价和自我评价的差异之间找到某种平衡点。

一般来说，一定的经济地位决定了一定的社会地位。但是，正如上面说的那样，凡事总有例外。例如，由于经济体制改革所造成的机遇和社会流动的加剧，使得许多原来处于社会底层的人一夜之间成为"大款"。但是，他们的财富并未使他们的社会地位或社会评价得到根本的"翻身"，因此，他们中的一些人便借助凡勃伦所说的"炫耀性消费"（如买别墅、名车和其他名牌商品）来试图提高自己的社会地位。在主观上，大款们对自己所处的社会地位（社会评价）不满，并对自己的地位持较高的评价。为了改变人们对他们的评价，他们的策略就是借助超越于一般人消费水平之上的消费来引起社会的关注、羡慕甚至忌妒，从而提升自己的社会地位。因此，对那些热衷于炫耀性消费的大款来说，商品的功能主要不在于其用途，而在于其符号象征功能，即显示自己的财富和地位的功能。关于这一点，我们在后面的"消费文化"章节中还有更详细的讨论。

除了维持或提升自己的社会地位，人们的消费也是为了维护和再生产与自己的经济地位相适应的文化认同（或文化形象）。这种文化认同（或文化）形象的创造和再生产，也往往是同相应的经济地位相一致的，但并不尽然。例如，由于某些高收入阶层成员的消费"离轨"行为（如赌博、"包二奶"、嫖娼、吸毒等），致使他们的社会评价和社会形象不升反降。也就是说，虽然这些人的金钱和财富导致他们的经济地位发生急剧的变化，但由于他们的素质和品位并未从根本上改变，因而他们并没有从根本上改变他们的文化认同或社会形象。他们的文化认同不过是他们原来的较低层次的文化认同在量上的扩张而已。换言之，他们身上存在着经济地位的向上流动和文化认同的平行延续的矛盾现象。而文化修养和品位则在很大程度上决定了社会对一个人社会地位的评价（参见 Bourdieu, 1984）。

但是，经济地位是阶层消费空间的基础。所谓阶层消费空间，乃是一定阶层的消费边界和消费层次的统一。正如上面讲过的，消费边界指维护认同形象所需的消费选择范围。而消费层次则是指与认同形象相对应的消费需求层次，如温饱、小康、现代和奢侈等层次。一般来说，中、上阶层比起下层阶层来，其消费边界更广，消费层次更高，因而消费空间也更为广阔。这种消费空间的广阔性或狭窄性正是由社会阶层的经济地位决定的。因此，就收入与消费对阶层认同的重要性来说，收入是阶层认同的源泉，消费则是阶层认同的体现。换言之，在一定意义上，消费是经济地位的延伸。消费是在社会规范和价值支配下对收入的文化使用方式（即对阶层认同的塑造）。

然而，职业收入和职业地位有时呈不对等关系，即一些地位低的阶层可能因为其工作没人愿意做而有较高的收入（如丧事服务职业），但却没有相对应的社会地位。同时，由于现代城市社会中个人的隐匿性（包括职业隐匿性）增加，因而，在创造外在的阶层认同形象的过程中，消费所起的作用显然是越来越大了。一些收入水平较高而职业声望较低的群体可以通过消费来弥补其社会声望和地位的不足。这种情况在美国的白领工人阶层中也有体现。对此，米尔斯有过深入的分析（Mills，1951）。米尔斯把这种由于不能通过职业带来相应的社会地位所造成的焦虑叫做"地位恐慌"，并把人们通过周期性（如下班后、周末、月末或年末）的消费、休闲和度假方式来弥补社会地位不足的情况称作"地位周期"（Mills，1951：254 - 258）。

第四章
消费与生活方式

　　消费过程包括对消费品和消费方式的选择。但是，消费选择的范围和自由度是一个进化的过程。在短缺经济条件下，消费选择的范围和自由度是受到极大限制的，其极端形态就是"没有选择"。随着经济的发展、物质产品供应的日益丰富和生活水平的不断提高，消费选择的范围和自由度也就越来越大。因此，一般来说，消费选择主要是与现代性相联系的，是现代生存条件在物质方面优于传统生存条件的某种体现。一个国家和地区的现代化程度越高，人们消费选择的范围相应地也就越大。可以说，对消费选择的研究，是从一个侧面对一个国家和地区的现代化程度的测量。

　　消费选择与消费约束是一个问题的两个方面。没有绝对的、无限制的消费选择，也没有绝对的消费约束。消费选择总是在一定的消费约束范围内的选择，而消费约束的存在并不排除一定的消费选择的可能性。因此，当我们讨论消费选择的时候，总是假定一定的消费约束的存在。至于消费约束究竟有多大，则是一个因时因地而异的经验问题。很显然，不同的历史时期与不同的国家和地区，消费约束和消费选择的程度是不同的。

　　消费约束的存在，使人们的消费具有理性的特征。从行为经济学的角度看，由于消费约束的影响，人们总是在既定的资源条件下，以最小的投入来获取最大的消费效用。也就是说，消费约束往往使消费选择具有理性的特征。任何选择都是在两种或两种产品以上的范围内的选择。人们选择这种而不是那种产品，通常是理性选择的产物，即以最低的价格获得最大的效用。但是，消费约束不是绝对的。随着消费约束的减少，人们的消费选择的"无理性"或感性化程度就会相应地获得较大的空间。人们以何种方式进行消费选择，实际上是在特定的消费约束条件下对相应的生活方式或生活风格的选择。

研究消费选择也有助于揭示在某种社会条件下一般的个体自由（Simmel，1990）。个体自由是社会中人与人的关系和人与物的关系的一种特定状态。消费选择的范围和自由度作为个体自由的内容之一，既是人与人关系的自由，也是人与物的关系的自由。一般来说，消费选择的自由度是与市场经济相伴随的。首先，市场经济提供了自由交换的机制。人们遵循共同的规则和交易秩序以自愿的原则进行交换。其次，在规范的市场环境下，市场经济通过自由竞争而不断推进生产工具的改进、生产成本和产品价格的下降、产品的产量和质量的不断提高，从而扩大了消费选择的范围和自由度。再次，市场经济创造了工资劳动者。他们摆脱了过去封建农奴对封建主的人身依附关系，领取货币工资而交换所需的消费生活资料。他们获得了市场交换的自由。最后，市场经济鼓励消费品创新，从而为消费选择不断提供新的内容。

一　消费选择的分类

消费选择是指以某种标准为依据而进行的从两种或两种以上的消费品（包括服务）中选择一种产品（或服务）的过程。那么，这种标准是什么？是否所有消费者都遵循同样的标准，或是不同的消费者有不同的标准？为什么一些消费者会采用这一标准而非那一标准？决定消费选择标准的是什么？这些问题，正是这里所要讨论的。

就西方来说，传统社会向现代社会转变的后果之一，就是同质社会向异质社会转变，或同质的个人向异质的个人转变。个人的异质化不是生理性因素改变的结果，而是由于社会分工带来了角色、职业和技能的异质化和多样化。同时，由于社会的系统整合程度较高，社会秩序更多地建立在系统整合的基础上，而不是建立在社会整合的基础上，因此，伴随着社会的道德宽容度的提高，个人具有了较高程度的自主选择权力和较大的自我表现空间。

但是，个人的消费生活的异质化过程却由于受现代福特主义的大众化生产经营方式的限制和制约，导致个人在长时期内被迫接受某种程度的标准化的消费生活方式。福特主义是以汽车装配线的发明者亨利·福特的名字命名的一种现代生产系统。它发源于美国，盛行于 20 世纪前半叶，到五六十年代达到顶峰，从 70 年代尤其是 1973 年的石油危机开始显出衰退的迹象。福特主义生产模式的主要特征包括：同质产品的大批量生产，使用不灵活的技术（如装配线），强调经济规模，劳动技术分工导致劳动的无技能化、高强度化和同质化，强调同质产品的大众市场（Ritzer，1992：313；Kumar，1995：第 3 章）。福特主义的生产经营模式把消费市场看作是同质化的大众市场，相对地忽略了市场的细分和消费者需求的多样化。因此，这种生产模式对消费者的选择在一定范围内实行了生产性"强制"。消费者固然有选择的自由，但是，他们的个性化和多样化的选择动机却被忽略了，因而他们的选择范围是有限的。时至今日，福特主义的生产经营模式仍然还在许多行业发挥着作用，如麦当劳快餐业（Leidner，1993；Ritzer，1996）。

随着后福特主义的登场，个人的异质化和多样化要求开始得到市场的承认。后福特主义的生产模式包括以下几个特征：市场的细分化，消费者导向的、更灵活的专业化生产，更短的生产周期，对新技术的充分利用，劳动的非标准化和劳动者要求有更多的技能、更多的责任和更大的自主性（Kumar，1995：36 – 65；Ritzer，1992：314，1996：151 – 152）。如果说福特主义的生产经营方式"创造"了同质的大众消费者的话，那么，后福特主义的生产经营方式则"创造"了异质化和个性化的消费者。生产经营者只有通过对市场进行细致的研究和细分才能找到自己的市场。因此，在后福特主义时代，注重消费的选择性和消费选择的多样性被看作是生产经营得以成功的前提条件之一。

消费选择涉及一系列的"对立"。例如，感性选择与理性选择、习惯选择（风险规避）与创新选择（风险担当）、自主选择与非自主选择、跟潮选择与逆潮选择、冲动选择（无决策购买）与预算选择、市场选择与非市场选择、即期选择与长期选择、支出选择与储蓄选择（抑制消费、滞后消费）等。当然，在现实中，这些"对立"并不是"非此即彼"的排斥关系，而是处在同一个连续体当中。消费选择就处在诸多连续体的某个位置上。人们会根据实际需要在各个连续体中或者向左偏移，或者向右偏移。在这里，由于不可能对所有的连续体都进行详细的分析，我们将把焦点放在感性选择和理性选择的连续体上面。

消费活动是消费理性和消费感性的某种统一。消费理性通过对可得资源的合理管理和安排而进行消费选择，而消费感性则是出自人的主观偏好而进行消费选择和安排。消费理性是一种理性的自我抑制，而消费感性则是一种渴望感性欲望和偏好得到满足的冲动、感觉和情感。消费理性与消费感性的对立颇类似于弗洛伊德所讲的"自我"（ego）与"利比多"（libido）或"伊底"（id）的对立。利比多或伊底是一种盲目的、本能的性冲动，它渴望得到满足。但是，在追求这种无节制的满足时，个人就会受到外界社会环境的惩罚。为了逃避这种惩罚，个人被迫对自己的本能冲动进行一定的抑制，用牺牲一部分利比多的方式来换取个人免受处罚的安全（Freud，1963：52）。为了达到这一目的，外部的道德要求和禁忌就被内化为心理结构中的"超我"（superego），从而发挥对人的本能冲动进行监督的作用。"自我"则居于"超我"和"伊底"之间调节二者的关系，并通过对"伊底"的恰当的抑制以实现个人的内部冲动与"超我"（它常表现为道德意识、良心和罪孽感、负疚感和窘迫感等）等外部道德要求的妥协和协调（Marcuse，1955）。

消费理性对消费感性的抑制是由资源的匮乏引起的。由于资源匮乏，就必须对有限的资源进行最合理的安排，以便最大限度地发挥资源的效用。可是，消费感性并不顾这一点，它只渴望感性得到满足而不顾资源是否匮乏。因此，在何种程度上消费感性可以得到满足，是一个经验问题。一般来说，人们的资源（包括收入）越多，就越能使消费感性得到满足；相反，资源越少，就越缺乏满足消费感性的空间。但是，在资源相同的条件下，人们对消费感性的满足或抑制程度是不同的。造成这种现象的原因在于社会的道德力量和文化差异。在奉行新教伦理的社会，消费被看成一种手段和工具，而不是目的，因而消费是高度理性化的（参见 Weber，1970）。而在享乐主义文化盛行的社会，消费本身就是目的，是一种自目的性活动，消费感性的空间因而越来越大（参见 Featherstone，1991）。

根据消费选择在感性选择与理性选择的连续体中的位置，我们可以将理性选择的消费选择称作理性消费，而将感性选择的消费选择叫做感性消费（参见熊思远，1995；王德胜，1996：第 8 章）。因此，可以把感性消费和理性消费看作是消费选择的两种基本类型。与二者具有某种交叉关系却又相对稳定和连贯的消费选择形态则是消费习惯。

1. 理性消费

消费理性或理性消费可以被看作是一种消费自我约束，它是消费选择的一种最常见的形态，与个人或家庭的资源约束紧密相联。理性消费反映了人们用既定的资源（如货币收入）来进行交换的过程中对所能获得的产品效用的理性计算和考虑，所考虑的因素主要是产品价格和产品效用。用西方经济学家的话来说，消费者总是想以最少的投入来获取最大的消费效用。同时，消费选择遵循了"边际效用递减律"。从宏观的角度看，消费者的消费水平和消费率是收入的函数。在这里，收入构成了消费的量和质的资源约束。

在很大的程度上，理性消费是资源约束的产物。资源约束包括两种：一种是可支配收入的绝对有限性；另一种是人生时间（或生命）的绝对有限性（参见陈惠雄，1999）。前者可以叫做收入约束，而后者可以称为时间约束。收入约束决定了人们必须用有限的收入来进行能够获取最大效用的消费，而不可能无限制、无节制和任意地进行消费选择。而时间约束说明，人们用来支出的收入实际上是人生时间支出的货币形式（参见陈惠雄，1999）。在即期消费中，我们现在花的钱仍是我们先前的时间支出换来的。在信用消费中，我们则预支我们未来的时间。而人生的时间总量是绝对有限的。因此，从数量的角度来看，人们要求用最小的人生生命成本来换取最大的人生享受，即消费效用。这两种资源约束形式是相互联系和影响的。理性消费在考虑收入约束时，所考虑的不仅仅是像凯恩斯所说的一时性的、即期的收入，而是像弗里德曼所说的"持久收入"。同时，在消费选择中表现出的理性也不仅仅是对即期消费的预算和安排，而是像摩迪里安尼所说的"跨时预算约束"。也就是说，消费选择是以生命周期为单位进行安排的（参见藏旭恒，1994：22~36）。

从资源约束的角度来看，理性消费是人类消费生活的普遍形式，因为任何社会、任何时期和任何阶层都受到资源有限性的约束，尽管不同的社会、时期和阶层的约束程度是不同的。但是，这种普遍意义上的理性消费是在抽象的意义上（即消费函数和消费结构）说的，而不是在具体的意义上（即对具体消费品的选择）说的。在具体消费需求和具体消费选择问题上表现出来的理性消费是一种狭义的、特殊的理性消费。至于在具体消费选择中究竟是理性消费还是感性消费占据主导地位，则是一个经验问题。从历史阶段的角度看，这种狭义的理性消费主要体现在短缺经济的历史阶段。在短缺经济条件下，由于消费品供应受到绝对限制，人们被迫以高度理性的态度来使用消费品。在这种条件下，理性消费主要表现为节俭、实用与对产品价格和功能（而不是外观感性形式）的高度重视。

2. 感性消费

上面说过，广义的理性消费主要是在抽象意义上说的，即消费的总量和质量可以看作是可支配资源的函数，并随资源的增长而增长和提高。随着人们收入水平和生活质量的提高，消费不再仅仅是为了维持生存，而是作为人生享受及发展来进行的，于是，狭义的理性消费便逐渐让位于感性消费。请注意，我们所说的感性消费仍然是广义的理性消费的一种特殊形式。

所谓感性消费，指的是在进行具体的消费品的选择时，消费者所依据的是感性原则。也就是说，消费者以对产品的直观感觉、情感、主观偏好和象征意义（如品牌）作为消费选择的原则。感性消费与广义的理性消费不是对立的，而是广义的理性消费的高级形式。感性消费当然也要考虑产品的性能或功能，但是，性能或功能只是感性消费的前提条件。在对同样性能或功能的产品进行选择时，感性消费侧重的不是价格，而是自己对产品的直观感觉和情感，即"喜欢不喜欢"、"是否表现自己的个性或品位"等。感性消费与狭义的理性消费不同。后者所侧重的是价格和产品的功能，贯彻的是实用原则。而感性消费的特征在于，在产品的客观性能既定的前提下，产品的形状、款式、体积、色彩等感性特征与产品的品牌价值和符号象征成为消费者进行产品选择的首要考虑因素。用星野克美的话说，随着生活水平达到一定的阶段，"消费的比重从物品转移到服务。其实也可以认为，人们不是以物品本身，而是以物品所具有的感性要素，按照自己的感性，来做出选择、行动"（星野克美，1988：18）。"消费者行动不是仅限于'物的消费'这一经济的行为，而是转化为有关于物品的感性和意象的消费这一文化行为"（星野克美，1988：18）。他还说，"消费者并非只在迫于需要或只基于必要性的需求才行动，而更随着超乎必要性的欲望而行动。也可以说，已经不是基于'优劣'的判断，而是以'好恶'的基准来从事消费活动"（星野克美，1988：17~18）。感性消费既注重产品所引起的感官愉悦（如"很喜欢"），也强调产品形式是否符合消费者的品位、理念、价值和偏好。因此，如果说实用型消费（狭义的理性消费）是一种物理消费（或功能消费）的话，那么，感性消费就是一种心理消费。当然，说后者是心理消费并不意味着它就完全脱离了物理消费,而是说,物理消费仅仅是它的一个前提条件。也就是说,感性消费超越了物理消费而进入到心理消费和意义消费阶段,并同时把物理消费降低到一个附属地位。

收入约束和对生命成本的考虑使得消费理性的作用无可取代。但是,随着人们可支配收入(或物质资源)水平超出基本生存的水准时,广义的消费理性便以感性消费的形式出现。由于收入约束相对减少,人生时间约束便成为人们关注的焦点。于是,"生存过剩资源"便顺其自然地用于提高有限的生命质量。因此,消费便由实用型的生存消费(狭义的理性消费)转向感性消费。感性消费也可以说是恩格斯所说的"享受"型消费的特征之一。它意在强调生命的质量(享受)而不是数量(生存)。

从历史的角度看,如果传统社会和早期现代社会是以理性消费(狭义)为特征,那么,感性消费便是晚期(或高度)现代性的特色。在发达国家如西方国家和日本,感性消费是在第二次世界大战后随着大众消费时代的来临而兴起的,并构成消费主义和消费文化的基本特征之一。于是,在消费主义和消费文化盛行的西方,消费理性(狭义)出现了某种"退化"的迹象。在消费选择中,人们固然十分注意价格和产品的性能,但是,人们越来越注重产品的感性因素和符号意义,包括"喜欢不喜欢"、"时髦不时髦"等。消费选择于是变得感性化、情感化和非理性化了。如果说在家庭消费预算中理性占据了重要地位的话,那么,在具体的消费选择过程中,由于宣泄和表现的需要,感性、情感和非理性占据了重要地位。例如,在当代日本,由于消费理性的退化,消费者出现了"孩童化"趋向(冈本庆一,1988)。在中国,据估计,由于大部分人的生活处于"小康"水平,实用型消费仍然是社会的主流。但是,在一些地区和一部分人那里,由于收入水平完全达到了"生存过剩"的地步,感性消费已经开始出现。

3. 消费习惯

如果说消费选择也就是消费决策的话,那么,消费习惯则是"无决策选择"。当然,"无决策选择"可以看作是消费选择的一种特殊状态。所谓消费习惯,乃是体现在消费选择中的重复和稳定的偏好,即对某些消费品、购物环境和消费行为方式的经常的、连贯的、相对固定的选择倾向。也有学者概括出消费习惯的几个特征:①是消费者在较长时间内形成的;②具有稳定性和经常性;③不容易改变;④是激发消费需要的推动性因素（彭华民，1996：33；罗子明，1998：127）。消费习惯既可以是民族性的、阶层性的和地区性的，也可以是个体性的、因人而异的。因此，消费习惯一方面反映了各阶层和地区的消费习俗，另一方面则是个人生活经历的某种反映。此外，它还具有"不假思索"的特征，即具有"前意识性"。如果说理性消费和感性消费都是"意识性"（即知道自己在进行选择）和"反思性"（即知道为什么选择这种而非那种东西的理由）选择行为的话，那么，消费习惯则是"前意识性"（即大脑被所需要的东西所占领，不知道自己正在进行选择）和"前反思性"（即选择是根据习惯做出的，没有什么理由好讲）选择行为。换句话说，人们根据习惯做出的许多消费选择，常常是处于无意识或前意识状态，正如人们说话时对措辞的选择是处于一种自动的状态一样（参见青木贞茂，1988：95）。

消费习惯既可以是理性的，也可以是感性的，或者是理性消费与感性消费的交叉或统一。根据上面所说的消费选择的"反思性"与"前反思性"或"意识性"与"前意识性"的区别，可以把消费习惯看作是不同于理性消费和感性消费的另外一种消费选择方式。也就是说，它是一种特殊的消费选择（即无决策选择）。可以说，人们有很大一部分的消费选择属于消费习惯或无决策选择。它使消费者过去的有意识的选择固定下来，形成下意识的、重复性的和习惯性的行为方式。

消费习惯的形成使厂家和商家有了稳定的市场（但同时也可能构成新产品开发的障碍）。因此，对消费者的消费习惯进行分析和分类，对市场营销具有重要价值。以购物习惯为例，对不同购物者的习惯进行分类，有助于对市场进行明确的定位。伦特和利文斯通（Lunt and Livingstone，1992：89 - 94）根据消费者购物习惯的差异，把英国的购物者区分为以下几个不同的生活风格类型。

第一，另类购物者（占样本的12%）。这类人在购物时并不特别节省，他们既不货比三家，也不静候时机削价。这类人从另类市场购物，买二手书和二手衣服，逛跳蚤市场。他们处于现代消费者的压力和快乐之外。他们几乎不觉得购物有什么快乐，不把购物当作休闲。

第二，日程化购物者（占样本的31%）。这类人在需要某种东西时，总是到大街上购物。但是，他们并不沉溺于消费者文化。他们很少进行冲动性购买，也不光顾另类市场。他们觉得购物有点儿乐趣，购物只是日常生活中的程式化活动。

第三，休闲购物者（占样本的24%）。这类人最接近于消费者文化的原型（"我购物，因此我存在"），享受一系列购物体验，喜欢逛商场，光顾商场橱窗，把消费品当作他们社会关系中的奖赏、承诺和诱饵。

第四，小心谨慎的购物者（占样本的15%）。这类人觉得购物颇为令人愉快，但他们却是小心谨慎的购物者。他们以使用产品而不是以挑选产品为乐。他们不去另类市场，他们的购物习惯也有些节俭。

第五，节俭的购物者（占样本的18%）。这类消费者从购物中找到一些乐趣，尤其是从购买衣服、食品、礼物和与家人一起购物中找到乐趣。他们十分节俭，喜欢货比三家，择优而买，等待削价时来买昂贵的东西。他们乐于从所有形式的市场中购物。

在更深一层意义上，消费习惯是个人的社会地位、阶级/阶层条件和生活经历的内化（参见 Bourdieu，1984）。消费习惯是个人生活轨迹的反映和生活经验的积淀。而个人的生活轨迹总是同一定民族和地域的生产方式、生活方式、社会和自然环境等因素息息相关的。因此，尽管消费习惯是因人而异的，但透过对个人消费习惯的分析，仍然可以从中看出社会的结构性因素的影响痕迹。在这个意义上说，消费习惯是个人社会化的结果。但是，它一旦形成，就会成为影响消费选择的相对独立的因素。因此，消费习惯既是一种"被结构了的结构"（消费习惯作为心理结构受到社会的结构性条件的影响），同时又是一种"结构着的结构"（消费习惯作为心理结构支配和左右着许多方面的消费选择）（参见 Bourdieu，1984）。

消费习惯存在于所有的社会和所有的时代。但是，消费习惯的变化节奏在不同的时代和社会是不同的。在传统社会，消费习惯的变化节奏很慢，消费成为一种仪式性的活动，消费习惯可以长期不变。个人与个人之间的消费习惯也具有较多的同质性。在现代社会，消费习惯随着技术和产品的更新节奏与时尚流行和更替频率的加快而加快。随着时代的变迁，人们的生活方式也发生了变化，一些旧的消费习惯被放弃，而新的消费习惯又不断形成。这一特点，在中国改革开放30多年的历史中得到了突出的表现。与此同时，由于消费选择范围的扩大，个人与个人之间消费习惯的异质性也相应地加大了。

二 消费选择是对生活方式的选择

不论消费选择采取什么类型，其实质乃是对某种恰当的生活方式的选择。消费选择是生活方式选择的一个重要的方面。人们对消费品和消费模式的选择乃是对与自身经济和社会条件相适应的生活方式的选择。所以，消费不仅仅是一种经济活动，同时还是一种社会活动，是对生活方式的选择和再生产活动。而对生活方式的选择，同时也是塑造自我和社会认同的过程（见前一章）。认同的形成导致消费的模式化和类型化。一方面，消费生活方式成为人们用于构建认同的原材料；另一方面，消费生活方式又成为认同的体现和表达。简言之，生活方式，尤其是消费生活方式，是认同的具体化。

生活方式（ways of life）是一个使用十分广泛却又十分模糊的概念，不同的学者是在不同的意义上使用这个概念的。在英文中，这一概念的复杂性还表现为"ways of life"、"forms of life"、"the style of life"（lifestyle, life-style）的可互换性。在把这些概念翻译成中文时，中国的一些学者通常将其一律译为"生活方式"，而没有注意到这些不同概念之间的差异。

韦伯（Weber, 1978）使用了 the style of life 这一术语，它被看成是同地位声誉（status honour）联系在一起的"生活方式"。与之形成对比，而齐美尔（Simmel, 1990）对 the style of life 则是在"生活模式"（the form of life）的意义上使用的，它指的是与现代货币经济相联系的客观的生活方式，表现出缺乏个性、生活的快节奏和算计意识的增强等特征。布迪厄（Bourdieu, 1984）则在"生活风格"意义上使用 lifestyle 一词，它是与各个社会阶层的"惯习"和"品位"联系在一起的，并同各个阶层的经济条件和经济资本具有某种对应关系。因而在他那里，lifestyle 既是受结构性条件决定的，又具有表现性和选择性特征。对吉登斯（Giddens, 1991: 81）来说，lifestyle（生活风格）是自我认同得到某种特定的"叙述"的物质形式。

维尔对"生活风格"（lifestyle）和"生活方式"（ways of life）做了明确的区分（Veal, 1993）。"生活方式"是受结构性条件制约的生活模式，因而具有某种程度的"强加"的特征（如由于贫困或无权力等）。生活方式的基本特征是选择程度较低（如"不得不这样生活"）。与之相对，"生活风格"则是一个表现形式,具有较高程度和较大范围的自由选择(如由于富裕和有权力)。从生活方式到生活风格的转变,体现了人们的经济和社会等结构性条件的变化。在这个意义上,传统社会或以短缺经济为基本特征的社会是以生活方式为主导,而在现代尤其是西方的后现代社会,在生活方式的基础上,人们又形成了某种生活风格,作为自己个性的表现形式。本书将采纳维尔对生活方式和生活风格所做的区分。

一般来说,当人们的经济基础和物质生活条件还比较薄弱时,人们不得不选择某种与自身经济和社会条件相适应的生活方式,并用这种方式来安排消费选择和生活。在这个意义上,消费选择仍是在与经济基础相适应的条件下对某种适当的生活方式的接受、维护或选择。人们不会超越自身的经济条件所允许的范围去追求一种脱离实际的生活方式。因此,不管是农村的生活方式,还是城市的生活方式,也不管是传统生活方式,还是现代生活方式,对生活方式的某种选择总是受到其背后的经济条件或生产方式的制约的。例如,自然经济决定了人们只能选择传统的、农村的生活方式,而市场经济和工业化则导致现代生活方式的形成(Simmel,1990)。

除了经济和社会条件,生活方式的选择还受到地理环境和历史传统的制约。因此,人们对生活方式的选择,不但要与既定的经济发展水平和社会条件相适应,而且也要同特定的地理环境和历史传统相吻合。因此,一定的生活方式总是具有一定的地域性和传统性的特征。草原游牧、江南田园、林海猎踪、南海耕浪,不同的地域造就了不同的生存模式,并在此基础上形成了不同民族和地域的生活方式。所以,对生活方式的选择具有历史性和环境性。也就是说,人们对生活方式的选择受到历史和环境的双重制约。由于这些制约,使得许多与生活方式相关的消费形成习惯性消费(即消费习惯)。可以说,宏观的消费习惯(如民族和地域的消费习惯)是生活方式的内在组成部分。

随着社会的现代化进程的加快,人们的生活方式也不可避免地发生转型(王玉波、瞿明安,1997)。现代性造成的一个重要结果就是越来越多的人的物质生活资源超出了生存所必需的水平。在这种情况下,人们就在生活方式的基础上形成了生活风格,后者是与较高的物质生活条件相适应的。正是由于物质生活相对丰裕,减少了资源约束条件对消费选择的限制,使得消费获得了一个相对自由的选择和表现空间。

维尔（Veal，1993）揭示了生活风格的几个基本特征：第一，生活风格涉及活动，但不包括有酬工作和职业活动（后者应称为生活模式）。第二，生活风格包括价值和态度，但是，价值和态度本身并不必然地成为生活风格不可缺少的方面，它们只是对生活风格产生影响而已。第三，尽管生活风格常常是群体性现象，但它也可以是个人性的。一个人可以具有其独特的生活风格。第四，不同的个人可以拥有某种共同的生活风格。他们之间未必有社会接触，尽管他们常常如此。换言之，群体互动不是生活风格必不可少的特征。例如，一个北京的青年就可以同一个巴黎的青年拥有共同的生活风格。第五，连贯性（coherence）可能是分析生活风格的一个重要变量，但是，它不一定就是生活风格的必然要素，因为有些生活风格缺乏连贯性。第六，人们对他人的生活风格的认知常常是片面的、肤浅的和不准确的。因此，虽然生活风格是可以识别的，但可识别性不是生活风格定义中必不可少的因素。维尔（Veal，1993：247）最后把生活风格定义为个人行为或群体社会行为的独特模式。生活风格的另外一种表述是"亚文化"（subcultures）（Fornäs，1995：110）。但是，二者仍有区别。生活风格既可以为个人所有，也可以为群体或集体所共有；而亚文化则往往是集体性的，个人不具有亚文化。

露蕾把生活风格同感性消费联系起来。她认为，生活风格是指一种新的消费者感性（sensibility）。生活风格使消费者对消费过程具有了更具个性的意识或感知。它强调了消费方面的象征或感性特征。生活风格有助于对社会群体进行区分（Lury，1996：80）。感性消费实质上乃是对某种适当的生活风格的选择。如果说对生活方式的选择是由经济条件决定的话，那么人们选择何种生活风格，并不仅仅受经济条件支配（因为充裕的经济条件是生活风格得以形成的必要前提和最终的决定要素），同时还受到其他因素的影响，包括价值观念、自我认同、个体偏好等。其中，人们的自我认同对生活风格的选择起重要的作用。人们通过"风格化的消费"（Lury，1996：52）来声称自己的认同："我是谁？""我是怎样的一个人？""我应该做哪一类人？"生活风格是自我展现和宣示的方式之一。

在前一章我们讲过，认同可以区分为"社会分类"和"主观认同"（自我认同和群体认同，即自我主观认同和群体主观认同）两个方面。这两个方面分别与生活方式和生活风格有某种联系。生活方式体现了认同的"社会分类"方面，即由结构性条件所决定的客观的方面。与之相对，生活风格则体现了"主观认同"方面,即认同的选择和表现方面。认同的这两方面关系是更大范围内的结构论与能动论对立统一的微观体现。从对生活方式的选择到对生活风格的选择的转变,意味着消费领域成为消费者能动地创造自我形象、身份和认同的社会空间。在现代社会,消费的风格化成为"自我计划"(the project of self)的一部分。

从横断面的角度来看,消费者同时拥有某种特定的生活方式和生活风格。生活方式是一种集体性的行为模式。它或者是全体社会成员所共同拥有的东西,或者只为某一民族、阶层或地域群体所共同拥有。无论如何,它的覆盖面比较大。与之相对,生活风格的覆盖面既可以很大,也可以很小,甚至小到只为个人所独有。处于同一生活方式中的人可以有不同的生活风格。在这个意义上,生活方式与生活风格构成"一"与"多"的关系。当然,也不排除有这种情况:生活风格相同未必意味着生活方式相同。例如,发展中国家的青年可以模仿发达国家青年的生活风格,但是,他们各自传统的生活方式却是截然不同的。

生活方式的选择的决定因素主要是结构性条件,包括物质生活条件。而生活风格的选择的决定因素则比较复杂,它的最终决定因素是经济条件,因为只有在具备了一定的经济条件的基础上,生活风格才有可能存在。但是,在具备这个前提的基础上,决定生活风格选择的直接因素是价值、趣味、信念和偏好。正是由于价值和这些文化因素的差异,决定了经济条件相同、处在相同的生活方式中的人具有不同的生活风格。由于生活风格的选择必然影响到消费模式,因此,仅以经济因素、地理因素和人口统计因素作为市场细分的依据就不那么充分了。鉴于这种情况,美国的 SRI International 公司发展出一种名为"价值与生活风格"(英文中常为 SRI Values and Lifestyle Program,简称 VALS)的市场细分方法。后来 SRI International 公司对 VALS 做了修改,把价值因素与收入和资源因素联系起来考虑,形成了 VALS 2(参见 Schiffman and Kanuk,1997:81–84)。这种方法根据资源的多少和价值与生活风格对消费行为的影响,把美国的消费者分成三个大类八个小类(Schiffman and Kanuk,1997:81)。三个大类分别是:原则导向群体(消费者的选择是由他们的信仰而不是由寻求"认可"的欲望驱动的)、地位导向群体(消费者的选择是由他人的行动、认可和意见所左右和引导的)和行动导向群体(消费者的选择是为了满足活动、多样性和冒险的欲望)。这三个大类的划分依据的是价值与生活风格对消费行为的影响。在这种划分的基础上，又可结合资源或收入的多寡对这三个大类做进一步细分，形成八个和资源状况相关的价值与生活风格亚群体。于是，依据资源的多寡，原则导向群体可进一步分为尽职者（fulfilleds）和信奉者（believers），地位导向群体可进一步分为实现者（actualizers）、成就者（achievers）、努力争取者（strivers）和为谋生奋斗者（strugglers），行动导向群体可进一步分为体验者（experiencers）和制造者（makers）。

因此，对消费选择的研究，可以同时从它与生活方式和生活风格的关系来进行。首先，消费选择乃是对生活方式的选择，受生活方式的支配和制约。其次，消费选择又是在生活方式的基础上进一步对某种生活风格的选择。生活风格的选择要以一定的经济和社会条件为前提与基础。但是，在具备一定的物质基础的情况下，生活风格直接受到价值和文化等因素的影响。当然，生活方式和生活风格有着内在的联系，二者不可割裂开来。生活风格要以一定的生活方式为基础，而一定的生活方式又容许个体有生活风格上的差异和不同。

三 消费选择的后果：产品生命周期问题

产品的生命周期可以分为两种：产品的自然生命周期和产品的市场生命周期。前者指产品的物理"寿命"和功能，后者指产品的市场接受程度和期限。许多产品的自然生命周期比它的市场生命周期要长。一个工业产品可能放置几百年而仍然具有使用价值。但是，绝大部分产品不可能一直为市场所接受。原因有很多，其中有两点较为明显：一是不断有性能更好的、价格更便宜的或更合乎社会潮流的新产品出现；二是消费者的品位和要求也在不断变化。市场的竞争性和产品被接受的期限与范围的社会性和文化性决定了产品的市场生命周期是有限的。产品的市场生命周期可以划分为几个阶段：导入期、成长期、成熟期、饱和期和衰退期（参见罗子明，1998：237~240）。在这个过程中，旧的产品将不断被新的产品所淘汰。

产品的市场生命周期受到自身的客观性能的影响。一般来说，产品的性能总是有局限性的。正是产品的缺陷导致消费者对它不满，从而导致它逐渐被性能更好的产品或其他产品所取代（佩卓斯基，1999）。但是，产品的客观属性只是决定其市场生命周期的因素之一。产品的市场生命周期还受到社会经济条件变更、生活方式变迁和价值观念变化等社会和文化因素的影响。因此，归根到底，是消费者决定了产品的命运。从消费者选择的角度看，产品的市场生命周期又可以进一步分为社会生命周期和主观生命周期。前者指的是产品的市场生命周期的宏观方面，后者指的是产品的市场生命周期的微观方面。产品的社会生命周期的终结意味着整个社会不再接受某种特定的产品，因此它的市场生命周期也就结束了。例如，在工业化的早期阶段，由于技术水平的限制，工业品常常是比较粗笨的。当时注重的是产品的功能和耐久性。但是，随着城市化水平的提高所带来的土地价格的飙升和居住空间的限制，以及产品的种类越来越多，产品的形式趋向于小型化或"女性化"（青木贞茂，1988：89），以便使相同单位的住宅空间可以容纳更多的商品，或是在使用相同数量的商品时可以创造更多的物理空间（Lee，1993：134－136）。同时，产品的市场生命周期也越来越短，因为消费者的口味变化得越来越快。因此，随着产品的小型化，原来那种粗笨的产品就寿终正寝、不再具有市场了。在现代，随着产品的"智能化"程度的提高（如"傻瓜"照相机），许多不具备"智能"功能的产品就被淘汰出局了。

产品的主观生命周期则表示消费者从选择某种特定的产品到放弃该产品的历程。产品主观生命周期的结束，意味着消费者对产品不再满意和不愿再使用与保存的态度，因而在主观上宣判了该产品的终结。就个人来说，产品的主观生命周期经历了三个阶段：欣喜期、平稳期和厌倦期。奥雷尔把这三个阶段分别称为"惊奇"状态、"入静"状态和"中毒"状态。他这样写道（Orel，1998：63）：

> 当使用者首次被吸引进入功能圈的引力范围时，他们对这些新发明的功能的喜悦表示为一种入迷状态和陶醉感，我们可以称之为惊奇状态。稍晚些时候，就是入静阶段。在这一阶段，使用者对这些具有新功能的产品已经认可，并把它们重新塑造为一种舒适的物品。此时，有关这些物品的话语就转变为功利主义的。最后，这一功能圈开始失去当初的魅力，渐渐变得无聊。开始时的那种振奋以及稍后的入静，呈现一种中毒症候（麻木不仁）。

那么，这是否意味着所有的人均是同时进入和同步经历这三个不同的阶段呢？很显然，答案是否定的。可见，产品的主观生命周期的终结不是突然的、整个社会同步的，而是一个逐渐丧失兴趣的过程。具体地说，这里涉及两个问题。第一，产品的接受速度。产品要花多长时间才会被市场接受？谁最先接受、谁跟随其后、谁最后接受？这些问题同消费者的特征有密切的关系。根据对新产品的接受和采纳的速度的差异，美国学者罗格斯把美国的消费者分成五个类型：逐新者（2.5%）、早期采纳者（13.5%）、早期多数（34.0%）、后期多数（34.0%）和迟钝者（16.0%）。逐新者具有冒险精神，喜欢实验新观念，接受具有风险的事物。迟钝者则是传统的人，对新东西持怀疑态度，在新产品的采纳上面最为迟钝和落后。其他各类消费者则介于这两个极端之间（Rogers，1983，转引自 Schiffman and Kanuk，1997：538）。第二，产品的接受期限。产品被接受以后，消费者由欣喜、平稳到厌倦的持续时间。谁对产品的接受期限最长、谁的最短、谁居于二者之间？很显然，在不同特征的消费者群体那里，产品的主观生命周期是不同的。例如，富人和穷人、年轻人和老年人、城里人和乡下人，都可能具有不同的决定产品的主观生命周期的标准。一般地说，在穷人、老年人和乡下人那里，产品的主观生命周期比在富人、年轻人和城里人那里要更长。产品的主观生命周期与不同消费者群体的价值观念和生活风格密切相关。按照价值观念和生活风格的差异，可以将消费者区分为三个基本大类：求新猎奇者、稳健适中者和守旧节约者。求新猎奇者追逐新奇的东西，但不能持久，犹如孩子喜欢新奇的玩具却不能长久地对一件玩具保持兴趣一样。守旧节约者对新产品的兴趣显得迟钝，但一旦拥有某件产品，就会尽可能长久使用和保存。稳健适中者则居于二者之间。不可否认，产品的接受期限还同自身的特征有关，例如，有些产品注定是一次性的（如听装啤酒），有些产品则是越久越值钱（如作为收藏用的邮票和古董）。但是，就大部分相对较耐用的日用品来说，它们的主观生命周期同消费者的特征有明显的关系。可见，不论从产品的接受速度还是从产品的接受期限来说，产品的主观生命周期都同消费者的主观偏好、倾向、兴趣、人格和价值观念有着密切的联系。而消费者的这些主观因素又受他们的经济条件、社会地位、人格和态度、价值观念和生活风格等因素的影响。所以，对产品的主观生命周期的研究实质上就是对消费者及其选择行动的研究。而消费者的消费选择实质上就是对生活方式和生活风格的选择，因此，对消费者的生活方式和生活风格进行研究，对市场营销有着重要的价值。

第五章
消费与情感

　　消费与情感结下了不解之缘，也就是说，消费始终是伴随着情感介入的。从消极的角度来讲，消费是为了摆脱痛苦；从积极的立场来说，消费是为了追逐快乐。每一个消费者都知道，消费过程不是一个纯粹满足生理需要的过程，而是一个心理的、伴随着各种情感因素的过程。例如，愉快、高兴、自豪、得意、羡慕、妒忌、虚荣、恼怒、怨恨、失望等，都是伴随消费过程的常见的情感现象。情感既是消费的动机之一（如妒忌导致消费攀比），又是消费的结果（如快乐或失望）。因此，消费与情感的关系，是一个值得研究的课题。

　　一般来讲，消费与情感的关系问题，应该属于心理学的研究对象。但是，这并不意味着社会学在这个问题上就无能为力了。具体地说，消费社会学可以从情感社会学的角度来对消费过程中所涉及的情感的社会存在方式进行研究。

　　情感、情绪或本能冲动，既是个体现象，同时在一定意义上又是社会现象。也就是说，在一定的社会环境中，经过一定的社会化过程，个人情感的宣泄、释放、满足、表达或沟通不再是随心所欲的，而是受到社会条件和社会结构制约与影响的。任何时代、任何社会，个体的情感释放或满足都不能不受到外界社会力量的限制，尽管这种限制的程度或范围是不同的。因此，在这个意义上说，情感具有社会性，有着社会的存在方式。情感社会学就是对情感的社会存在方式的研究。

　　情感的社会存在方式也就是社会所接受和认可的情感的宣泄、沟通和表达方式。因此,情感社会学所侧重的是"社会所接受的"情感存在方式,而不是情感的个体存在方式。具体地说,情感的社会存在方式包括情感的社会宣泄方式、社会沟通方式和社会表达方式。消费现象与情感的这三种存在方式都有联系。本章的目的就是从情感社会学的角度探讨消费与情感的这三种社会存在方式的关系。本章将首先对西方的情感社会学做一个简要的回顾,然后,分别讨论消费与情感的社会宣泄方式、社会沟通方式和社会表达方式的关系。

一 情感社会学回顾

长期以来,情感被看作是个体的事情,同社会的关系不大,因而理所当然地成为心理学的研究对象。但是,在西欧和北美,这种看法受到一些社会学家的挑战。他们认为,情感并不完全是个体的心理现象,它同时还是社会现象。因此,情感社会学作为一门新的社会学分支学科在20世纪70年代末开始在西欧和北美出现。

从历史的角度看,情感社会学的研究可以追溯到弗洛伊德,他认为,人类的文明史就是一部人的情感、欲望和本能冲动在社会条件与社会关系的作用下逐渐受到制约、镇静、抑制和疏导的历史,作为其结果,外在的社会力量逐渐以"超我"的形式而内化到个人的心理结构中,并对个人的行为进行自我监视、控制和指导(Freud, 1963)。马尔库塞(Marcuse, 1955)和伊莱亚斯(Elias, 1978;1982)分别从批判理论和历史社会学的角度发展了弗洛伊德的这一思想。马尔库塞揭露了文明社会如何为统治利益而对个人的情感和本能进行"过剩压抑"。伊莱亚斯则从历史的角度,经验地考证了作为人的自我约束的心理机制(类似于"超我")的"社会发生"和"心理发生"的过程。伊莱亚斯还和他学生邓宁(英国莱斯特学院社会学系主任、教授),在情感社会学的基础上建立了体育社会学。他们把体育(尤其是足球和拳击)和休闲看作是社会地建立起来的情感(如暴力情感)宣泄的安全通道,因而体育和休闲对维护社会的秩序具有积极的功能(Elias and Dunning, 1986)。吉登斯也探讨了现代性对亲密性和情感生活的影响(Giddens, 1992)。

在美国,对情感社会学做出较突出贡献的是欧文·戈夫曼。他在《日常生活中的自我呈现》一书中对印象和情感的自我管理与控制做了精辟的分析，该书堪称情感社会学的经典著作（Goffman, 1959）。另一位美国社会学家霍克希尔德则分析了服务工作者（空姐）的情感是如何在商业机构中被扭曲和异化的，例如，她们的"微笑"成为服务产品的一部分而被纳入管理的过程，因而她们是情感劳动者，通过情感劳动创造价值和剩余价值，并在情感劳动中失去了真实的自我，为此，她们以各种细微的方式进行反叛（如程式化地假笑，尽量少笑以防止出现皱纹）（Hochschild, 1983）。

关于情感社会学的文献还有很多（详见郭景萍，2008），在此不能一一进行回顾。有必要指出的是，由传统社会向现代性的转变，不但是制度和结构的转变，而且也是个人的心理结构的转变，也就是说，个人被迫对自己的情感进行越来越强的自我约束和控制；人的情感越来越成为外在的社会力量（组织、权力和资本）的控制对象。与此同时，情感的表情逐渐符号化了，成为一种塑造形象、社会交往和服务于某种目的（如利润）的符号工具和手段。因而，现代性的代价之一就是情感的异化、淡化、私密化和虚假化。关注在现代生存条件下人的情感模式和情感生活质量，成为情感社会学的任务之一。情感社会学已正式得到国际社会学界的承认。

通过对一些主要的情感社会学文献的简要回顾，我们发现，情感社会学对情感的研究，主要是对情感的符号方式和社会存在方式的研究。情感的符号方式是个人和团体可以控制、管理、操纵和利用的工具。而情感的社会存在方式，则是社会所接受和认可的情感的宣泄、疏导和缓冲以及情感的沟通和表达方式。在下面的论述中，我们将首先讨论情感的社会宣泄方式与消费的关系；然后，探讨情感的社会沟通方式在营销沟通中的作用和形式；最后，分析情感符号在消费空间中的社会表达方式。

二 情感的社会宣泄方式与消费享乐主义

任何一个社会，都有其独特的情感宣泄、疏导和缓冲的社会通道与社会方式。例如，西方中世纪的狂欢节，就是一种周期性的情感的社会宣泄方式。如果说在平常的日子里充满了苦役、压抑和痛苦的话，那么，狂欢节就提供了一个情感发泄和疏导的社会空间，它是情感疏导的制度性安排。可以说，许多节日、民俗和民间娱乐方式，均是类似的情感宣泄的社会方式。因此，在中国的各主要节日，情感的宣泄成为一个重要的内容。而在这些节日中的情感宣泄，往往又离不开消费。例如，每逢过年过节，人们就要穿好的、吃好的。节日消费成为一个为社会所接受的情感宣泄的重要方式。如果说在传统社会情感宣泄的社会空间还较小的话，那么，在现代社会，情感宣泄的社会空间大大扩大了，并且同与生产和工作相联系的制度发生了结构性分化。

1. 现代性中的情感宣泄方式：从逻各斯现代性到爱洛斯现代性

1996年，笔者在国际刊物《休闲研究》（英国）上发表了《逻各斯—现代性、爱洛斯—现代性与休闲》一文。其基本观点是，从启蒙运动以来，有关"现代性"的话语均是关于"逻各斯"版本的现代性，即强调现代性如何建立起对非理性的本能冲动和情感的制约、控制与镇静的社会机制（如社会理性化、资本主义的商品化、与工业化相联系的科学管理和劳动纪律等）。但是，事实上，现代性还有另一个版本，即"爱洛斯"版本。"爱洛斯现代性"强调的是，现代性不但对人的非理性的情感和本能进行制约、镇静和控制，而且通过建立"合法的"、"安全的"和"可接受的"渠道与空间（娱乐、休闲、消费等）对人的这些具有潜在危险性的情感和本能进行疏导和释放。这种情感和本能的合法存在与社会接受方式，就是爱洛斯现代性。爱洛斯现代性和逻各斯现代性是现代性分化的结果。这种结构性分化使理性和非理性各有其合法的存在空间（社会接受空间），从而使二者不致相互干扰，双方相安无事、各司其职。因此，逻各斯（理性）和爱洛斯（情感和本能）的结构性分化是历史的一大进步，它克服了情感和本能的无所拘束和恣意妄为对理性造成的损害，但是，这种分化也使人们对逻各斯现代性产生"好恶交织"的情感（Wang, 1996）。

可见，情感的存在和释放并不完全是个人的事情，而是具有社会性，也就是说，它在何时、何处和以何种频率得到满足、宣泄和释放，不同的年代、阶层、文化和社会有不同的接受标准与接受方式。因此，对社会所接受的情感的宣泄方式的研究，有助于从一个侧面加深对社会控制和个人自由关系的理解。如何解决人们的情感和本能要求与理性控制之间的矛盾，是文明化进程中的一个中心问题。如果说在原初社会，情感和本能的满足常常以牺牲理性为代价的话，那么，在文明化进程中（在如中国的封建社会），理性控制机制的建立是否以牺牲人的情感和本能的满足为代价呢？很显然，现代性中的理性和非理性（情感和本能冲动）在制度上与结构上的分化，即爱洛斯现代性与逻各斯现代性的分离，无疑是迄今为止解决这个矛盾的最好的办法之一。

2. 消费享乐主义与消费者激情

消费享乐主义是晚期现代性情感宣泄一个合法方式。它是与资本主义尤其是晚期资本主义联系在一起的。

资本主义的支柱之一便是财产私有制。而财产的私有制必定是有着情感的支撑的，因为失去了财产就会造成痛苦。财产的获得又反过来成为许多人的精神和情感支柱。财产的私有制，包括消费资料的私有制，便成为许多人的情感和人生意义的寄托。在这个意义上，资本主义的财产私有制便与消费者情感有着天然的联系。反过来，资本主义又鼓励这种消费者情感，包括对追求财富的狂热、对消费的激情。正是这种资本主义的财产私有制为消费享乐主义的盛行奠定了制度基础。

对财富的疯狂追求构成资本主义前进的一个动力，具体表现为资本对利润的攫取。而利润的获取，不能不依赖于商品交换的实现，即产品有消费者购买。由于技术进步而导致劳动生产率大幅提高和产品的过剩，使得消费者的欲望对商品交换价值的实现具有越来越大的作用。这种情况在第二次世界大战后的西方更为突出。因此，鼓励和扩大国民的消费需求，便成为资本主义经济良性运行的条件之一。为达此目的，消费者的欲望、需要和情感便成为资本作用、控制和操纵的对象，从而变成一项"欲望工程"或"营销工程"。因此，今天的生产，已经不仅仅是产品的生产，同时还是消费欲望和消费激情的生产，是消费者的生产（参见马尔库塞，1998；弗洛姆，1998）。只有"生产"出一批有消费欲望和激情的消费者，产品才能卖得出去，商品生产的目的才能实现。而消费享乐主义正是服务于资本主义的一种意识形态。这种意识形态是由资本在与国家、传媒和消费者的同谋合作中形成的。消费享乐主义于是成为消费者"自由"和"幸福"的体现，成为被国家系统、经济系统和文化系统所接受、鼓励和恩惠的"消费者情感和价值"。

在某种意义上，消费享乐主义成为消费者的一种"鸦片"，因为它在教导人们消费至上、挑动人们的消费激情的同时，也麻痹了人们的意志，使人们沉浸在物质享乐中而忘记了资本主义所带来的种种问题。用弗洛姆的话说，现代资本主义把人变成消费机器，变成彻底的消费者，因而人变成机器的一个附件，而不再是人（弗洛姆，1998：117）。因此，布西亚指出，"消费是社会控制的一个强有力的因素"，"消费是一个巨大的政治领域"

(Baudrillard，1988：53）。在资本主义社会中，社会的需要和政治的需要必须转变成个人的本能的需要，"虚假的需要"必须变成一种意识到的"真实的需要"（马尔库塞，1998：13，31，59）。而消费享乐主义则掩盖了在背后操纵消费者欲望和热情的资本与权力的作用，仿佛消费是消费者自己的"自由"和"幸福"。因此，消费享乐主义作为一种主流的情感和需要的满足形式，恰恰服务于资本主义社会的需要，并有助于维护资本主义的秩序。换言之，对物的消费热情不但冲淡了人们对资本主义所造成的矛盾（贫富差距和社会不公、经济与环境的矛盾、发达国家与第三世界的矛盾等）的怨恨和不满，而且使资本主义获得了源源不断的消费情感的支持。而消费享乐主义所导致的对新产品的不断需求，又为资本主义的发展提供了市场保证和动力。

消费享乐主义充当了资本主义机器的"润滑油"，发挥了对资本主义制度缺陷的补偿作用。在资本主义社会，个人作为"生产者"角色和作为"消费者"角色发生了分化。在"生产者"角色中，个人被迫要求对自己的本能冲动和情感进行自我约束，否则就会招致惩罚。个人常常要为自己无节制的情感冲动而付出代价（如因控制不住情绪而赶跑了客户）。因此，在与客户进行交易的过程中，面对客户的百般挑剔也得笑脸相迎，而不能发怒或报以冷冰冰的长脸。这种因工作需要而造成的情感压抑，是逻各斯现代性所固有的情感异化现象。因此，它必须有某种制度性补偿，如娱乐、休闲、旅游和消费。在这些制度性补偿中，人们有意放纵自己的情感和冲动（如观看足球或拳击比赛时大喊大叫），以宣泄和释放情感，从而对工作中的情感压抑进行某种补偿。正是这些制度性补偿的作用，使得工作中的情感压抑变得可以接受或忍受，从而逻各斯现代性（经济系统和国家科层组织等）得以延续下去。

3. 从消费享乐主义到公共冷漠主义

消费享乐主义还同西方资本主义所固有的个人主义价值有着密切的联系。个人主义包括哲学个人主义、政治个人主义、经济个人主义、宗教个人主义（如新教主义）和方法论个人主义等形态。总的来说，它是强调在社会行动和事务中个人的独立自主性的一种学说和价值观。在历史上，个人主义是同专制主义相对立的一种学说和信仰，它反对国家权力对个人的本性和行为的干预，强调财产私有制和市场经济的自由运作。个人主义强调个人的自我负责精神和独立自主性，主张个人充分行使自己的权利，并对自己的命运负责。表现在行动上，个人主义鼓励发挥个性，积极参与竞争，并以个人的成功为最高目标。表现在消费领域，个人主义将消费看作是个人成功的证明，因而极力突出消费的符号性质和享乐功能。一方面，消费是个人成功、身份和个性的一种符号，因而成为个人进行自我展示的符号工具；另一方面，消费所具有的享乐性质，又被看作是对个人努力工作的一种奖赏和回报。因此，消费享乐主义是与消费个人主义相联系的一种行为价值体系。个人主义由于突出个人的本性，反对禁欲主义，因而同享乐主义有着内在的联系。

但是，在历史上，以新教伦理为代表的宗教个人主义则是反对享乐主义的。韦伯（Weber, 1970）认为，这种以禁欲和自律为特征的新教伦理，代表了资本主义精神，是资本主义的文化条件。但是，在当代资本主义社会，这种新教伦理只存在于逻各斯现代性中。而在爱洛斯现代性中，则是"罗曼蒂克伦理"（"Romantic Ethic", Campbell, 1987）或"玩乐伦理"（"Fun Ethic", Bourdieu, 1984）支配着人们的行为。罗曼蒂克伦理代表的是一种近代消费主义精神。正是由于这种精神，消费者才会不断产生对新产品的需求，也就是说，具有源源不断的需求能力，而这种不断形成的对创新产品的需求能力不断地刺激资本主义进行产品创新，并为资本主义准备了不断更新和扩大的市场条件（Campbell, 1987）。罗曼蒂克伦理是一种情感性的和想象性的消费精神，它不是对新教伦理的反动，而是对新教伦理的必要补充。它使消费成为一个合法的、崇高的和具有美感的情感（快乐）宣泄与满足的领域和渠道。

消费享乐主义助长了消费个人主义。消费个人主义主张以个人为本体和基础的消费体制，反对以社会或国家作为消费的基本体制，主张大力削减社会公共消费。尽管消费个人主义不等于"自私"（参见汤林森，1999：233），但它至少助长了自私，削弱了对社会公共事务和对他人的关心（贫困、环境、公正、第三世界的债务负担和饥饿等）。因此，在消费个人主义与公共领域或社会整合之间产生了一种深刻的矛盾（Baudrillard, 1988：52－53）。也就是说，一方面，资本主义系统产生了越来越多的消费个人主义，使消费者越来越关心自己的消费和私人利益，而不关心社会公共事务；另一方面，公共领域的维持又要求利他主义的意识形态（关怀、社会改良、施舍救济、福利和人际关系）并压抑消费个人主义。利他主义于是成为消费个人主义之外的一种补充性的意识形态。消费个人主义导致了公共冷漠主义，削弱了社会同情和关心。由于消费资源的不平等配置，消费个人主义在关心一部分人的消费利益和享乐的同时，牺牲了其他人的消费公民权（如在海滨名胜区建别墅破坏了风景）。因此，消费个人主义在鼓励个人消费享乐的同时，引发了中、上层消费者阶层的妒忌和相互攀比与下层消费者阶层的怨恨和不满。可以说，消费个人主义在一定程度上导致了资本主义的社会整合危机。

消费个人主义使消费者的情感宣泄和满足越来越从人际关系转向人与物的关系。消费个人主义与现代性中人际关系的弱化和人际情感的淡化呈相互作用的关系。一方面，人际关系的弱化和人际情感的淡化，促使人们将情感投向物和消费品。人们没有真心的朋友和伙伴，于是就产生了对宠物的依赖。人际交往技能的弱化和人际沟通渠道的减少，迫使人们转而与物发生情感关系（DIY、收藏、装饰、购物等）。另一方面，对消费品的热情反过来又进一步削弱了人际交往技能和人际情感。购物的激情取代了交往的激情，消费的技能取代了沟通的技能（Bauman，1987）。这种人际情感的淡化和人际关系的疏远化，导致"情感服务"（心理安慰、热线电话、应召女郎等）作为消费品被推向市场。这种模拟和虚假的"情感"产品和服务，恰恰是对现实社会中个人的孤独感和空虚感（人际关系弱化和人际情感淡化）所引起的人际情感需求的市场反应，是人际关系和情感的冷漠主义的某种体现。

综上所述，消费享乐主义是当代资本主义社会的一种情感宣泄和满足的合法方式，是对资本主义逻各斯制度的一种必要的补充。但是，消费享乐主义在带给个人消费快乐的同时，也具有它内在的矛盾，成为一种矛盾性的情感宣泄方式。

三　情感的社会沟通方式与营销沟通中的情感诉求

上面说过，人的情感要有宣泄、释放和满足的渠道。在现代性条件下，由于人际关系的疏远化和人情的淡化，使得人们越来越把情感满足的渠道从人际关系转向人与物的关系。但是，这并不是说人们之间就毫无情感交流、沟通和支持了，而是说，这种情感关系越来越限定在亲密关系中，情感沟通的圈子越来越小了。也就是说，人们的情感生活和社会生活越来越被分割开了。情感生活是与亲密无间的人联系在一起的，而社会生活则越来越没有人情关系,越来越成为一种契约和交易关系。当然,这并不是说在亲密关系之外就丝毫不存在任何情感的因素,而是说,情感沟通方式与情感支持的强度随着关系的亲疏远近而有所不同。情感沟通与情感支持是情感生活中的重要内容。研究情感沟通和支持的社会方式有助于加深我们对维系社会关系和社会过程的微观基础的了解。

1. 情感的社会沟通和社会支持方式

情感的社会沟通方式。情感作为一种心理体验,既有个体性,又有社会性。就后者来说,情感是要以某种社会方式进行沟通和交流的。情感沟通的社会方式是情感沟通的技术手段和社会形式的统一。按情感沟通的技术手段来分,情感的沟通方式包括口头沟通、书面沟通和电子沟通等方式(参见 Poster,1990)。与这些沟通手段相适应,分别出现了口头文化(如民间传说)、书写文化(书信)、印刷文化(书报传媒文化)和电子文化(现代电子传媒文化)。同这些技术沟通手段相对应,出现了情感沟通的四种社会形式:双向、面对面的沟通形式(以口头沟通为手段),双向、非面对面的沟通形式(以书信、电话和电子邮件、传真为手段),单向、面对面的沟通形式(以口头沟通为手段,如上级对下级发火、单相思者向心上人表白),单向、非面对面的沟通形式(以书写、印刷和电子信息为手段,如书刊、影视和电子传媒、上级通过文件对下级的宣传鼓动等)(见表 5-1)。

表 5-1 情感沟通的社会形式

	面对面	非面对面
双　　向	双向、面对面	双向、非面对面
单　　向	单向、面对面	单向、非面对面

现代社会,尤其是城市化社会在情感的社会沟通方式上的变化之一就是面对面的、以口头沟通为手段的双向沟通的范围越来越小,越来越限定在亲密范围。情感的沟通越来越成为一种以大众传媒为主导的、单向的形式,越来越成为可以由权力团体借助于大众传媒所操纵的过程。于是,人们的情感生活越来越成为情感消费和模拟情感,并越来越具有某种同质性。例如,西方的观众在观看有关空难、非洲饥民和海湾战争的新闻时,实际上是在消费快乐的"同情"、"惊讶"和"恐惧"(一种变相的麻木),而丧失了真正的同情心和同情行动。用梅斯特罗维奇的话说,当代西方社会

是一个"后情感社会"(Mestrovic, 1997)。

情感的社会支持方式。情感支持是人的情感生活的一个重要的部分。所谓的情感的社会支持是指向他人进行情感倾诉并从他人那里获得情感安慰和心理依赖。例如,父母与子女之间、情侣或夫妇之间、朋友或亲戚之间等,都构成相互性的、较强的情感社会支持。情感支持的强弱与情感沟通的各种具体方式是密切联系在一起的。沟通方式不同,情感支持的强弱也有差异。一般来说,双向的情感沟通方式比单向的情感沟通方式、面对面的情感沟通方式比非面对面的情感沟通方式所达到的情感支持效果更强。

传统的情感社会支持可以依据支持强度的大小概括为以下几种不同的社会关系网络:一是血缘与亲密关系,如家庭与情侣关系等。二是朋友、亲戚与邻居关系。三是社区成员关系,如同在一个教堂做礼拜,在同一个酒吧喝酒,同为一个业余爱好俱乐部的成员,等等。四是制度性情感支持(如中国的单位成为许多人的情感依托)。五是偶像崇拜关系。通过对偶像的崇拜,也可获得某种单向的情感社会支持。六是电子网络的匿名朋友关系。随着电子网络技术的发展和普及,一种新型的情感社会支持方式浮出了水面,那就是网络上的匿名情感支持。网上聊天和情感沟通导致"电子社区"(本杰明,1999)的产生,使人们的情感社会支持的范围大大扩展了,并突破了年龄、性别、长相、地域、职业等因素的限制。七是大众传媒文化。传媒是社会沟通的一种单向的形式,同时也是一种主要的情感沟通方式,并能达到情感支持的效果。它通过各种节目或栏目传播某种理想、价值和情感,而给予观众或读者以某种情感支持,成为他们在休闲时间的情感和心理依赖。

2. 广告的情感沟通方式与对情感资源的利用

广告是营销沟通中的一种主要手段和工具。在营销实践中,广告成功地借助情感因素来达到与消费者进行情感沟通的目的,从而"俘虏"了消费者的情感,唤起了他们的购买欲望。

广告的大量出现至少有两个条件:一是市场竞争;二是大众传播媒介的出现。从最初的产品信息的传播,到产品形象的塑造,再到产品的人格化沟通,最后到把产品作为生活风格的载体,广告逐渐从信息沟通阶段进化到社会沟通阶段(其中包括情感沟通)(Leiss, Kline, and Jhally, 1997)。随着市场竞争的加剧,市场对消费者的"注意力"(attention)的争夺越来越激烈。因此,单纯介绍和宣传产品信息已经无法"说服"消费者。广告的目的不仅仅是为了吸引消费者的目光和注意力,更重要的是要触动消费者的心灵、情感和欲望。因此,广告传播只有从更广的角度,从诉诸文化资源、社会价值和大众情感的角度,才能真正吸引消费者。因此,广告不仅仅是"信使"和"信息公告",而且还是一种"说服"。但广告的说服不仅仅要借助修辞和风格技巧,更重要的是要借助社会沟通技巧,即一种来自社会又反馈到社会的沟通技巧。作为一种社会沟通技巧,广告不但要诉诸理性,向消费者讲清道理,而且也要诉诸情感,从心灵深处打动消费者。因此,广告是一种重要的情感的社会沟通方式。

观众对广告的反应可以分为"思考性"(或"认知性")反应和"情感性"反应。思考性反应是一个逻辑的、理性的思考过程;与此相对应的广告便叫做"思考型广告"。情感性反应则是一个由广告所触动的情感过程;与情感性反应相对应的广告叫做"情感型广告"(巴拉特、梅耶斯、阿克,1998:279)。消费者对广告的情感性和思考性反应,都有一个介入(involvement)程度的高低问题。因此,根据介入程度的高低与反应的情感性和思考性的差异,可以把消费者对广告的反应分为四种类型:高介入的思考性反应(如汽车、电视机、照相机、人寿保险),低介入的思考性反应(如手巾、吸尘器、汽油),高介入的情感性反应(如跑车、名贵手表、化妆品、金银饰品、时装),低介入的情感性反应(如啤酒、香烟、洗手液)(巴拉特、梅耶斯、阿克,1998:281~285)。一般来说,当面对新的、陌生的或性能较复杂和重要的消费品,消费者往往倾向于寻找"硬"的产品信息,因此广告的形式便以思考型为好。而对一些修饰性、象征意味较重的产品,消费者更注重对产品的感觉和情感,因此,广告的形式以情感型为好。但是,不论思考型广告还是情感型广告,"思考"与"情感"都不是绝对对立的。在思考型广告中可以包含"情感"成分,在情感型广告中也可以包含"思考"成分。可见,不论何种形式的广告,一定程度的情感沟通都是不可缺少的。广告中的情感沟通对塑造或改变消费者对产品的态度发挥着重要的作用。

由于广告是借助单向传播的大众传媒出现的,因而是一种单向的、非面对面的沟通方式,其情感沟通效果比不上面对面的、双向的沟通方式。因此,为了弥补这些不足,广告在沟通方式上使用了一些特殊的技巧,以达到广告沟通的人格化和情感化,并产生"社会亲和力"。要引起消费者的情感性反应,就要了解消费者的社会价值和关注点,即消费者的"情感的文化源"。情感的文化源由那些为生活在社会中的人们所共同拥有的一些基本的观念、价值、目标和理想构成。广告沟通就是要利用这些情感的文化源,对之进行改造和提炼,在此基础上塑造一定的广告形象,并以这种形象反作用于消费者,使消费者产生对产品的文化亲和反应,即积极的、正面的情感性反应。例如,在西方的广告中,情感的文化源同西方的一些基本价值、观念、目标和理想有关。与其相关的各种广告形象有(Dyer, 1982:92):

　　幸福的家庭;
　　富裕的、豪华的生活风格;
　　梦境与幻象;
　　浪漫与爱情;
　　重要的人物、明星和专家;
　　美妙的地方;
　　职业或工作的成功;
　　艺术、文化和历史;
　　自然界和自然的世界;
　　美女;
　　自重和自豪;
　　喜剧和幽默;
　　孩子和稚气。

　　广告的作用就是把人们在社会中对美好的东西、生活,对理想和价值的憧憬、向往、热爱等情感转移到产品中,使产品同这些情感发生联想关系,从而使消费者对产品产生一种积极的、正面的和有利的情感性反应与态度。在常见的广告的情感沟通中,所利用的最主要的情感资源有以下三类:温暖和热情、幽默、恐惧与焦虑(巴拉特、梅耶斯、阿克,1998:302~307)。

　　在广告的情感沟通中,"温暖"是一种常见的情感效果。温暖往往同家庭、儿童、朋友等因素联系在一起。因此,广告常常借助观众的"同情"或"移情"因素,利用情侣、夫妻、母(父)子、兄弟姐妹、朋友、家等形象因素来传达一种温馨、幸福、亲切的感觉和情感,从而达到一种"爱屋及乌"的效果,使消费者对产品形成肯定的情感和态度(巴拉特、梅耶斯、阿克,1998:302~303)。此外,欢快和热情(如度假、聚会、婚礼、生日晚会等)也是广告常常利用的形象因素,被用来创造一种令人喜悦和欢乐的情感氛围。这种情感氛围借助联想作用而附着在产品上,使产品获得了一种额外的心理或情感附加值。

幽默是一种常见的广告风格。幽默本身不是情感,但是它能引发欢快、愉悦、快乐和喜爱的情感。幽默能够吸引观众的注意力,提高观众对品牌的记忆力,创造一种良好的情感氛围,化解消费者对品牌广告的逆反心理。不过,对幽默的利用也存在问题:第一,不同的消费者有不同的幽默感,因而一些人感到幽默的东西,另外一些人却觉得荒唐、无聊和浅薄。为此,广告商常常针对不同的目标群体来决定是否采用或采用何种幽默策略。第二,幽默在吸引消费者对品牌的注意力并使其产生喜爱的感觉的同时,也可能妨碍消费者对产品的主要特点的了解。此外,幽默还同文化有内在的联系。例如,英国是一个幽默的国度,因而英国的广告比美国的广告对幽默的利用要更多(巴拉特、梅耶斯、阿克,1998:303~305)。同时,由于文化因素的影响,在一些民族看来是幽默的东西(如幽默的安全套广告),在另外一些民族看来则是不能忍受或令人恼怒的。

对某种威胁的恐惧和焦虑是不同于温暖和幽默的另一类型的情感资源。广告对这类情感资源的利用的目的,是通过触发消费者对某种威胁的恐惧和焦虑情感,从而推出某种产品作为防止他们受到这种威胁的解决办法。这常见于汽车保险、财产保险、健康保险、保健药品等广告,以及政府关于行车安全(限制车速、系安全带、禁止酒后开车)、预防艾滋病、禁烟、禁毒和计划生育(对人口爆炸的恐惧)等公益广告(巴拉特、梅耶斯、阿克,1998:305)。除了对某种威胁的恐惧和焦虑,一些对个人的社会损失和遗憾的忧虑也成为许多与身体有关的广告所利用的情感资源。例如,对自己的一些生理缺陷(如狐臭、口臭、"青春痘"、过胖、秃顶等)的顾虑和对失去朋友、地位、工作的担忧,等等,成为一些相关产品广告常常利用的情感因素。不过,广告对恐惧和忧虑等情感资源的利用也有一个"适度"的问题。广告中所渲染的恐惧感太弱,不能引起消费者足够的情感性反应;但是,如果所渲染的恐惧感太强,则会引起消费者紧张,导致其回避观看这类广告。最后,挑起恐惧或担忧的情感,并不是广告的最终目的,广告的目的是要提供一种现实的、可接受的解决问题的办法(巴拉特、梅耶斯、阿克,1998:305~306)。广告通过引起消费者对某类威胁或问题的担忧、恐惧和焦虑,从而提供某种可信和可行的解决方法(如治疗狐臭的特效药品),便达到了推销某种产品的目的。可见,广告中情感的社会沟通是以"关心"消费者的方式向消费者推销产品。产品的营销方式充分利用了情感的社会沟通方式。

3. 情感消费:情感社会支持的市场化形式

上面说过,社会关系的弱化和社会中情感生活的淡化和私密化,经常导致以物作为情感支持的替代品(如宠物、花卉、家庭摆设及收藏品、满足嗜癖之物、购物狂所购之物等)。因此,在西方消费社会中,对消费品的激情和情感依赖成为情感"沙漠"中情感支持的又一种方式。可以说,人情的淡化助长了恋物情结,即对物的情感依恋和心理依赖;恋物情结又反过来强化了人情的淡化。因此,西方现代性中人情的"沙漠化"与西方消费主义的恋物情结是息息相关的。但是,除了恋物情结,西方的消费者也依赖市场来获得情感的支持,即对情感进行消费。市场对西方消费社会中的人情"沙漠化"进行了及时的反应。人们有对"情感支持"和"情感安慰"的需求,于是,市场就提供了相对应的"情感"消费品以满足这种需求。在这里,"消费品"既包括硬性商品,也包括软性服务。可以说,在西方社会,情感已经在一定范围内商品化了,成为可以消费的商品和服务。

在商品社会,任何东西在原则上都是可以转变为商品、可以商品化的,尽管这种普泛的商品化原则受到文化和道德的限制。就情感来说,它的商品化现象可以追溯到古代(如妓女的"卖笑"现象)。但是,在现代商品社会,情感的商品化已经不是个别现象,而成为一种制度化的产业。情感的市场化、商业化和产业化成为情感社会支持的一种市场制度形式。也就是说,情感消费是现代西方消费者获得情感社会支持的另类形式。

根据制造"情感消费品"的产业来分,情感产业有以下几类。

第一,心理咨询产业。它的从业人员是受过专业训练的心理医生。它所提供的情感消费品是"心理安慰",以解决人们的心理问题和情感困惑为目的。它是一种制度化的、市场化的和专业化的情感产业。以美国为例,心理咨询业已是一个很大的产业。看心理医生已经如同看病一样,成为非常普遍和司空见惯的事情。

第二，流行文艺产业。它的从业人员主要是各种受过专业训练的或有某种天赋的文艺工作者。它通过提供各种流行文艺产品，来抒发某种情感、情绪、感受和观念，从而使消费者获得某种情感的支持和安慰。琼瑶的言情小说、邓丽君的抒情歌曲、崔健的摇滚乐、李春波的《一封家书》和《小芳》等温情歌曲、澳大利亚的长篇电视肥皂剧《邻居》、英国的长篇电视肥皂剧《溪边》等，均属于流行文艺产业所提供的较典型的情感消费品。流行文艺产业不仅是一种市场化、制度化的情感产业，而且是消费者情感社会支持的主要市场制度形式。以文艺为载体的情感产品的制造不仅仅要遵循艺术本身的规律，更重要的是要遵循市场的规律，即消费者的情感脉搏及其情感需要的变动趋势。

第三，娱乐产业。它的从业人员主要是管理人员和一般的工作人员。娱乐产业通过一些产品（如游乐设施、电子游戏机等）和服务（如歌舞厅服务员的服务）来出售"快乐"消费品。顾名思义，人们进行娱乐，就是花钱买乐，图个高兴和痛快。因此，娱乐产业主要是通过提供一些刺激性产品来制造"快乐"。因此，消费者从中获得的主要是感官的刺激和愉悦。但是，这种感官快乐并不能真正解决人们内心的情感问题。它所提供的情感支持功能主要是使消费者摆脱现实中的情感空虚和苦恼，因而是一种暂时的"解脱方式"（Rojek，1993）。

第四，体育产业。它的典型是足球产业。体育产业的从业人员是经营管理人员、教练和运动员。它所提供的情感产品是"紧张"、"刺激"、"激动"、"自豪"和"认同"等，其情感产品是以观赏性的比赛为载体的。体育产业不但为消费者提供了一种情感宣泄的合法渠道，而且为消费者提供了一种情感支持。体育产业所提供的情感支持是一种社区认同情感或民族认同情感，如为自己的俱乐部或国家队加油呐喊，就是这种认同情感的体现。通过观看体育比赛，消费者获得了一种社区或民族的自豪感，从而获得了一种情感的社会支持。以足球为例，观看足球比赛实际上是在寻求一种社区的认同和情感。在英国，球迷对足球的热情可以说到了发狂的程度。对他们来说，足球场就是他们的教堂。每隔两周上自己社区足球俱乐部的足球场看球赛，实际上相当于上教堂做礼拜，体验一下社区的集体情感和情绪，从而重温自己的社会认同。足球产业在欧洲发达国家是一个巨大的产业。每个狂热的足球迷一年花在足球嗜好上的钱达到几千英镑,超过了每年的房屋按揭供款或汽车按揭和维护使用费。

第五,旅游产业。旅游的形式是多种多样的。在一般的意义上,旅游产业所提供的情感支持类似于娱乐产业,也是为消费者提供"快乐"、"愉悦"的情感和"新奇"、"新鲜"的感觉。在这个意义上,旅游也是一种消费社会的"解脱方式"。但是,在具体的旅游形式中,民族旅游和做客旅游是一种较典型的寻求情感的社会支持的方式。所谓民族旅游,就是来自发达国家和地区的旅游者,因不满于都市社会人情的淡薄和人际情感的虚假化,而到偏远贫穷(通常是第三世界)地区的少数民族那里体验当地居民真实、自然、朴素和诚挚的情感,好客和热情。这种情感对这些游客来说,就是一种难得的情感支持。如果这种类型的旅游是以做客的形式出现,旅游者与某个居民家庭同吃同住,那么,它就叫做"做客"旅游。做客旅游既是一种商业性的情感消费,又是一种获得情感安慰和支持的社会形式。一些来自发达国家的下层阶层的旅游者,还通过体验第三世界居民对发达国家居民的尊敬和热情,来达到提升"自我"地位和自豪感的目的(Dann,1977)。

第六,大众传媒产业。它包括报纸、杂志、电视、广播、音像制品等产业,同流行文艺产业(如电视剧、流行音乐等)存在某种交叉关系,但还是可以同流行文艺产业区别开来的。大众传媒是一种单向的(传媒制作人——→受众)的情感支持方式。在大部分国家和地区,它也是一种市场化制度。大众传媒不但向受众传播信息,而且更重要的是向受众传播为社会所接受的价值、理想和情感。因此,受众在消费大众传媒的同时,也在消费某种情感,重温某种价值。而情感和价值又往往成为大众传媒所利用的吸引受众的因素。大众传媒的普及,不但为人们提供扩大了的满足情感需要的社会来源,而且也成为人们进行情感沟通的一种谈资。但是,大众传媒导致情感生活的同质化。千千万万的观众/读者为一个共同的故事、报道或新闻或悲或喜,因此,大众传媒是最大的情感制造产业,是情感支持的最大的社会来源,是情感消费的最大的供应者。

第七,电脑网络产业。电脑网络是信息产业,但是,它在某种范围内也可以被看作是情感产业。电脑网络上的匿名聊天,创造了一个"电子社区"(本杰明,1999),使人们之间的情感沟通和消费摆脱了国界、地域、民族、肤色、性别、年龄、职业等因素的限制,而使情感满足的社会来源被大大地扩大了。尤其值得注意的是，由于情感沟通采用的是匿名方式，人们既可以非常真实地表达自己的情感，又可以随心所欲地编造有关自己的虚假信息。网上聊天因此在构造一个虚构的"真实"、一种虚拟的情感世界。网上聊天实际上是一种情感消费的形式；一种对虚拟情感的消费。这种对虚拟情感的消费是对现实中人际关系疏远化和人情淡化的一种补偿形式。

以上这些产业均是情感产品和服务的制造者，是现代消费社会中消费者获取情感社会支持的一种市场化和制度化形式。这种市场化的情感社会支持方式的出现，是现实社会中人际关系疏远化和人情淡化的产物，它反过来又进一步促进人际关系的疏远化和人情淡化。

四 情感的社会表达方式与服务行业

对情感符号的管理和控制情感的社会沟通必然涉及情感的表达。而情感的表达又必然涉及情感的表情（人的脸部有7000多种表情）和语言。人的内心和情感表达涉及"诚实"与否的评判标准。这个问题的提出，是同现代性所造成的人际情感关系的虚假化紧密相联的。在现代社会中，"角色"和"个人形象"的压力使"自我"在日常生活中的呈现成为一种策略性和管理性行为。为了在他人面前或公共场合给人留下一个好的印象，个人会根据社会对"角色"和"形象"的要求与期待而对自己的行为、情感、表情和语言进行管理和控制。于是，自我发生了分化：一个是在"前台"的、表演性的"自我"，另一个则是在"后台"的、真实的"自我"（Goffman，1959）。于是，在社会的"可视"（visible）场合，个人成为一个表演者、一个情感演员、一个迎合社会期待的"社会自我"，其情感表情只是一种表演的符号和道具，不具有真实性（MacCannell，1973）。

于是，现代社会中人的情感的社会表达方式出现了一个悖论：一方面，人们之间的情感表达越来越虚假，人们也越来越明白他人的情感表达的虚假性、礼貌性和缺乏真实性；另一方面，随着竞争的加剧和角色压力的加大，人们又不得不借助夸张的、虚假的和伪装的表情来表达一个"热情"的、"诚实"的自我。这种矛盾现象在商业性的服务机构中表现得最为突出。在商业性的服务机构中，情感符号成为一种产品和服务的一部分而被纳入管理过程，因而成为受到管理阶层控制和干预的对象。服务工作者"微笑"的表情（热情、温暖）成为公司的形象标志和服务产品的内在构成部分，成为服务工作者出售给雇佣者的一种"情感劳动"，并可以为公司创造利润。因此，服务工作者的"微笑"不是发自内心的，而是一种"情感劳动"，一种被雇佣者所剥削的情感劳动，因而是一种工具性行为，而不具备真实性（Hochschild, 1983）。在这里，情感表情作为一种符号，其内涵发生了变化。它不是人内心情感的真实流露，而是公司形象的符号象征和职业的角色要求。情感符号成为公司和资本所操纵的一种符号系统，成为资本谋取利润的符号工具和手段。作为市场的一种手段，服务性情感成为一种非人格化、职业化、市场化、制度化、标准化和产品化的情感。

服务工作者作为情感劳动者，成为情感异化的牺牲品。因此，他们的自我分裂为两个部分：一个是在岗位上的自我，即戴上了情感表情"面具"的职业化的自我；另一个是在私人空间中的自我。职业化的自我是一个"情感机器"，按职业的"情感程序"而机械地从事情感服务（如机械性的职业"微笑"）；私人空间的自我则是一个真情流露的、真实的自我。这种自我的分裂，不但是情感和服务工作者所具有的现象，而且是资本主义社会中的一种普遍现象。

从消费者的角度看，他们知道这种情感表情的虚假性。但是，他们与公司雇佣者和资本一道，成为服务情感虚假化的同谋合作者，因为消费者是服务工作者的互动者，其行为必然影响服务工作者的角色。消费者不能容忍服务工作者的怠慢、轻蔑、嘲笑、敌意等不友好的情感，尽管这种情感是那么的真实。而一旦消费者的意志成为市场的主导，服务工作者的情感和态度便被纳入公司的控制和管理过程，服务工作者被要求对一切消费者笑脸相迎，热情友好，一视同仁，老少无欺。这种由市场化力量所导致的服务态度的平等化和标准化，与那种非理性的种族歧视和情感任性相比，无疑是历史的一大进步。但是，它却是一种"好恶交织"的进步。

消费者对服务情感虚假化的反应之一就是"犬儒主义"，即一种玩世不恭的态度。也就是说，他们明白服务情感的工具性和虚假性，因此并不把这种"虚假"的热情当真，并不把这种"热情"当作真正的热情。这种犬儒主义态度于是成为消费者对待社会关系的一种普遍态度，即怀疑一切的态度。这种犬儒主义态度反过来对服务情感质量提出了更高的要求。

综上所述，在市场中，情感并不是个人的事情，而是被纳入经济系统、受到社会和经济力量控制的一种因素。市场和公共领域的情感表达的标准化、虚假化、工具化和制度化是社会现代化以后市场（情感作为符号和工具）、文化（情感作为礼貌）和社会（情感作为社会互动）等力量共同作用的产物。情感表达的虚假化和对情感表达的真实要求，是现代性造成的一个内在的矛盾。

第六章
消费与文化

  消费社会学不同于消费者行为学的地方在于，消费者行为学把消费看作是个体的行为，而消费社会学则不但把消费看成行动，而且把消费看成文化。这样一来，就克服了消费者行为学的传统缺陷——个体主义和行为主义。从消费者行为学角度看，一切消费均可归结为个体行为，它是消费现象的基本单位和细胞。从社会学角度看，消费并不仅仅是个体行为，同时还是一种共有行为，是一种同时为许多人所共同表现出来的文化。消费者行为学从其行为主义的方法论出发，认为消费就是可观察的行为，一切主观心理活动只有转化成可观察的行为才是有意义的，否则就没有任何意义，是形而上的。从社会学角度（理解主义）看，消费不仅仅是可观察的行为，它同时还包括不可观察但却可以理解的价值、信仰和想象（即文化要素）。从社会学角度把消费当作文化来看待，消费就显示出其内在的连贯性和一致性，在这个意义上，消费是文化系统，而不仅仅是行为。不过，指出消费者行为学的局限并不是要否认其学术价值和意义。本书的观点是，消费可以而且也有必要从行为学角度来加以研究，但是，不能把消费仅仅局限在行为领域来加以研究，还必须把消费看作是文化。本书第6~9章的目的就是讨论消费与文化的关系。

一 文化的概念

  在弄清楚"消费文化"的意思之前，有必要先来厘清"文化"的含义。迄今为止，恐怕没有哪个概念像"文化"一样，使用得最为频繁，却又最难对其下一个统一的定义。美国人类学家克罗伯和克拉克洪在其1952年出版的著作中，就总结了164种对"文化"概念的不同理解（转引自童恩正，1998：10）。由此可见，试图对文化下一个被普遍接受的定义是极其困难的。同时，由于篇幅的限制，在这里，也不可能对各种有关"文化"的用法和含义进行回顾总结，因为仅这一项任务就能构成一部专著的内容。这里只能就文化概念进行一番有选择性的、扼要的讨论。

那么，文化是什么呢？大体说来，有三种关于文化的定义有比较大的影响：实体主义、规范主义和表现主义。实体主义的文化观认为，文化就是人类创造的、同自然相对应的一切东西，包括人造器具、制度环境、典章习俗、语言文字和精神产品。这一文化概念是人类学家较多使用的，如英国的马林诺夫斯基、拉德克利夫－布朗和中国的梁漱溟（1987：1）。苏联和国内部分哲学界人士所认为的"文化是人类所创造的一切物质财富和精神财富的总和"，也是类似的实体主义的文化概念。规范主义的文化观认为，文化是用于支配和调节人的生活方式、社会关系和社会制度的价值规范系统，包括信仰系统、规范系统和价值系统。价值规范系统是人的行为何以能够模式化、体系化和连贯化的原因。新康德主义流派和美国社会学家帕森斯持的就是这种文化观。表现主义的文化观则认为，文化就是语言、文学和艺术等表象或表征（representation）系统，用于表现或再现某种意义、观念、价值、理想或情感。18世纪法国的百科全书派哲学家狄德罗持的就是这种观点。此外，还有许多其他有关"文化"的用法，在此就不一一列举了。

仅就以上所说的三种文化观来说，可以说各有利弊。就弊来说，实体主义的文化观显得过于宽泛，难以区分各种文化的不同；同时也过于静态，难以说明文化演进的动力。规范主义的文化观则过于强调某种文化的一致性和协调性，难以说明文化内部的冲突、对抗和失衡以及冲突的物质基础。表现主义的文化观又显得过于狭窄，否认了文化的大众性和通俗性，体现出文化精英主义者的贵族化偏见。但是，这三种文化观也有各自的优点。实体主义的文化观强调了文化的实体性，注意到了文化的载体、素材和感性形态。规范主义的文化观坚持了文化的规则性和模式性。表现主义的文化观认识到文化的意义及其象征、再现、传播和疏导作用。为了克服这三种文化观的局限，并发挥它们各自的长处，有学者对这三种文化观进行了某种综合。例如，向翔在《哲学文化学》一书中就把文化区分为三类：第一类，产生于人与自然的关系中的文化，即被人改造过或者被人创造出来的自然物；第二类，产生于人的各种社会关系及其相应行为中的文化，如社会结构、道德习俗、行为规范和礼仪制度等；第三类，在前两种文化产生的基础上，产生于人的创造性思维的文化，即精神文化，包括一般观念和意识形态。这三类文化是沿着由物质到社会再到精神的历史顺序产生和发展的（向翔，1997：29~31）。无独有偶，人类学家李亦园先生则把这三类文化分别称为物质文化、伦理文化（或社群文化）和表达文化（或精神文化）（李亦园，1999：71~72）。物质文化是人类"克服自然这个敌人"的产物（李亦园，1999：70）。"所有的工具、衣食住行之所需，以至科技的发明、电脑，所有这些都是要克服自然界给我们的限制，以便从自然界得到我们生活所需要的东西，我们称它为物质文化，这是文化的一部分。"（李亦园，1999：71）伦理文化（或社群文化）是"为了跟他人相处"而创造的，是"用来作为道德规范，包括典章、法律、国际公法，用来形成家庭、宗族、氏族所有的制度与规范等这样的事情"（李亦园，1999：71）。表达文化（或精神文化）是用来安慰和表现人的情感的。"人类必须要创造一些东西，一方面表达自己的感情，一方面又因为这些表达的创造又倒过来安慰我们自己。这些表达如文学、音乐、艺术、思想等即是种种不同的精神文化，而且更重要的也包括宗教。"（李亦园，1999：71）尽管李亦园和向翔的分类略有不同（如向先生的"制度文化"和李先生的"伦理文化"就不同），但这种分类法还是抓住了文化在物质、制度规范和精神领域的"载体"的不同，因而是对实体主义、规范主义和表现主义文化观的综合。但是，很显然，在这里，物质实体、伦理制度和精神表象仍然还是被看成三个在空间中平行的文化实体。它们本身以及相互间的层次性和结构性则被忽略了。

各类文化间的层次性在何星亮的《中国图腾文化》一书中受到了重视。在该书中，文化被视为有其时间层和空间层。就文化的空间层来看，文化分为表层文化、中层文化和深层文化。表层文化是"以物质或物化形态表现的，它是外显的，是摸得着、看得见的"（何星亮，1992：4）。"中层文化是以人的行为活动或行为化的方式表现的，它不像表层文化那样外露，但也不像深层文化那样隐蔽，虽然摸不着，但能看得见或听得见"（何星亮，1992：4）。"深层文化是以人的意识形态表现的，它是无形的、内隐的,不易觉察的,它是蕴藏在人的头脑中的宗教观念、价值观念、家庭观念、婚姻观念、政治观念、法律观念、审美观念及其他各种信仰等"(何星亮,1992:4)。这种文化的层次观可以说是文化观上的一种深刻的洞见,摆脱了那种将物质文化、规范文化和表达文化当作在空间中平行并列的实体的倾向,从而使文化的总体系统体现为一种立体的层次,而层次划分的标准在于可观察和可感触性。不过,虽然三个层次的文化被认为是"你中有我,我中有你"(何星亮,1992:6),但它们之间的分层还是外在的层次,它们还是被看成是在空间层次上各自分开的三种不同的文化实体,而每一类文化自身中的内在层次则还是被忽略了。因而,文化的载体、规则和意义还是未能得到统一,未能被看作是一个相互间不可分割的整体。这不能不说是一种遗憾。

实际上,任何一种或一类文化,都应当是文化的载体、文化的规则和文化的意义(或内涵)的统一。这三个方面是不可分割的。在这里,文化的载体指文化的实体和外观感性形态(如物质器物、制度行为、文化表征或表象)。文化的规则指文化的载体要素在表达和显示意义的过程中相互组合在一起的内在规则。文化的意义指隐含在文化载体中的某种意义、含义或内涵。按照这种观点,一切可感知的东西,均可在一定规则下成为表达某种意义的载体。可见,正确的观点应当是把文化的载体(实体性)、文化的规则和文化的内涵看成是任何一类文化中不可割裂的三个方面。文化的载体使文化具有可感知和可观察的外观感性形态,使得文化的代代传承具有了载体和媒介,并得以在空间上向外扩散、在时间上积累传承。文化的规则使文化在时间和空间上都具有了模式性、连贯性和一致性,并使得不同文化之间的比较成为可能。文化所具有的"意义"使文化成为主体之间意义的显示、交流和传播的工具。所以,文化的载体、规则和意义不应当被割裂开来,而应当被看作是有结构的、有层次性的、统一在一起的东西。

任何一种文化均可看成是表层结构、深层结构和意义结构的统一。在这里,"表层结构"是指文化的可感知、可观察的感性外观形态与载体,包括物质形态、行为方式和表征体系(何星亮先生所说的"中层文化"作为行为方式,因其可感知性,属于文化的表层结构)。"深层结构"指支配和调节文化的表层结构的规则,即载体要素的组合规则〔如在服装文化中,衣裤鞋帽等载体要素之间就有一个如何组合和搭配的规则。例如,西装和草鞋就不合搭配规则(参见巴尔特,1999:54~55)〕。而"意义结构"是指文化的不可感触但却可通过文化表层结构（文化载体）和深层结构（文化规则）来传达、显示和领会的意义系统，它是文化的内涵。文化的表层结构、深层结构和意义结构说的并不是三种不同的文化实体，而是任何一种文化的三个内在的方面或层次。在这里，"表层"和"深层"不是在空间外延上说的，而仅仅是形象的隐喻。"意义结构"则隐含在文化的表层结构和深层结构的某种组合方式中，它不能独立于表层结构和深层结构而存在。"意义结构"包括三种不同的意义类型：①主观意义，如意图、目的、观念、理想、情感、情绪、态度、信仰等；②集体意识，如道德情感、法律意识、风俗习惯、宗教信仰、意识形态、分类范畴（如对男女两性的文化区分）等；③信息、消息和含义（包括"联想意义"），如社会地位和身份的显示、炫耀或象征。

　　文化作为表层结构、深层结构和意义结构的统一说明了文化是物质性（表层载体）、社会性（深层规则）和主观能动性（意义的表达或创造）的统一。离开了一定的物质载体，文化就脱离了存在、延续和传播的媒介。文化的规则，作为深层结构，不是由个人随心所欲地创造的，而是由集体创造的，不以个人的意志为转移的。但是，尽管人们受文化的表层结构和深层结构的制约，人们却并不是被动地服从文化，相反，人们通过对载体（表层结构）和规则（深层结构）的能动运用，再生产或改变了这两种结构，并主动地、能动地表达或创造某种文化意义。

　　在文化的三个结构中，"深层结构"是其核心，它支配了载体要素的组合，从而制约了意义的表达与显示方式。文化的深层结构类似于乔姆斯基所说的语言的深层语法结构（区别于语言表达的表层结构）。但是，文化的深层结构具有更丰富的含义。它实际上是一个民族、地域或阶层的"主体性结构"，包括认知结构、人格结构、心理—情感结构（如羞耻结构）、感知方式（如审美习惯）、鉴赏品位等。这种主体性结构是在人类的物质实践、社会生活实践和精神生活实践中逐渐形成的。伊莱亚斯就通过分析西方人的心理—人格结构如何同西欧社会的社会结构互动而导致变化，来考察西方礼仪文化的社会发生。发生于法国宫廷社会的形象竞争，导致人们的情感结构（如羞耻结构）发生变化，于是，一些原先司空见惯的行为举止（如以手抓食、喝汤出声、随地吐痰、随地拉尿、上厕所时相互交谈、说粗话等）便受到了这种心理—情感结构的支配（羞耻感），而被自我禁止，否则便会遭到他人斥责耻笑。可见，礼仪行为规则，作为礼仪文化的深层结构,是同心理—情感结构密切联系在一起的。它支配着载体要素（即行为）的组合方式（即礼仪行为方式）和意义（有礼貌和有教养）的表达方式（Elias, 1978; 1982）。所以,文化的深层结构往往同人们的主体性结构相关,而主体性结构不是静止不变的,而是在物质、社会和精神实践中形成和变化的。

不论物质文化、伦理文化还是表达文化,都是表层结构（文化载体）、深层结构（文化规则）和意义结构（文化内涵）的统一。表层结构是深层结构和意义结构的载体和媒介;深层结构必然要通过表层结构来显现,并支配着意义的表达方式;而意义结构只能以表层结构为载体、以深层结构为规则表达出来。所以,从这种文化层次论来看,物质文化并非纯粹的物质形态的文化,它同时表达了某种意义结构,并受深层结构（文化规则）的支配。物质文化之所以是物质文化,是因为其载体是物质形态的,但它不能被归结为物质形态。伦理文化也并不是纯粹的行为规范（文化规则）,它同时要以行为作为载体,并透过行为载体来体现。同时,它还表达了某种道德意识、道德情感等意义结构。表达文化也不纯粹以观念、情感等主观意义出现,它要以某种物质载体来表现和传达,同时也受某种文化规则（如文学艺术规则、创作规则、道德法律规范等）的支配。表达文化的物质载体既可以是可感知的声音、文字、信号、姿势、表情、线条、色彩、图像等"专司"表达的表征和表象,也可以是物质产品（外观形式）和行为方式。很显然,表层结构构成了深层结构的索引和线索,以及意义结构的表达和体现。而深层结构则既构成了表层结构的"指令系统"和"控制中枢",同时又支配了意义的表达结构。停留在文化的表层结构而不能进入到深层结构是肤浅的,而沉思于文化的深层结构却忽略了表层结构是盲目的,只看到文化的表层结构和深层结构却忘记了文化的意义结构（文化内涵）则是片面的。

二 文化作为符号系统

把文化看作表层结构、深层结构和意义结构的统一恰恰说明了文化的符号特性,因为符号的本质就是表层结构（能指）、深层结构（符码）和意义结构（所指）的统一。可见,文化实质上可以被看成是符号系统,它是符号载体（能指）、符号规则（编码或符码）和符号意义（所指）的统一。因此，我们可以对文化概念下一个符号主义的定义。所谓文化，就是人类创造的，作为意义系统的表达、显示、交流和传承的符号系统（参见卡西尔，1985；格尔兹，1999；巴特，1999；蒋原伦，1998；Fornäs，1995）。文化作为符号系统，还可以从以下几个方面来加深理解。具体地说：第一，文化作为符号，要有其载体作为前提。文化的实体性、可感知性和可感触性满足了这一前提。第二，既然文化是一种符号系统，那么，任何东西，只要它具有显示某种意义的符号功能，就可以将其理解为文化。因此，文化作为符号不仅仅局限在语言、文学和艺术等"纯粹"的符号上面（巴尔特，1999）。物质器物和行为方式由于构成显示"意义"（文化内涵）的符号，因而可以将其理解为文化。它们成为文化不在于它们的实体性，而在于它们的符号性。它们的实体不过是符号的载体。第三，符号是一种指称系统，传达的是自身以外的、"不在场"的东西，即意义。符号单元与符号单元之间，以及符号与意义之间的联系是有序的，遵循了一定的规则和编码，也就是说，是受深层结构支配的。符号的编码有如生命的遗传基因（DNA），控制着文化生命的复制和遗传。不过，不同于遗传基因，文化的编码（深层结构）不是先天的，而是人造的，而且可以随着社会和文化实践而改变。因此，文化的编码或深层结构或规则更像语言的语法规则。其他符号，比如服装，也是有着某种符号规则和编码的。例如，衣服的各部件之间，以及性别与衣服之间，都是由一定的规则来制约和支配的。试想，我们能够设想一个应聘白领职位的人穿着西服和拖鞋去面试吗？这种受深层结构（编码和规则）支配的符号单元之间以及符号系统与意义系统之间的有序联系可以称作"象征秩序"。象征秩序的形成使世界获得了超出自然秩序的一种人造的秩序，即文化秩序。它使人们在物质实践、社会实践和精神实践中所获得的经验（即"意义"）得以保存、积累和代代相传，构成后人得以继承和延续的文化传统与遗产。文化是可以通过社会化和学习"习得"的，并在时间长河中积淀为某种模式化的主体性结构（如审美习惯和道德情感结构）。第四，文化作为符号系统是人创造的，是人们在处理与自然、他人和自我的关系中所形成的象征秩序（符号单元之间和意义系统与符号系统之间的有序联系）。根据结构主义的开创者之一、语言学家索绪尔的观点，符号单元和意义之间的对应关系是任意的。例如，我们用"dog"来指称狗，用"cat"来指称猫，为什么不可以反过来，用"cat"这个符号来指称狗，而用"dog"这个符号来指称猫呢？如果先人真的这么做了，后人也只有接受，并不觉得奇怪，因为用什么符号来指某个特定的东西，具有一定的任意空间。因此，文化具有民族性和地域性，而不同的社会阶层又会有不同的亚文化。但是，这种"任意"不是纯粹的偶然，而是有一定的必然性。用什么符号来表达某个意义，这是偶然的。但人们要借符号单元之间的差别性来表达不同的意义，这是必然的。而且，符号系统不是个人随意发明的产物，而是集体选择的结果。它一经产生，就是公共的，对个人来说就是不可更改的，在这个意义上它也具有必然性。同时，人们见到某个符号（能指），必然在内心产生某个自然化的、习惯性的和人所共同的心理形象或心理概念（所指），这也是必然的（巴尔特，1999：41~42）。

从符号主义文化观出发，上述李亦园先生所说的关于物质文化、伦理文化（或社群文化）和表达文化（精神文化，也可称其为表现文化）的分类其实说的是三种不同的符号体系。尽管它们的外观形态均不同，但它们统统都是符号，都是显示某种意义系统、具有某种文化编码（或深层结构）的符号系统。可见，这三种文化类型的区别不过是符号载体的区别。也就是说，物质文化是以感性物质形式作为"意义"的符号载体，伦理文化是以可感知的行为方式作为"意义"的符号载体，表达文化则是以可感知的文学艺术等手段作为"意义"的符号载体。而符号载体和符号意义，均受符号编码和规则的控制与制约。因此，从符号学角度看，不论物质形态、行为方式，还是传播媒介，均构成符号，都是某种意义系统的显示。例如，作为人造的物质器具，隐含了设计者和制造者所赋予的特定的技术功用、消费者的审美习惯和使用者所期待的生活意义（如快乐、方便和舒适等）。在这个意义上，物质便构成文化，因为它是主观意义（目的）、情感意义（舒适快乐）或联想意义（社会地位的显示）的符号表达，并体现了作为深层结构的符号规则与编码（技术功用和审美习惯）的支配作用。换句话说，器物之所以成为这个样子而不是那个样子，既体现了符号规则（技术功用和审美形式的规则）的作用，也表达了某种意义（如舒适、快乐、荣耀等）。所以说，物质成为文化，不仅仅是因为它是人造的，更因为它是人用来体现、表达和显示人的目的、意图、情感或态度等意义，并贯彻了既定的符号规则（或编码）的符号系统。自然界中的美景不是人造的，而是天然的，但它可以成为文化，为什么？原因就在于人们赋予它以某种意义，在于它合乎人的感知结构和审美习惯等规则，因而它是一种审美符号。上面说过，符号和意义之间具有一定的任意性，用什么物质符号来表现某种特定的意义，各个民族是不同的（部分地取决于所处的地理环境）。例如，为了在葬礼上表示对亲人去世的悲伤，中国人穿白色孝服，而西方人则穿黑色孝服。所以，尽管各民族的某些基本需求（如衣食住行）是相同的，但物质文化却千差万别。这既有环境和技术的原因，也有文化的原因。物质获得了文化的意义，是因为它成为与意义系统相对应的符号系统，因而成为物质文化。可见，离开物质所具有的显示某种意义的符号功能，物质何以成为文化就令人费解。

伦理文化在实体上由行为方式、制度或社群构成。但是，制度成为文化不仅仅在于其实体性，更主要地在于它们的符号性。制度是重复性的行动，是按一定规则行动的方式。这种有规则性的、周而复始的行动或行为方式，就是制度。换句话说，制度是由模式化、体系化、连贯化和重复化的行动构成的。这种模式化和规则化行动与单个的行为不同，它是一种行动符号系统。一方面，它体现和贯彻了社会的价值与规范，即文化的规则或深层结构；另一方面，它构成某种集体意识或伦理意义（如道德情感和心理）的表达符号。正是在这两个意义上，我们说行为方式是一种文化，因为它隐含和体现了某种价值规范和传统习俗（深层结构），表达了不同的伦理"意义"（意义结构）。伦理文化的深层结构（如价值规范）使行为呈现为一种编码过的符号系统，即模式化、连贯化的和可比较的行为方式，而伦理文化的意义结构又使行为成为某种道德情感等伦理意义（如好客心理）的表达符号。

表现文化的物质载体是各种传播或表达媒介，包括语言、信号、图像、色彩、音调和姿势等。这些符号既是可感触的，又具有抽象性。说它们有抽象性，是因为它们是专门用来表达意义的媒介。在这个意义上，这一类符号可以称为"抽象符号"。当然，说它们抽象，不等于说它们就不是可被感知的物质载体，而是说它们的表意功能更发达、更专门化、更技术化。不同于物质文化和伦理文化，表现文化是一种最典型和纯粹的符号系统。它的首要功能就是符号表达功能，即传达、传播、表达和创造意义。表达符号的发展极大地促进了精神文化的发展。这种单纯的符号系统越发达，意义的表达能力就越强、越细致。这反过来又促进了精神文化的发展、人格的丰富与情感的细腻化和多层次化。表现文化还可分为狭义的和广义的两种。狭义的表现文化既包括文学、艺术（音乐、美术、摄影、戏曲、雕塑、舞蹈等）和哲学等"高雅文化"，也包括民间文化、通俗文化和大众文化。它既抒发了我们的内心情感、理想和感受等主观意义，又培养了我们的品位和感受力，安慰了我们的心灵。广义的表现文化则不但包括狭义的、"纯粹"的表现文化，而且包括物质表现文化（如消费文化）和行为表现文化（如好客文化），因为不论物还是行为方式，均可以被当作表现意义的符号。在本书中，表现文化是在广义的意义上被使用的。更具体地说，表现文化指的是通过对一切符号单元（包括物质符号、行为符号和抽象符号）的选择，不但表达和传播更为丰富和复杂的意义，而且不断创造某种新的意义。简单地说，表现文化是一种通过符号单元的选择方式或组合方式来表现某种主观意义的文化。但是，符号单元的选择是受一定的符号规则和编码（即深层结构）制约的。人们只能在规则限定的范围内进行符号单元的选择和组合。例如，在饮食符号单元的选择中，我们不能从头到尾都点汤，而不点主菜。而头盘、主菜和尾汤的组合（表层结构），体现了一定的饮食文化的规则（深层结构）。通过对菜单的选择和某种独特组合，我们就不但吃到了美味，而且吃出了某种意味和情调（意义结构）。

上面说过，文化是显示意义的符号。根据索绪尔的符号学原理，符号可以分为"能指"（signifier）和"所指"（the signified）两个方面。能指是由物质、行为或表象载体所充当的对符号意义的指称或指向。所指则是符号的"意义"，是通过符号载体来提示、显示和表达的。例如，"树"这个字的笔画和发音就是"能指"，而在我们内心所呈现的关于"树"的心理形象或概念，就构成"树"的意义，即"所指"。能指和所指的统一，就构成一个完整的符号。换句话说，仅有能指，而没有所指，就构不成符号。可见，意义是符号的一个内在组成部分（参见巴尔特，1999：25~39）。

意义（所指）又可进一步分为主观意义和客观意义两种。客观意义是指某个符号单元所具有的、自然化了的、为大众所共同接受和遵从的意义。这种符号单元和某种意义之间的联系（即象征性秩序）是为整个文化和社会所认同的，相对来说难以更改，也不以个体的意志为转移，所以，可以称为客观意义。符号元素与客观意义之间的联系是历史地形成的。客观意义的存在是文化存在的基本前提。主观意义说的是符号使用者按一定的符号规则和编码对符号单元进行选择和组合而表达的个人的含义或意识。例如，"猫"这个符号代表的是一种家养动物或宠物，而绝不是指花草虫鱼。在这里，"猫"这个符号和它代表的含义就是客观意义。主观意义则是符号使用者所表达的自己的意义,如"我喜欢猫",说的就是说话者自己的态度和情感(即主观意义)。主观意义的表达之所以可能,正是因为基本的符号元素与客观意义之间有着内在对应的联系。人们通过对这些基本符号元素按一定规则加以创造性的组合和运用,便可达到创造和表达主观意义的目的。当然,主观意义和客观意义的划分是相对的,在一定条件下二者会相互转化。

"能指"符号也可分为两类:意指符号(signifying signs)和索引符号(indexical signs)。索引符号指的是"能指"和"所指"(意义)之间的联系是客观的、必然的和具有某种因果联系的,只要某种"能指"符号出现,必然意味着某种"所指"(意义)的存在。例如,虽然说话者说"我不怕!"表达了他的主观意义,但是,他颤抖的双手和双腿却暴露了"他很害怕"这个信息。在这里,"颤抖的四肢"便构成了索引符号(结果),同时传达了"他实际上很害怕"(原因)和"他在说假话"这两个客观含义。这两个客观含义是旁观者能"读懂"的。与此相对,"脸色发黄"(结果)也成为人体某个器官有病(原因)的索引符号。尽管病人会说"我没病"(主观含义),但他发黄的脸色却告诉医生他的肝可能有问题,这就是"脸黄"这个索引符号所隐含的客观含义。"山雨欲来风满楼"中的"风满楼"(结果)则是"山雨欲来"(原因)这个客观情景的索引符号。上面讲的物质文化和伦理文化,在某种意义上,可以看作是索引符号系统。物质和制度(重复性和模式化行为)成为文化,不是因为它们自己要表达什么意义,而是因为它们充当了显示客观意义系统的索引符号。它们向人们"暗示"和"索引"了某种客观意义的存在。旁观者可以透过这种索引符号而"读"出某种隐含的意义。但是,当物质文化或伦理文化成为被个人所利用的资源并成为个人表达意义的材料元素时,就可以转化为意指符号。

索引符号的一个特殊种类叫做"转义符号"。所谓转义符号,指的是这样一些符号,它的字面含义(或表面含义)并不是它真正所要传达的含义,而真正含义是要通过符号使用的情景来确定的。在这里,符号使用的情景和场景就构成了符号所要表达的真实含义的线索。这种借助于符号使用的场景来"顾左右而言他"的符号,就是转义符号,它是一种特殊的索引符号。例如,中国的问候语"你吃过了吗?"就是一种转义符号,它表达的并不是问候人真的关心对方吃过饭没有(主观含义),而仅仅表达熟人或朋友间的致意和问候这个客观含义。再比如,当一个人听了对方说的恭维话后,说"哪里哪里",这句话并不是真的要否认对方对自己的赞扬(主观含义),而是表达一种"谦虚"和"有教养"的客观含义。之所以要表示谦虚,是由行为背后的价值规范决定的。所以,从更深一层次来看,"哪里哪里"这句客套话传达了一种道德伦理的文化意义。通过这些例子可以发现,转义性的索引符号所传达的含义是客观的,但同时也具有某种程度上的模糊性,其含义会随着符号接收者和符号发送者所处的具体情景的不同而有微妙的差异。尽管如此,索引符号和客观意义的对应关系是被社会地认同和接受,并代代相传的。只要是在某个社会中成长的人,便都能理解该社会中流行的转义符号所表达的客观含义。

与索引符号不同,意指符号指的是符号表达者用来表达某种主观意义的符号组合。它通常是对一些基本的符号元素按某种既定的符号规则而加以组合或创造性运用而形成的符号系统。最具代表性的意指符号是文学艺术。文学的基本符号元素由文字和语言构成,绘画的基本符号元素由线条、形状、色彩和构图组成,音乐的基本符号元素由音符、音调和旋律等构成,舞蹈的基本符号元素则由姿态、造型和节奏等要素构成,等等。通过对这些不同的符号元素加以组合运用,文学艺术便向人们传达了文学家和艺术家所要表达的意念、想法、情感和理想。意指符号系统是交流行为的主要媒介。从物质载体的角度来看,它由四种符号方式组成(Fornäs,1995:154-161):听觉方式、视觉方式、语词方式和非语词方式。听觉方式的符号包括说话和音乐两种,视觉方式的符号包括书写和图像(或形象)两种,语词方式的符号包括说话和书写两种,非语词方式的符号包括音乐和图像两种。说话、书写、音乐和图像这四种符号和物质载体的关系如表6-1所示(Fornäs,1995:155)。

表6-1 符号方式和物质载体的关系

	听觉方式	视觉方式
语词方式	说　话	书　写
非语词方式	音　乐	图　像

不过,意指符号并不限定在文学艺术等"专业性"符号上,它还包括物质器物和行为方式等可观察形式,即非语词方式和听觉方式的符号。例如,计算机可以充当"网络化生存"的意指符号,"用手绢揩鼻涕"的行为可以作为"文明"、"有教养"的符号。但是,物质器物和行为举止往往

是作为符号元素而加以选择、组合后才构成意指符号的。意指过程（signifying process）就是借助这些符号元素的组合来表达所要表达的含义。意指过程是"意义"的产生、表达和传播过程。

从解释学的角度来看，意义"作者"的主观意义能否如实地到达意义接收者那里，在很大程度上取决于双方是否生活在共同的"生活世界"和文化背景中，用哲学的话语来说，就是取决于双方的"主体际性"（inter-subjectivity）。但是，意指过程遇到一个悖论：意指实践的本来意图是表达主观意义，可是，意义"作品"一经产生，就被置于"客观意义"的范畴内。意义接收者是从客观意义的角度来解读意义"作者"的。因此，意义接收者所接收和理解的意义可能会背离意义作者的原意。这种情况，就叫做意指符号的歧义性。也就是说，同一个意指符号体系，在意义表达者和意义接收者之间，以及在各个不同的意义接收者之间，可能会表达不同的含义。正是在这个意义上，后结构主义者宣告了"作者"和"主体"的死亡。为了解决这个悖论，伽达默尔从哲学解释学出发，提出了"视域融合"的概念。也就是说，意义作者和意义接收者之间的沟通要以客观的文化意义世界作为中介才有可能。正是通过"传统"这个客观意义世界，符号接收者才能逐步达到（但永远不能完全达到）意义"作者"的主观意义世界，从而实现"视域融合"。可见，意义的接收是受到文化和社会等众多复杂的因素影响的。因此，在现实的文化世界中，主观意义和客观意义，以及意指符号和索引符号是难以截然分开的。它们相互作用、相互渗透，使文化生活呈现丰富的色彩。

三　消费作为文化

明白了文化概念的含义，消费文化概念就比较好理解了。前面说过，消费行为和消费文化是不同的。从个体主义和行为主义角度看，消费是一种行为。从交流主义和符号主义角度看，消费则是文化。如果说消费者行为学是把消费行为和文化看作两个不相同的东西的话，那么，消费社会学则认为，消费本身就是文化。这不仅是说消费受到文化的影响、驱动和制约，也不仅是说文化本身离不开消费，依赖于消费，要以消费为工具和载体（McCracken，1988：xi），而且也是说，消费在本质上就是文化，因为消费及其消费品均是表达意义的符号体系和象征体系。

在《物的系统》一文中,法国社会思想家布西亚对消费的符号象征性做了突出的强调。他指出,通常人们把消费看作是对需求的满足,或是对消费品的购买、拥有、享受和花费。但是,他认为,这些仅是消费的前提条件,而不是消费(Baudrillard,1988:21)。消费不是吃饭、穿衣、开车、看电视、打电话等对有形或无形(如图像、信息等)消费品的物质性或体验性消费活动,而是一种符号活动。在消费中,物、图像或信息被用作意指符号或材料,而消费则是"操纵符号的系统化行动"(Baudrillard,1988:22)。布西亚认为,消费是当代社会所特有的概念,它不是围绕着需求或效用进行的,而是一种符号行为或使用符号的行为。正是由于消费的这一特点使得当代社会成为消费的时代(Baudrillard,1988:47)。消费的社会性和社会学意义不在于它的自然性(满足需求和导致快乐),而在于同自然属性分离开来的过程,在于它是作为一种编码、一种符号设置系统。一句话,消费系统是建立在符号编码和差别的基础上的,而不是建立在需求和快乐基础上的(Baudrillard,1988:47)。布西亚指出了消费的符号性特征,这无疑是他对消费研究的杰出贡献。但是,他否认消费同时也是一种物质性和体验性的活动(对物等消费品的消费和对需求的满足),则是过于极端了。不过,他的符号主义的消费观大大深化了人们对消费的认识,并为消费文化的研究开辟了一个新的途径。

所谓消费文化,就是伴随消费活动而来的、表达某种意义或传承某种价值系统的符号体系。消费符号不同于一般意义上的满足需求的自然性、功能性消费行为,它是一种体系,表达、体现或隐含了某种意义、价值或规范。这种在消费活动中呈现出来的行为和物品符号体系,就是我们在这里所讲的消费文化。消费文化还可进一步区分为三个方面的内容:物质消费文化、规范消费文化和表现消费文化。物质消费文化(或消费的物质文化)指的是作为消费对象的物质产品体系构成了某种符号系统,与某种意义系统(文化含义和社会含义)相对应。在这里,物品系统成为客观意义的索引符号,并按符号的规则(或文化逻辑)来进行生产和消费(Baudrillard,1988)。规范消费文化(或消费的规范文化)指的是人们的消费行为受某种隐藏在其后的价值和规范系统(如消费习俗和禁忌)的支配,构成某种传统观念和宗教信仰等集体意识的索引符号系统。规范消费行为因受价值规范的支配而体现出某种模式、逻辑和连贯性,从而成为一种符号编码。循着编码的规则,人们就可以解读消费行为符号所表达的传统意义和集体意识。表现消费文化（或消费的表达文化）指的是消费者通过对消费品等符号元素进行选择和组合，从而使消费成为具有表意功能的符号体系。在物质消费文化中，因为物品充当了意义的符号载体，从而使消费符号得以实体化。在规范消费文化中，人的消费方式充当了某种社会编码程序和集体意识的符号载体，使得消费文化模式化。在表现消费文化中，消费品的选择方式充当了意义交流和沟通的符号，从而使得文化意义得以流动。的确，这三种文化在现实中是相互交叉、重叠在一起的，难以截然分开。但为了分析的便利，我们可以在概念上将它们分开来讨论。

最后，还有必要指出，不能将"消费文化"同"消费主义"混淆在一起。"消费主义"往往是一个贬义词，指的是一种价值观念和生活方式，它煽动人们的消费激情，刺激人们的购买欲望（黄平，1997：120）。消费主义不在于仅仅满足"需要"，而在于不断追求难以彻底满足的"欲望"（desire）。"消费主义"代表了一种意义的空虚状态以及不断膨胀的欲望和消费激情。"消费文化"则是一个中性词，指的是表达某种意义或价值系统的符号系统，这种符号既可以是消费品，也可以是对消费品的选择、使用或消费方式，还可以是传统的消费习俗。我们可以说"消费主义"是一种消费文化，但不能反过来说消费文化也是消费主义。

第七章
物质消费文化

"消费的物质文化"或"物质消费文化"既指消费中的物质文化，又指物质中的消费文化，因而是物质文化和消费文化的结合。"物质消费文化"所讲的"物质"，不是哲学意义上的、独立于主体意识并不以人的意志为转移的物质，而是具体的物质，尤其是人造的器具、物品和工具等消费物品。物质消费文化所涉及的主要不是这些物质的物理属性或自然属性，而是在消费过程中物质的符号象征属性。当物不仅作为物理的或自然的东西而存在，而且作为受某种规则支配、表达某种意义的符号载体而出现时，它就被纳入文化世界，成为文化的一部分。物质融入文化的过程是伴随着人类的诞生而出现的。早在远古时期，原始人的图腾崇拜就是物质被符号象征化，从而成为物质文化的一个例子。在这里，自然物品或物种充当了某个部落的象征和代表，而受到部落成员的崇拜。人类学家萨林斯（Sahlins，1976）认为，在现代社会中，这种图腾崇拜现象依然存在。只不过现代人是用制造物来替代自然物种或物品来作为图腾。例如，服装就是一种现代社会的图腾，它象征了某个现代"部落"（社会群体），代表了某种社会认同，传播了某个社会群体的社会成员身份感（如男人和女人、上层阶层和下层阶层）。可见，物质与文化一开始就是交织在一起的。器物或商品不但是按照自然的规律来生产，而且也是按照文化的逻辑来加以塑造（参见 Kopytoff，1986：64）。所谓文化的逻辑，就是符号规则以及符号与意义之间的内在联系或逻辑关系。

可见，正是由于物的符号化功能，使消费获得了文化意义。商品或物品,如同词语一样,构成一个总体性的、随机性的和连贯性的符号系统,一个代表价值和意义秩序的文化系统(Baudrillard,1988:47)。物的系统不再独立于主体意义和文化意义而存在,而是作为它们的符号和载体,从而成为物质文化。物的系统和意义系统构成了"能指"(signifier)和"所指"(the signified)的对应关系。于是,对物的消费不仅遵循经济和效用的规律,而且遵循文化的逻辑。物质消费不再仅仅是消费经济学的内容,同时还是消费文化学和消费社会学的内容。布西亚指出,"为了变成消费对象,物体必须变成符号","物的消费从来不在其物质性,而在其差异性(difference)"(Baudrillard,1988:22),亦即符号的差异性。在前面我们说过,布西亚说的"消费……不再同满足需求有任何关系"(Baudrillard,1988:25),显得过于片面,但他对消费的符号性的揭示和强调,却具有非常重要的意义。日本学者青木贞茂也指出,把商品当作"物"的界定方式无法把握商品,必须超越物的形态把商品看作符号,才能把握商品的实质。对商品的认识要有一个认识论上的转换(青木贞茂,1988:72)。

一 物的符号功能和符号价值

从最一般的意义上说,任何物质产品都不仅是实体,而且是符号,因为人们是按一定的目的来进行生产的。谷物用于充饥,衣服用于遮体,住宅用于抵御自然的严寒酷暑,等等,物品的生产一开始就被赋予了某种目的和意义。在这个意义上,它们就是"目的"和"意义"的符号,因为物品的形式向人们传达了它们的用处、目的和意义。马克思在《资本论》中所举的建筑师和蜜蜂在盖住所方面的区别的著名例子,就可以用来说明建筑师建房不同于蜜蜂建筑蜂房的地方在于他把房屋符号化了。他是按他的目的来建造房屋的。在他那里,房屋一开始就是某种居住目的的符号。这就是物品符号化的开端。物的符号化起源于物质生产实践。

物质的生产离不开某种特定的目的,也就是说,物品是做什么用的,对人有什么意义,等等。没有目的,物品就不会被生产出来。在一开始,由于生产的目的比较简单、明了,即为了维持基本的生存,物品的目的就比较简单、明显,以至于它的符号功能被人忽略了。但是,随着生活世界的丰富化和复杂化,人的目的和意义也越来越多样化和细致化,因而使得物品的符号化过程也丰富化和复杂化了。物融入了意义领域,成为意义的符号和象征。随着历史的发展，物品体系和意义体系之间建立了千丝万缕的对应关系，前者充当了后者的符号和载体。物品不再以自然形态同我们相对立，而是以符号的形式成为文化的载体和工具。套用哲学家康德的话说，物从"自在之物"变成"为我之物"。

在最一般的层次上，物品代表了人们对世界的"分类"。人活在世界上，要有某种秩序，因而就要对周围事物和现象进行基本的分类，如"动物"不同于"植物"，"男人"不同于"女人"，等等。分类过程就是赋予各类事物和现象以不同意义的过程，而不同类别的事物就构成各种不同意义的符号。可见，分类过程同时就是对周围事物加以符号化的过程。在这个意义上它就是文化分类。文化分类原则是人们用来对现象世界进行基本区分的分类标准（McCracken，1988：73）。通过文化分类，人们找到了世界的基本秩序。所以，每一代人所继承的世界，已经是在文化的意义上"改造"过的世界，已经是先人按文化分类原则"整理"过的世界。所以，人们所接受的不但是一个物质世界，而且是一个物质文化世界。例如，人们在自然界中区分生命和非生命、神圣的东西和世俗的东西，把时间区分为工作时间和休息时间，把时间段分为千年、世纪、年、月、日、星期，把空间分成私人空间和公共空间，把人分成三教九流，分成阶级、地位、性别、年龄和职业等不同的群体，等等（McCracken，1988：73），这些分类均有着文化的意义。而每一种分类的含义，都可以通过物品来加以实体化、有形化和可视化（McCracken，1988：75）。在这个意义上，物品成为文化分类含义的符号，在意义坐标系中占据一个相应的位置。例如，我们都知道男人该穿什么样的衣服（如素色），女人又该穿什么样的衣服（如艳色），这种分类就是文化决定的。两性服装因而成为对性别进行文化区分的符号和标志，代表了不同的文化含义，如男性的"力量"、"独立"和"粗犷"，以及"女性"的"柔弱"、"依赖"和"秀美"。人们从文化中学会了在什么场合用什么物品和穿什么衣服，因为不同的场合有不同的符号规则。简言之，物品成为文化的载体和符号，成为文化。离开了物，文化就失去了依托。

物也可充当文化理想和价值的符号。例如，在美国的个体主义文化中，个人的"成功"是人们梦寐以求的文化价值和理想。但是，要使"成功"这一文化价值有形化、实体化和可视化，就要借助于对物的占有，如对豪华的别墅、名牌汽车、名贵的手表、考究的服装等的占有。又比如，在中国士大夫中,"高风亮节"、"刚正不阿"、"出污泥而不染"等都是令人向往的道德理想和价值。于是,竹、梅花和荷花成为他们喜爱的植物,因为这些植物被赋予道德的含义,成了这些文化理想的符号和象征。同样,山水田园也成为文人士大夫所钟爱的游览去处,部分地是因为山水田园充当了"超脱纷争"、"与世无争"、"顺其自然"等文化理想的符号象征。再比如,"健康"是许多社会共同的文化价值和目标,与此相对应,当今无农药污染的绿色食品便成为"健康"的符号,具有了文化的意义,而备受消费者青睐。与"健康"有关的自然界、天然食品(如野菜)和保健器材也获得了新的文化含义,成为城市和工业文明中的消费时尚(包括自然旅游)。

正是由于物品的符号象征性,导致社会生产了许多从功能角度来看"无用"的产品。最典型的要数旅游纪念品。大部分纪念品是没有多大实用价值的,但是,为什么人们还热衷于购买呢?原因显然就在于它的符号功能。它向周围的人传递了你曾"到某地一游"的信息,从而引起他们的羡慕或妒忌(Wang,2000)。古代皇帝的宫殿造得那么富丽堂皇,远远超出了实际的功能需要,原因也在于其符号象征性。宏伟的宫殿本身就是皇权至高无上的象征。这种建筑与其说是起居住所,不如说是绝对权力的符号象征(Elias,1984)。随着社会的平民化,这种建筑上的政治象征主义才逐渐衰弱下去。同样是由于物的符号象征功能,贵族们在奢侈品的消费上可以说是无所不用其极。在历史上,精致的、奢侈的物质文化的发展同贵族的生活方式是分不开的,因为贵族的一部分权力源于他们的象征权力,即"名誉"和"声名",而名誉和声名是要通过奢侈物品来体现的(McCracken,1988)。奢侈物品是贵族"荣誉"的符号。关于物的符号功能在当代生活中的运用,我们在后面还要讲到。

奢侈物品的符号功能无疑较为典型,日常生活物品的符号象征性也同样不容忽视。即便是日常生活物品也不仅仅是被作为物来消费,而是同时也被作为符号来消费。人们不但消费物,而且消费物所代表的文化含义。例如,在同类的日常必需品(如牙膏)中,名牌商品和非名牌商品就有不同的文化含义。名牌代表"可靠"、"质量"、"信用"以及名牌使用者的"尊贵"。而价格昂贵的名牌商品更是象征着消费者的社会地位。这种文化含义使名牌商品与非名牌商品体现出符号功能上的不同。那么,非名牌商品是否就没有符号功能了呢?不是的。非名牌商品是另一个层次上的商品符号，代表了另一个层次上的文化含义。非名牌商品往往代表"廉价"，体现了低收入阶层"崇简节约"的消费观念，因而具有十分不同的文化意义。不同的阶层追求不同的商品，并同时消费这些商品各自传达的不同的文化含义。凡勃伦对"炫耀性消费"的研究，就提供了贵族象征性消费的一个经典的例子（Veblen，［1967］1994）。正是因为物品具有符号功能，布西亚在《符号政治经济学批判》一文中提出了商品的"符号价值"概念。在他看来，商品不但具有使用价值和交换价值，而且具有符号价值。使用价值代表了商品的效用，交换价值代表了商品之间的等价关系，而符号价值则代表了商品之间的差异（Baudrillard，1988：57）。正如索绪尔认为符号是通过符号之间的差异而具有意指作用，商品的符号价值是存在于商品之间的差异（difference）。商品之间的差异包括两个方面：一是不同类商品之间的差异；二是同类商品之间的差异。这些差异不但是商品性能上的，而且是符号上的，包括形状、色彩、体积和其他感性特征。这种符号上的差异构成某种商品的独特性和示差性，使得同类商品得以区分开来。这就是商品符号价值的第一层次的含义。例如，肥皂在洗涤性能上可能都差不多，为使某家企业生产的肥皂同其他企业生产的肥皂区分开来，唯有在造型、包装和广告上做文章。广告正是起源于对这些容易混淆的商品进行形象区分的努力（Boorstin，1964）。符号价值的第二层次的含义指的是附着在商品上的符号，即品牌商标和品牌形象。这种品牌不但使某种商品具有独特性和示差性，而且使商品获得了更多的内容和价值。第一，品牌代表了某种标准化和一贯化的质量、信用和优质服务；第二，品牌代表了消费者信心和忠诚、市场份额和商业价值，是企业的无形资产；第三，品牌代表了与之相对应的社会阶层、社会地位、生活品位和生活方式；第四，品牌代表了某些个人或群体的主观意义；第五，品牌还代表了一个民族和文化。在商品流动的全球化过程中，品牌不但是一种无形资产，而且还是民族文化和力量的象征，因而品牌是一种具有重要价值的商品符号。在某种意义上，商品的生产与其说是物质产品的生产，不如说是符号的生产。这一点，正是下一节所要讲的内容。

二 商品的符号化过程

长期以来，商品生产被看作是物质生产，它的文化生产的一面则被忽略了。其实，商品的生产不但要按物质生产的规律来进行（即技术化），要按经济规律来进行（即商品化），而且也要按文化或符号的规律来进行（即符号化）。可以说，技术化、商品化和符号化都是商品生产中不可或缺的，它们构成了商品生产的三个不同的，然而又相互弥补和相互作用的方面。技术化解决的是如何将原材料最为经济地转化为商品，商品化解决的是怎样以商品为交易的媒介而获得最大的利润，符号化解决的是如何操纵商品的符号含义而赢得顾客的心。技术化是按自然的规律来生产商品，商品化是按市场的规律来生产商品，而符号化则是按文化的规则来生产商品。在这里，我们将集中讨论商品的符号生产问题，即商品的符号化问题。

一个常为人忽视的商品生产的规律是，商品生产的符号化和技术化与商品化呈正比关系。也就是说，商品生产的技术化和商品化程度越高，对商品的符号化要求也越高。原因很简单，在短缺经济条件下，商品供不应求，人们在饥不择食的情况下，往往只注重商品满足需求的功能，而较少注意商品的符号象征意义。这是十分正常的。但是，在过剩经济条件下，情况就完全是另外一个样子。正如日本学者星野克美（1988：24）所指出的：

> 商品的"物之价值"的差异性逐渐消失一事，可以说也成为增强商品符号化的背景。尤其日本企业的技术开发力卓越，因此常可看到一种事态，就是：一家企业即使在功能方面开发出革新的新产品，别家公司也会马上跟进，于是各商品间功能的差异性便随而消失了。基本上，许多市场已臻饱和，而且物之价值的差异性又消失了，商品的同质化一旦进行，则在行销战略上，便不能不重视符号价值而非物之价值的差异化。

的确，随着生产技术和营销技术的发展，在产品性能和销售渠道上永远保持领先的优势变得越来越难了，因为其他企业可以通过引进资金、技术和人才而迅速把产品质量和销量提高上去，使产品的性能和质量也得到提高。换句话说，各企业在产品性能上的竞争日趋激烈，一种新产品被开发出来后，其他企业会迅速跟进。这种激烈竞争的结果，导致了生产的严重过剩。在这种情况下，假设任何一家企业的产品都是价廉物美、无可挑剔的，那么，企业竞争靠什么取胜呢？很显然，仅靠产品质量和销售服务已显得不太够了，还要靠形象竞争，包括企业形象和产品形象的竞争。而形象竞争实质上就是"符号化"的竞争，也就是使产品符号差异化。

当一个社会由短缺经济社会步入消费社会时，其基本特征是社会生产能力远远超出社会的有效需求而显得过剩。西方资本主义社会的生产能力过剩的问题在20世纪20年代就已经暴露出来。在中国，尽管我们还未彻底实现工业化，但到20世纪的90年代中后叶，结构性的过剩经济就出现了（陈淮，1998；秦言，1999）。在1997年爆发的东南亚金融危机而导致中国出口不畅和国内消费不旺的情况下，中央和地方政府不得不想方设法启动国内消费。在全民可任意支配收入提高的前提下，以及在商品过剩或饱和的社会中，商品在文化生产方面的竞争的重要性不亚于物质生产方面的竞争。日本学者冈本庆一（1988：142）指出：

> 现代的成熟消费社会，在另一方面为饱和社会，消费者现在不只是满足于物，而整理某物，甚至想要拥有少许。在这种饱和社会中，新的功能作为超出必要的功能（超功能），而如小玩意/玩具般被接受，因此，不是以需求为媒介，而是以新奇性、话题性、意义性等物品的传播性为媒介而从事消费……特定的商品之所以被选择，是因为消费者间所形成的品牌意义，作为示差性事物而流通。

可见，当代商品生产仅有物质的技术生产和营销服务是不够的，还必须有商品的文化生产，即商品的符号化或获取文化意义的过程。如果物的性能还不足以构成商品的独特性，那么，通过符号示差化过程，便得以使商品获得独特的意义和文化特征，从而吸引消费者的注意。事实上，在琳琅满目的商品世界中，谁能有本事吸引消费者的目光和注意力，谁就能在商品竞争中居于主动地位。而要吸引消费者的注意力，就必须充分重视消费者所关注的文化意义、目标、价值、观念、习惯和理想。也就是说，必须充分调动消费者的文化资源，并使商品同这种文化资源相结合，使商品成为某种消费者所关心的文化意义的符号象征。关于这一点，英国文化理论家威廉斯（Raymond Williams）说得很好（转引自汤林森，1999：236）：

光是说啤酒能喝不也就够了,何必又多此一举,说喝了它就会显得雄赳赳而心神焕发,或是和蔼容易亲近?洗衣机是个有用的洗衣机器不就得了,何苦说有了它我们就比邻居来得有见识,就是邻居羡慕的对象?有些研究证据的确显示,前举的那些隐喻或明言,真的是能够用来促销啤酒与洗衣机之类的产品,以此,我们可以明确地推知在我们的文化形态里,光是物品本身还不能算数,假使要把它们推销出去,还得把它们比附于特定的社会或人际意义,而这些意义在不同的文化形态里可能比较容易让人感受到一些。

那么,怎样才能使商品符号化,并成为某种文化意义的符号呢?换句话说,商品的文化生产是怎样进行的呢?麦克拉肯提出了一个"意义转移"的模式(McCracken,1988:71-72)。他认为,商品的文化意义并不是凭空产生的,而是从文化世界里"转移"过来的。商品生产者通过两种手段来进行这种意义转移:一是广告系统;二是时尚系统。通过这两种手段,而使物获得文化含义,成为代表某种意义的符号和载体。

广告是这种"意义转移"的主要手段之一。广告的目的就是使消费品变成具有某种文化意义的符号象征,或是让消费者在消费品和某种文化意义之间进行某种习惯性联想,以至于一见到某种在广告中出现过的商品,就会联想到它所代表的文化意义。广告就是要在文化的意义秩序和物品的符号秩序中找到一致点和结合点(参见 McCracken,1988:77)。布西亚也指出,如果我们把商品当作物来消费,那么,通过广告我们消费它的意义(Baudrillard,1988:10)。广告的作用就在于把普通的东西变得不普通,变成可欲却又需要去设法得到的东西(参见 Appadurai,1986:55),从而吊起我们的消费欲望。广告的另一个目的在于使消费者感觉到某种匮乏和不足,同时又告诉消费者弥补这种匮乏和不足的办法:去购买广告宣传的商品(参见 Ewen,1976:97;Corrigan,1997:67)。广告向你暗示:拥有了这种商品,你就拥有了某种文化意义和人生价值,因为这种商品就是这种意义和价值的化身;而错失了这种商品,你就将面对遗憾。这样,广告就以特定的方式生产了商品的文化意义,使商品符号化了。正是通过对商品符号意义的创造,广告同时也创造了消费者的消费欲望和习惯(参见 Ewen,1976:37)。正如消费者需要可靠的商品,商品制造商也需要可靠的消费者作为市场。

时尚系统是把意义从文化世界转移到商品上的另一个主要手段。麦克拉肯（McCracken, 1988: 79-81）认为，时尚系统通过三种不同的方式来发挥这种意义转移的作用：第一，通过时尚杂志的传播作用，将文化世界的意义转移到特定的商品上。这种作用类似于广告。第二，通过意见领袖或时尚领导者进行消费创新，并赋予时尚商品以某种文化意义。第三，一些激进的时尚发明者（如嬉皮士、朋克或同性恋者）则以极端的或反叛的方式来进行商品的文化意义的发明。

除了广告和时尚系统，麦克拉肯还认为，产品的设计在意义的转移中也发挥了一定的作用。不过，产品的设计在意义的表达空间上受到技术、材料和产品的物理结构等因素的制约，因而商品的符号性要借助其物理属性来表现（参见 McCracken, 1988: 82）。其实，这里所讲的物的物理属性对产品设计中的符号表现的制约仅仅指的是对第二层次的符号意义（社会象征意义）的制约。在第一层次的符号系统中，设计起到至关重要的作用。设计集技术设计和符号设计于一身（此外还有成本设计、产品定位设计等）。技术设计指从技术原理出发对特定性能、功能和目的的产品进行技术上的设计。符号设计则是从美学和艺术的角度出发对产品的款式、形状、色彩、线条、体积等在感性、视觉效果和体验方面的设计。技术设计体现了人与物的"实践—认知"关系，符号设计则体现了人与物的"意义—价值"关系。技术设计导致器具的进化，而器具的进化源于设计师在实践基础上对器具缺点的发现和改进（佩卓斯基，1999）。符号设计导致产品的美感化、精致化、多样化和象征化。符号设计不但使产品获得了符号示差性和独特性，而且体现了特定消费者群体的品位、情调和审美趣味，因而得以吸引他们的注意力，唤起他们的购买意愿。在社会生活日益感性化的时代潮流中，产品的符号和美感设计在商品的价值构成中所占的比例越来越大。

产品设计在商品符号化中的作用还体现在对同一种产品进行系列化设计，使产品系列适合不同性别、年龄和阶层的消费者群体的品位与需求。这样，系列化设计就成为文化分类的表现，而各种系列化产品则成为文化分类的符号，即成为各类社会和文化群体所向往的文化意义的象征符号。可见，在市场细分、文化分类和系列设计中存在某种一致性。如果说19世纪工业化所带来的机器大生产和消费品生产的大批量化和标准化，使产品的主观意义被大大稀释（与之相对，手工产品可按个人需求设计，从而具有丰富的主观含义）(Simmel, 1990: 457) 的话，那么，消费者对产品的文化意义、社会意义和主观意义的呼唤，导致设计的系列化的形成。可以说，设计系列化与市场的文化细分是同步的。产品的系列化设计早在19世纪末就开始了 (Orel, 1998)。例如，从1895年开始，一个专门制造小刀的公司——Montgomery Ward——就设计和制造了131种不同类型的小刀，从而适应了不同年龄、性别和地位的消费者群体的需求与文化品位。1890~1900年间，美国海军军械库的储藏品清单中，主人用的餐刀与仆人用的餐刀就已经区别开来了。在这里，餐刀分类被赋予不同的社会意义。1933~1939年间，一家英国家具制造公司——E. Gomme——从10种母体模型发展出47种不同的餐具柜，从而照顾了不同消费者群体的品位需要 (Orel, 1998: 66–67)。

产品包装也是商品符号化的一个重要手段。包装尽管是"表面"义章，但却对商品的符号化起着非常重要的作用。要使一种产品与其他同类产品不同，产品质量和性能是重要的方面。但是，质量和性能在购买阶段是看不见的，而能看见的则是产品的外表和包装。假定某类产品在质量和性能上都是一样的，或大同小异，那么，商品竞争的关键之一就在于产品的包装（以及价格、服务和广告等营销手段）。借助于包装等手段，一种产品得以同其他同类产品区分开来，从而获得个性化、独特性和示差化符号（第一层次的符号系统）。例如，要使一种透明的白酒同其他白酒区分开来，不能靠嗅，只能靠看。而视觉上的区别则只有借助于包装，使它首先在外表上与其他白酒区别开来，得以在白酒系列中被识别和辨认。如果人家不认得它，那还有谁来买它呢？但是，光是区别开来还不够，包装的功用还要使产品在外观上好看、有品位、有吸引力，以吸引消费者的注意力，刺激他们的购买欲望。因此，包装必须传达出消费者所喜爱的东西，即合乎他们的社会背景、审美趣味和文化传统。这样，包装才能获得产品的自然物理属性以外的文化意义和社会属性，成为文化和社会意义的符号与象征。例如，在西方消费社会，性早已成为产品包装和广告的一个花样。半裸甚至全裸的美女常常出现在产品的包装或广告上，从而吸引消费者的注意力和购买欲。但是，这种包装同伊斯兰文化相冲突，想要用这种包装或广告去打开伊斯兰国家的市场，只能是适得其反。在中国，月饼的包装常常以嫦娥奔月为主题，这就是一种以传统文化——神话为其文化意义的包装范例。但是，问题在于，如果所有的月饼都以这一神话为包装主题，那么，包装所起的符号示差性的作用就不复存在了。可见，在包装的符号化过程中，必须不断创新，才能使产品获得新意。

三　商品的空间符号

上面阐述的商品的符号化生产过程，讲的是单个或单个系列商品的符号化过程。但是，各个不同的商品和商品系列的组合、陈列与组织，即以某种文化的方式或符号化方式结合在一起，则在上面所讲的符号化过程的基础上使商品又获得了新的一层意义。商品的陈列展览如同作诗，它的每一个词都有自己的意义，但是，把它们以某种方式组合成一首诗以后，就获得了大于每个词本身的意义，即诗歌本身的意义。一个词是一个符号，对应于一个特定的含义，但一首诗则是一个更高层次的符号，隐含了更深、更丰富的文化含义。商品与商品的排列组合之间的关系，正如同词与诗之间的关系一样。商品组合作为符号，比单个商品具有更多的文化意义。我们把商品的陈列展览以及供商品陈列展览的场所和商场称作商品的符号空间。上面说过，商品可以通过符号化过程而变成代表某种意义的符号。但是，这种商品符号需要空间来展示。而商品空间本身也符号化了。这种符号化了的商品空间（上下文）反过来又使陈列于其中的商品（文本）获得了新的意义。

现代商场是最典型的商品空间符号，代表了消费文化发展的一个重要的里程碑。它的出现，可以追溯到西方19世纪中叶的百货商店。百货商店是零售领域对现代工业化所带来的生产力的迅速提高和产品的大量增加的一种反应。大生产要求大销售，于是百货商店应运而生。成千上万种商品集中陈列于一个百货商店，为消费者购物提供了很大的方便，因为只要入得其中，就几乎可以买到任何想要的商品（Corrigan，1997：50）。另一个促成百货商店在西方产生的社会因素是一大批中产阶级人士的出现。他们的购买力为百货商店提供了可观的市场，而百货商店中陈列的形形色色的商品反过来又成为资产阶级的价值和生活方式的物质体现（Miller，1981）。百货商店是资产阶级的梦幻世界，是欲望与物质、梦想与商业的结合（Williams，1982：65）。

罗莎琳德·威廉斯（Rosalind H. Williams）描绘了现代商场的三个特征：第一，商场使消费者暴露在大量商品信息的刺激之下，而又免除了消费者"当场购买某种东西"的义务（Williams，1982：67）。商场允许消费者自由地在商场中走走看看，而没有必须购买的压力。第二，商场不允许讨价还价，商品价格是固定的。在价格问题上，消费者只能被动接受（或不买）。第三，商场引进并使用消费信用制度，消费者可以分期付款（Williams，1982：93）。现代商场的这三个特征与传统的商店正好相反。在欧洲，传统的商店不能随便出入，进了就要买，不允许空手而出；价格上可以讨价还价；一手交钱，一手交货（在中国，饭店等小店允许熟客赊账）。现代商场除了具有上述三个特征外，又增添了不少新的特征，如允许退货、电话订货、送货上门等。这些特征使商场获得了文化意义，从而使商场这个商品空间符号化了，成为某种文化意义和社会价值的象征。首先，商场成为消费者"自由"的符号和象征。作为消费者，你可以自由出入、自由观看、自由选择、自由决定买还是不买，而不受任何限制。当然，这种"自由"是相对的。其次，商场成为消费者"平等"的符号和象征。商场贯彻的是"金钱面前人人平等"的原则。只要肯付钱就行，而不管你是白人还是黑人、上等人还是下等人、男人还是女人等。不管你是什么人，都有资格自由逛商场，以及观看甚至试用豪华商品。就"逛"和"看"这一点而言，消费者都是平等的。在这个意义上说，消费品平民化了。大众走进了商场，消费品也就走近了大众。当然，这种形式上、金钱上的平等不能掩盖某些事实上的不平等，因为没钱的下等人注定是看东西的多，买东西的少。再次，商场成为"快乐"的符号和象征。对许多消费者，尤其是女性消费者来说，逛商场就是不出城的旅游，是休闲和娱乐，是梦境中的漫游。琳琅满目的商品成为一个个赏心悦目的景观、形象和符号，挑起人的幻想，带给人乐趣。商场是许多消费者心中的梦幻世界。最后，商场是"富裕"的象征，里面的东西应有尽有，因此商场是消费主义生活方式的符号和物质体现。这种"富裕"的内容不但通过丰富的商品体现出来，而且通过商场本身的设计、布置和结构体现出来。一方面，商场以其面积和空间的"广大"来表现其摆放、陈列商品的巨大容量。这种容量首先使消费者对商场空间产生一种"敬畏"感，如同教徒在神秘的教堂里对上帝所产生的敬畏感（Corrigan，1997：55 – 56）。可以这么说，商场是消费者的"教堂"。另一方面，商场的设计和布置处处体现出"豪华"，从而使商场显现出高贵和优雅的气派或氛围，这种氛围使摆放于其中的商品（包括日用商品）摆脱了"廉价低档"的形象，从而提升了社会和文化档次（Corrigan，1997：56），衬托出中产阶级消费方式的社会象征意义。如果说下层阶级到简陋的廉价小店购物是恰当的话，那么，中产阶级去这种场合购物就不大符合他们的身份，而商场则是与他们的身份般配的消费空间。商场的这种符号化使商场对中产阶级具有特别的诱惑力。商场成为中产阶级消费者购物的理想空间（Corrigan，1997：59-60）。由于中产阶级本身就是都市化的产物，因而商场也是代表都市生活方式的符号（Corrigan，1997：60）。不仅如此，由于商场以女性顾客和雇员为主，因此商场又是女性公共空间，是女性化的符号消费空间（Corrigan，1997：61-65），是"没有亚当的伊甸园"（Corrigan，1997：50）。

  商场成为消费欲望的符号空间使陈列于其中的商品获得了新的意义。商品的陈列和展览使其中的商品也成为"欲望"的符号。再普通不过的商品，通过在商场陈列，便获得了另外一种意义，变成"欲望"的对象和象征。为什么大部分冲动性购买是发生在商场，而不是在廉价的小店呢？原因就在这里。在廉价的小店，我们是抱着实用的目的去购买，事先有明确的目的，购买时价格又是主要的考虑因素之一，因而理性占据了上风，冲动性购买就较少发生。而在商场，"逛"和"买"混在一起，我们通常没有非常明确的购买目标。琳琅满目的商品常常以一种不自觉的方式诱惑我们"自由"购物的欲望。感性的因素，而不是理性的因素，支配了我们的购买行为，从而冲动性购买更容易发生。即使我们事先有明确的购买清单，但到商场以后，受商品的诱惑，我们还是常常会购买一些额外的商品，即一些从理性角度看可买可不买的商品。同时，商场的设计也助长了这一倾向。消费者推着小推车一路走，一路挑，既自由，又潇洒，冲动性购买便不知不觉地发生了。这种"自由"的代价就是在出口处交钱，并经常是交超出预算的钱。更有甚者，在交款的最后一刻，诱惑还会发生。一些摆放在收款机旁边的糖果、口香糖、巧克力等小玩意，不时地挑起消费者的欲望，这些小玩意对消费者而言花不了太多的钱，但对商场而言却能带来重要效益。一句话，商场空间就是一个诱惑世界、一个布满了欲望符号的世界。在商场中，一切商品的外观和商场的布置，均不是纯粹的物和物质环境，而同时是符号，是某种社会和文化意义的符号和象征，是消费空间中的物质文化。

  对那些爱逛商场而又不打算购物的消费者来说，商品就是形象，就是符号，就是景观。逛商场之为消费活动，并非因为消费者一定要买，而是因为在"逛"的同时就是一种消费——对形象、符号和景观的消费。由于这种消费是一种休闲活动,因此也就是对时间的消费,即休闲消费、体验消费和快乐时光的消费。这种符号消费同时也是一种视觉消费,因为消费者只看不买,只图看个过瘾。商场里面的商品不是静态的,而是流动的。新品种不断登场,使商场成为一个符号流动的世界,成为一个每日都有新景观、新的好奇物的世界。商品的流动性保证了这种视觉消费可以日复一日地进行。对于这种视觉消费者,商家并非不欢迎。尽管只逛不买,视觉消费者还是对商场有利。第一,他们可能是"意见领袖",他们对商场和商品的了解对他人的购买活动可以起到"意见参考"作用。第二,这种视觉消费者客观上是在为他们的日后购买活动做准备。一旦他们有某种需求,并具备了购买力,就可以从容地到他们所了解的商场购买。第三,"逛"商场的过程同时也是一个潜在的欲望形成的过程。人们常常在"逛"的过程中不知不觉地产生了"要有"某种商品的欲望。可见,视觉消费者大军对商场来说是有益无害的。

四 物的符号转换

商品作为符号,所表达的意义并非都是一样的。商品代表或体现何种意义,取决于商品所处的具体文化环境、具体的社会关系以及消费者与商品的具体关系。商品在不同场合的运动导致了其意义的转变,这一过程可以被称为商品的符号转换。也就是说,随着商品在不同场合意义的转换,它的符号所指(the signified)也发生了变动。

科皮托夫认为,物如同人一样,也有自己的社会生命和"传记"(biographies)。正如人有心理的、职业的、政治的、家庭的和经济的传记,物也有其各种各样的传记——技术的、物理的、经济的和社会的。商品化只是物的传记的一种(参见 Kopytoff,1986:68)。之所以如此,是因为物被纳入了人的社会和社会关系。物的社会生命只有通过它与人的关系才能得到说明。马克思在《资本论》中所揭示的"商品的拜物教",说的就是商品的物的形式掩盖了隐藏在其背后的社会关系。

物的商品化是物的社会生命的一个阶段。从物质原材料到消费商品的转变,不但是物质形态转换的过程,而且也是物进入其社会和文化生命轨道的过程。前面说过,商品化的过程,不但是创造使用价值的过程

（技术化），是创造交换价值的过程（商品化），而且也是创造符号价值的过程（符号化）。物的商品化和市场化揭示了商品背后的社会关系，物的符号化则揭示了商品所携带的文化意义。从没有文化生命的原材料到有文化生命的商品，这是物在现代市场经济条件下进行符号转换的第一种情况。

但是，商品的符号化隐含了一个悖论。商品化意味着在数量上对商品进行等量化计算，即可交易化。然而，许多具有神圣含义的东西是被禁止进入交易领域的，因为它们被认为是无价的、崇高的和神圣的。因此，在每一个社会，文化都会对商品化或市场化进行一些限制，把一些东西排除在商品化范围之外，如公共土地、纪念碑、国家艺术收藏品、政权工具、国徽、勋章和其他仪式物品等（Kopytoff, 1986：73）。在不同的社会，什么东西具有商品的"候选资格"，以及什么东西不可进行商品交易，其标准是不同的；这种区别是由文化和社会决定的（参见 Appadurai, 1986：13-14）。例如，在古代部落社会，妇女如同物一样可用于交易；而在现代社会，这种交易是受到法律和道德禁止的。可见，在商品化世界和非商品化世界，存在一个文化上的界限。因此，一些神圣的东西一旦被商品化，它的神圣含义就被剥去了，转而获得了另外一种世俗化含义，如人体器官的商品化就是一例。可以说，现代化对传统文化的冲击，很大一部分在于商品化原则对传统文化原则的腐蚀。这种发生于物身上的由神圣意义向世俗意义的转变，就是物的符号转换的第二种情况。

物的符号转换的第三种情况是物的"去商品化"过程。德国社会学家齐美尔认为，在传统的手工业社会，不论生产者，还是消费者，与手工产品的关系都是一对一的关系。也就是说，某个手工产品对生产者或消费者而言都是"这一个"，即独一无二的产品。因此，这种产品对消费者（以及生产者）来说，充满了主观意义和个性化含义。但是，随着工业化所带来的机器大生产和劳动的技术分工，不但生产者与产品越来越疏远，而且产品对消费者而言也失去了手工产品所具有的个性化含义和主观意义（如裁缝做的合身的衣服）（Simmel, 1990：457）。当然，这不是说机器生产的产品对消费者而言就不具有意义，而是说，这种批量生产的产品的意义被稀释了、类型化了和客观化了。为了使某一类产品同时适合更多消费者的需求和品位，产品被设计成代表某一类型的、客观化的意义。于是，在产品使用范围扩大的同时，消费生活也被模式化了（Simmel，1990：455）。我们在前面讲的从文化世界到商品的"意义转移"中的"意义"（McCracken，1988），其实说的是客观意义，也就是类型化的、适合于一大批人的客观意义，而不是仅适合于某个消费者个人的、主观的、独一无二的意义。因此，为了使商品的意义从类型化的、一般的和客观的意义转化为适合消费者个人的主观的和个性化的意义，消费者要对其进行"去商品化"（Kopytoff，1986）。也就是说，消费者通过"占有"仪式（McCracken，1988：85-86），即购买仪式，而使商品单个化和个人化，成为"为我所用"、"适合于我"的商品，并在消费过程中逐渐赋予商品个人的情感和主观意义。这样，商品就逐渐改变了原来的符号所指，而成为代表个人的主观意义的符号。这就是物的符号转换的第三种情况。

物的符号转换的第四种情况是物的神圣化过程。物对人不但有使用价值，而且还有情感价值。对许多消费者来说，对物品的使用过程，同时也是物的情感化过程。每个人都有自己所钟爱的物品，不会轻易丢弃或转让。在这方面，最典型的要数收藏爱好者和集邮者。收藏品和邮票被消费者赋予很强的个人情感和意义。有的集邮者甚至因为集邮本遗失，就觉得生命失去意义而自杀。这种物品的情感化过程，也就是物的神圣化过程。物脱离了世俗物品的圈子而获得了不同寻常的、仪式化和神圣化的意义，成为这种神圣意义的符号和象征。与此相关的消费，就是"神圣消费"（所罗门，1999：479）。与收藏一样，旅游也是一种神圣消费。一方面，旅游景点在被消费者所广泛接受以前，先要经历一个神圣化过程（MacCannell，1976）；另一方面，旅游本身就是对时间的神圣化消费。旅游不同于世俗时间，是神圣的历程仪式，也就是神圣化时间（Graburn，1989）。而旅游纪念品作为"到此一游"的有形证据，也被神圣化了，成为具有珍藏意义的符号纪念品。

作为商品，其消费周期是有限的。换句话说，产品或商品也和人一样，有生老病死，有生命周期，有寿命（油谷遵，1989：89）。就物理寿命来说，商品总归要被损耗、要坏掉，最后不能再用。但是，当今商品的社会寿命远远短于其物理寿命。为什么呢？原因部分地在于文化方面。商品是某种意义的符号，但是，由于社会环境的变动，使得商品的符号意义不断发生变化。商品所代表和隐含的意义不再是永恒的，是会消失的。商品原有意义的消失，意味着它的"正"符号功能的终结，从而获得了"负"符号功能。也就是说，商品失去了意义，变成了垃圾，变成了不受喜爱、不被欢迎的东西，从而可以被丢弃。在后现代主义的消费社会，商品的社会寿命越来越短，产品的更新换代越来越快，说明商品的符号意义向衰退方向发展的速度越来越快。这种商品的意义的消失，就是物的符号转换的第五种情况。

第八章
规范消费文化

　　德国社会学家韦伯（Weber，1978）认为，人的行动是具有某种意义的。例如，猎人用枪瞄准动物，一个人在用斧头砍树，均可以看作是某种"意义"的显示（例如，"打猎"、"准备冬天取暖的燃料"）。因此，从这个角度来看，行动是显示某种"意义"的符号。关于行动的符号性，在美国哲学家和社会心理学家米德（Mead，1934）那里有更为清楚的表述。他认为，人的姿态、动作和举止都可以看作是某种意图或意义的符号。人们往往根据他人行动的符号（即将发生的行动的预示）而决定采取相应的回应行动。因此，社会互动实质上是符号互动过程。

　　但是，人的可观察行为不但是主观意义的表达符号，而且也是社会或文化意义的显示符号。例如，人们向国旗敬礼的礼仪行动就可以看作是爱国热情和民族认同情感这种"集体意识"（即社会意义）的礼仪符号。这种集体意识是存在于社会成员之间、为社会成员所共同拥有和得到一致理解的，因而可以称作"主体际性"（intersubjective）的意义。主体际性的意义（集体意识）既可以通过语言，也可以通过行动符号来交流、沟通和继承。而传统的、习俗的和礼仪的行动均是表达主体际性的社会意义（集体意识或情感）的典型的符号和象征。

　　通过习俗、传统和礼仪的行动（表层结构）而表现出来的"主体际性的社会意义"（意义结构）往往具有相对的稳定性、普遍性和连续性，因为它的符号表达受到某种符号规则和编码（深层结构）的支配与制约，也就是说，受到社会的价值规范系统（即规范性的行为规则体系）的支配和制约。美国社会学家帕森斯认为，人的行动系统是受价值和规范系统支配的。正是这种价值和规范系统支配与调节着我们的行为方式。每一个社会都有自己的价值和规范系统，这一系统不但调节人们的行为，而且通过社会化过程而内化为每一代人的人格结构，从而代代相传。因此，价值和规范系统作为行为的符号规则，是通过人的心理—人格结构发生作用的。因此，要解读行为符号的社会意义，关键在于掌握符号背后的深层规则，即社会的价值和规范系统。正是这一深层结构，使人们的行为不再呈现为无序的、杂乱无章的状态，也不再单纯表现为纯粹的理性选择，而成为一种受规范和惯习支配的有序的、模式化和连贯化的行为方式。这种受价值和规范系统支配的、显示某种主体际性的社会意义的行为方式，可以称作规范性文化。它既是某种集体意识的表达符号，又受隐藏在其背后的某种价值和规范系统（符号规则）的支配。因此，对消费的规范性文化（即消费行为方式）的"解读"包括两个任务：一是"解读"它的"意义结构"，即"主体际性的社会意义"（集体意识）；二是"解读"它的符号编码和规则（行为符号的深层结构），即作为行为的规则并内化为人格结构的一部分的价值和规范系统。由于行为规则（价值和规范系统）直接影响到对主体际性的社会意义的表达，所以，本章的重点在于探讨消费行为背后的价值和规范系统（深层结构）是如何支配行为方式（表层结构）而表达某种集体意识（意义结构）的。但是，在行为领域，行为方式（表层结构）作为符号所表达的社会意义（意义结构）和所体现的行为规则（深层结构）常常是混在一起的，很难分开。不过，行为规则更多地体现为一种习惯，而行为所传达的社会意义或集体意识则更多地存在于人们的意识和情感中。

规范文化是人类文明创造的成果。按弗洛伊德（Freud，1963）和伊莱亚斯（Elias，1978；1982）的看法，文明化的过程就是人类不断摆脱动物性冲动而进行自我约束的过程。这种约束的力量就是价值和规范系统，是人们共同创造的。用伊莱亚斯的话说，它的产生经历了一个"社会发生"的过程。价值和规范系统产生以后，成为超个人的力量而对人的行为起调节、规范、引导和制裁的作用，并通过家庭、教育等社会化过程而内化为个人的人格系统或心理—情感结构，从而使外在的制约转变成内在的自我约束，使"他律"变成"自律"。伊莱亚斯把价值和规范的内化过程称为"心理发生"的过程。社会的价值和规范系统通过每一代人的"心理发生"过程而得以延续和继承（Elias，1978；1982）。规范文化可以说是一个社会、民族或地域的文化 DNA 或文化编码。因此，要了解一个社会、民族或地域的文化，就要从人们的行为中找出这种文化 DNA 或编码。这种文化编码构成了人们行为的深层规则，它支配可观察行为（表层结构），并通过行为方式来显示、传播和延续某种集体意识（意义结构）。

本章所讲的"规范消费文化"或"消费的规范文化"，指的就是受某种价值和规范系统支配的、传达某种集体意识或潜意识的消费行为方式。换一种方式说，"消费的规范文化"说的是消费领域中的规范文化，即消费行为方式如何在某种价值和规范系统支配下，成为某种集体意识（或社会意义）的符号显示系统。消费领域中规范文化的存在，表明消费并不是纯理性的个体行为，而是受到社会的价值规范制约和支配的行动。仅仅从"经济人理性"的角度来把握消费，只能在方法论上建立一个理想化的消费模型，这种模型同现实中的消费现象还是有明显的差距的。这种差距之所以存在，是因为消费并不只是个体的理性化行动，而同时也是非理性行动、传统行动和社会地决定了的规范性行动。个人的消费行动是受到他人的影响的，是受到社会的价值和规范制约的。要真正了解消费，不但要把握消费者是怎样在现有的资源条件下来实现消费效用的最大化，而且要懂得消费者的消费行动是如何受消费价值规范的影响的，表达了怎样的集体意识和情感，等等。

一　家庭消费规范

在由北京大学社会学系编写的《社会学教程》（北京大学社会学系社会学理论教研室《社会学教程》编写组，1987：107）一书中，家庭的定义是这样的：

> 家庭是在婚姻和血缘关系基础上建立的以夫妻子女为基本成员的、共同生活的初级社会群体。家庭是社会的细胞，是人们社会生活的基本单位。在传统社会中，它既是生产单位，又是消费单位。在现代社会中，大多数家庭已经不是生产单位，但仍是消费单位。家庭还担负着人类再生产等职能。

作为消费的基本单位，家庭也是消费的规范文化存在和发挥作用的基本场所。研究家庭的消费规范是研究规范消费文化的一个重要途径。家庭消费不但是基于家庭的收入而进行的理性活动，而且也是受传统规范和价值支配的行为方式。每一个社会及其文化不但有支配每一家庭成员之间关系的伦理规范和价值（如古代中国妇女的"三从四德"），而且也有调节家庭成员之间的消费关系的价值规范。这种消费价值规范包括三个方面：一是每个家庭成员都要遵守的价值规范；二是调节家庭成员之间关系的消费价值规范；三是家庭理财规范。

从方法论上说，了解一个民族传统的消费价值规范，有两种方法：一是从源头上考察"价值立法者"（即大思想家）的文献；二是对现有的研究对象直接进行调查。第一种方法就是考证重要思想家的文献中关于消费价值观和规范的论述（刘光明，1999：138～146）。这种方法的局限在于，这些文献所阐述的价值观和规范在多大程度上为大众所接受，以及有多少历史连续性，都还是悬而未决的问题。第二种方法很显然只适合对当前的研究对象进行研究，而不适合对历史进行研究。除了这两种方法以外，另外一种方法则是考证历史证据。例如，比较普遍流行的儿童道德启蒙和训诫读物，就可以充当这种证据，因为这些读物在很大程度上及范围内为大众所接受，影响广泛且久远，因而在社会研究方法论上是更具有效性和说服力的研究传统价值观念的证据材料。

先来看第一种消费价值规范。在中国传统民间社会，"崇俭"是家庭消费规范的核心。如果说"勤"指的是生产劳动方面的主要价值规范，那么，"俭"则是家庭消费的基本价值规范。所谓"俭"，就是在消费上讲究节约、适可而止，反对铺张浪费。在农业经济和手工业经济的条件下，人们倍感体力劳动的艰辛和劳动成果的来之不易，因而很自然地产生在劳动成果的消费上的节俭观念。浪费则被认为是对劳动成果的不尊重（刘光明，1999：138）。"锄禾日当午，汗滴禾下土。谁知盘中餐，粒粒皆辛苦"，这首脍炙人口的唐诗描述的就是这种情况。它被千千万万个家庭当作向子女灌输"节俭"消费价值观的生动教材，从而广为传播，深入人心。在清中叶以后盛行的儿童道德和行为规范训诫读物《弟子规》中，就明确地宣扬了"节约"和"俭朴"的消费规范与价值观念，如"衣贵洁，不贵华，上循分，下称家"，"对饮食，勿拣择，食适可，勿过则"，"若衣服，若饮食，不如人，勿生戚"，都宣扬了消费崇俭、反对铺张浪费和消费攀比的价值规范。日常流行的口头语和成语也从一个侧面反映了人们传统的消费价值观,如"物尽其用"、"艰苦朴素"等。

这种传统的节约和俭朴观念在延安时期的中国共产党人身上得到了最突出的表现。这一方面是由于战争和国民党的封锁所带来的极端贫乏的经济条件使然;另一方面则符合了传统的消费价值观念。毛泽东的"节约闹革命"、"节约每一个铜板"、"艰苦朴素"、"勤俭建国"、"反对铺张浪费"和"贪污和浪费是极大的犯罪"等口号也曾教育了整整一代的革命干部。毛泽东甚至曾对农民的消费生活做过非常具体的指示:"忙时吃干,闲时吃稀。"毛泽东自己就深受传统消费价值观念的熏陶,始终保持着俭朴的生活方式。同样,许多出身贫寒、后来在海外奋斗的资本家,如陈家庚,虽然家财万贯,倾其所有资助教育,创办了厦门大学,但自己却过着十分简朴的生活。从经济学的角度看,一个人的消费水平上去以后,不大容易降下来,但一旦他的收入水平提高以后,他的消费水平就会马上跟着同步提高。但现实情况并非完全如此。历史上和现实中不少历尽沧桑而发财致富的人还保持着俭朴的生活方式的例子屡见不鲜。造成这种状况的原因就在于他们原有的消费价值观念还在支配着他们的行为。

改革开放30多年来,人民的物质消费水平有了很大提高,消费的"热点"也曾一波接一波,但是,老百姓基本上还是保留了传统的崇俭节约的消费观念。一方面,客观上这种消费价值观同大部分人的收入水平还不是很高的状况相适应;另一方面,随着改革的深入,对未来风险预期和支出预期的加大,以及收入预期的不确定性,也构成这种传统的消费价值观继续存在和发挥作用的社会条件。但是,即使生活条件大为改善,传统的消费价值观仍然还在很大程度上影响着人们的消费生活。人们即便不再过着从前那样的俭朴、贫穷的生活,"节约"和"反浪费"观念,在人们身上,尤其是在年长一代人的身上,还是根深蒂固的。

另一种家庭消费价值规范指的是调节家庭成员之间关系的消费价值规范。首先,中国传统农业社会中调节夫妻之间消费关系的价值规范有"男主外,女主内"。也就是说,男人外出劳作,或种地,或赚钱,以养家糊口。男人在消费关系的分工中,承担了获取消费资源的重任。而女人则在消费关系的分工中,承担了照顾家庭、提供消费服务的角色,即洗衣、做饭、带孩子等。女人不但通过提供消费服务(如烹饪)而使半成品转化成终极消费品(如饭菜),而且她的服务本身就是其丈夫、公婆和孩子的服务消费品(如洗衣服)。在这种分工中,男人因为"获取消费资源"的角色而在家庭中获得了支配权力（夫权）；女人则以"提供消费服务"的角色而从属于男人。之所以如此，大抵是因为人们认为，"获取消费资源"是要凭本事和力气的，而"提供消费服务"则是不需要什么训练的。关于这种男女分工，费孝通（1998：122）在《乡土中国　生育制度》一书中有这样的描述：

> 男女分工虽则并不一定根据他们的生理上的特质，有时却可以分得很严，甚至于互不相犯。我们乡下就有一种谚语说："男做女工，一世无功。"分工的用处并不只视为经济上的利益，而时常用以表示社会的尊卑，甚至还带一些宗教的意味。就是那些不必要特别训练的工作，好像扫地、生火、洗衣、煮菜，若是社会上认为是男人不该动手的，没有人替他们做时，他们甚至会认为挨饿倒可以，要他们操作却不成。

1949年后，随着与妇女有关的政策的变化以及工业化发展，越来越多的妇女参加了工作，夫妻关系也相应地发生了变化，妇女的家庭地位和社会地位都有了很大的提高。当然，不可否认，由于传统价值观念的顽强性，中国大陆的男权主义还是有相当市场的，而这在农村表现得更为明显。例如，1977年笔者到农村插队刚开始劳动时，尽管干的农活比起村里的女青年要差得多，却可以拿比她们高的工分（8分）。按村里的规定，妇女一天的工分最多不能超过7.5分，而成年男子则一律拿10分。男人收工后，还干点儿挑水等力气活。但吃完饭后，男人们就聚在一起聊天打牌；女人收工后，要做饭、洗碗、喂猪、洗衣服，一直忙到睡觉。当然，一些家庭劳动力多，主妇就在家全职做家务。即便在城市，男人对传统上这种消费关系的分工持怀旧态度的还大有人在，而"女人回到家里去"、"女人回到厨房去"的口号也有不少响应者。在现代的城市生活中，大部分女性依然是家庭消费服务的主要承当者（王琪延，2000），这正是传统消费关系分工分配给女人的"消费服务"角色的某种延续。

其次，中国传统的家庭消费规范还涉及子女与父母以及兄弟姐妹间的消费关系。就子女与父母的消费关系来说，传统的家庭消费规范强调"孝"。就幼者与长者的消费关系来说，传统的家庭消费规范强调"敬"。《弟子规》中说的"入则孝出则悌"，"或饮食，或坐走，长者先，幼者后"，"事诸父，如事父，事诸兄，如事兄"，"亲有疾，药先尝，昼夜侍，不离床"，强调了子女、弟妹在消费生活上对父母、兄长的孝敬和尊敬态度。宋朝问世的《三字经》也说，"融四岁，能让梨，弟于长，宜先知"。通过"孔融让梨"的故事，《三字经》向儿童灌输了"谦让"的家庭消费规范。在消费品匮乏的条件下，这种谦让对维持家庭以至社会的秩序而言都有重要作用。

再次，中国传统的家庭消费规范还涉及家庭消费决策规范。中国传统社会在家庭决策（包括消费决策）方面的价值规范，强调的是家长决策权。丈夫或父亲成为家庭消费安排的举足轻重的决策者，妻子或子女只有听从的分儿。南北朝流行的儿童识字课本《千字文》就主张"夫唱妇随"的价值规范。《弟子规》则强调子女对父母意志的绝对遵从。《弟子规》说："父母呼，应勿缓。父母命，行勿懒。父母教，须敬听。父母责，须顺承。"家长成为社会道德规范的化身。因此，在家庭决策（包括消费决策）上，子女对父母只有服从的分儿，而很少有自己的发言权。不过，在现代，家庭的消费决策规范发生了根本的变化。随着妇女的家庭和社会地位的提高，家庭消费安排在很大程度上成为夫妻双方共同商量、决策的事情。子女，尤其是独生子女，在家庭消费的决策中，也扮演了日益重要的角色。在不少问题上，家长甚至是以独生子女的好恶为导向。

最后，再来看看家庭理财规范。理财是关于家庭消费安排的策略。乍看起来，理财应是理性的行为，而不是规范性的、道德性的行为。在这里，不应把"理性"和"规范"绝对对立起来。许多行为方式，起初是理性决策的结果，但是，随着人们将这种行为方式总结为行为规范，以让后来者遵从，原先理性的行为方式就转化成规范（或传统）。这种规范，可以称作传统规范。在这里，传统被当作"智慧"的结晶，因而要求后人必须、应该或有义务服从。于是，"传统"成为权威，成为后人必须服从的为人处世的模式。这种对传统的遵从就不完全是理性行为，而是介于理性与非理性之间的边界行为（即韦伯所说的"传统行为"）。在家庭消费安排与理财方面，不乏这种传统规范。例如，日常用语"精打细算"、"量入为出"、"细水长流"、"货比三家"、"勤俭持家"、"无债一身轻"等，均反映了这种传统的理财规范。这些规范至今还支配着许多人的理财行为。

此外，家庭还是消费规范社会化的基本场所。社会的消费规范必须主要通过家庭的教化功能来灌输给下一代。例如,餐桌上的进餐礼仪,就主要是在家庭中培养的。社会不但有关于"消费什么"的规范,而且也有"怎样消费"的规范。例如,进餐礼仪就是关于怎样以合乎文化和规范的要求来进餐。伊莱亚斯在《文明的进程:仪态的历史》(Elias,1978)一书中,就通过当时的《礼貌指南》而对西欧中世纪以来的餐饮消费仪态进行了详细而深入的研究。他认为,消费仪态的进化首先从上层阶层开始,然后扩散到下层阶层。之所以如此,是因为上层阶层如朝廷贵族处在权力角逐的中心,被迫对自己的生物性冲动做更为严厉的自我约束,以便塑造更取悦人,尤其是取悦国王的社会形象。其结果之一就是内在的人格系统发生了结构性的变化,人的自我约束力增强了,观察力更敏锐了,情感更细腻了,行为举止更"优雅"了,从而消费仪态也更讲究、更"文明"了。随着下层对上层的模仿,这种"文明"的仪态举止就不断扩散,并积淀为整个社会的行为规范(Elias,1978)。随着这种心理结构的改变和"自我约束"机制的建立,嘴巴不再仅仅是进食的通道,同时还是体现文明的进食规范和礼仪的地方。"当我们咀嚼时露出了食物或食物沾在下巴上时,它们便显得令人恶心。邋遢的进食者往往不见容于社会和道德习俗——他们常常被人耻笑为猪猡或没有教养。""当然,作为人就必须进食。但为了恪守社会和道德的习俗,他们必须吃得像个人样,即吃的方式要符合他的种族、种姓、阶级、宗教以及年龄等身份,而不是——比如已经是成人了——还是像牲畜、野蛮人、异教徒或婴儿一样进食。"(奥尼尔,1999:43)而把后代培养成合乎某种消费行为规范的人,就是家庭的一个重要任务。

二 交际消费规范

我们之所以有规范文化,说到底,是因为我们处在社会关系中。社会要有秩序,就要有某种人人都遵守的东西。这种东西可以是法律,也可以是道德或文化(规范文化)。法律是强制的,而文化则是发自内心的(当然,法律和文化并非完全对立,也可以合而为一)。如果违反了法律,代表国家的法律机构就要来惩罚你;如果违背了文化,则人人都可能以某种方式来"处罚"你。例如,当大家都觉得用袖子揩鼻涕是不文明的时,你若这样做了,就显得你没教养;你违背了文化,"得罪"了文化,触怒了文化的承载者——大众,所以文化也要以某种方式来"得罪"你——人们讨厌你,取笑你,排斥你,把你当另类看待。

人们的交际关系不但是社会关系的体现,而且实际上就是文化关系、伦理关系和规范关系。而交际关系不可避免地要涉及消费关系,从而,人们在交往实践中,需要遵循某种交际消费规范。这种交际消费规范调节着处于交往关系中的人们的消费行动。这种交际消费规范解释了许多矛盾的消费现象。比如,一方面,人们是那样的俭朴节约;另一方面,人们又是那样的铺张浪费。其实,这种矛盾来源于两种不同的消费规范:一是家庭内部的消费规范;二是交际消费规范。当消费仅限于家庭内部、成为自己私人的事情的时候,消费行动遵从的就是"崇俭"的规范。但是,当消费涉及与他人和社区互动的关系时,便不再是私人的事情,而是公开的、涉及"面子"的事情,所以不能从简,而要遵循另一种规范,即交际消费规范。交际消费经常被迫要铺张、张扬和夸耀。这种铺张性消费既是人们相互之间互动的结果,也是某种文化规范促成的结果。人们遵循了某种游戏规则(交际消费规范),一切互动便依这种规则进行。人们的交际消费规范有哪些内容呢?不同的社会、民族和时代,有不同的交际消费规范。不过,总体来说,交际消费规范涉及的基本内容至少包括两个方面的内容:第一,交互性义务;第二,"面子"。

先来看"交互性义务"这一交际消费规范。法国社会学家迪尔凯姆的侄子马塞尔·莫斯在《礼物》一书中对礼物交换和礼物经济中的交互性义务做了深刻的论述。他指出,在传统社会中,物品的交换是通过礼物交换的形式来进行的。在那里,礼物交换的主体不是经济人,而是道德人,是集合主体——部落、氏族和家庭。团体首领则是交易的中介人(Mauss,1966:3)。从理论上看,交换礼物是出于自愿的行为,但在事实上,礼物的赠送与回赠是一种义务(Mauss,1966:1)。在礼物交换中,不但赠送是一种义务,而且接受也是一种义务。拒绝赠礼或受礼,如同宣布一场战争,也就是拒绝友谊和交往。而礼物的"赠"与"受"均是义务(Mauss,1966:11)。受礼之后的回礼更是一种交互性义务。只受礼而不回礼,将有损一个人的面子和名声(Mauss,1966:63)。一旦一个人、一个家庭或一个部落接受了对方送来的礼物,也就等于同时接受了某种道德意义上的挑战,因为受礼就是将自己放在了道德"债务人"的地位,而处于被迫还礼的义务和"道德债务"的压力之下(Mauss,1966:40)。可见,表面上看起来慷慨大方、自觉自愿和无私无欲的礼物赠送实则是一种契约性的和有道德利害关系的行为。礼物赠送的外表具有夸张和社会欺骗性，因为它客观上是出于契约、出于经济上自利的行为（Mauss，1966：1），尽管人们在主观上不是这样想问题的。阎云翔（2000）通过对中国一个村庄的礼物经济和礼物交换的田野考察，对体现在礼物交换背后的互惠原则、人情伦理和关系网络做了深入、细致的研究。

人们在人情交际中的消费关系包括礼物交换。的确，礼物交换常常是"编织"或"再生产"人情交际网络的途径之一。但是，人情交际还包括礼物交换之外的其他交互性消费活动，如请客吃饭、以茶会友、以酒待友等。这些交际消费也受到交互性义务和道德契约的支配与制约。在实际生活中，人情交往活动与消费活动往往是难以分开的。一方面，人情交际本身讲究交互性。有来就有往，"来而不往非礼也"。来往本身就是一个交互性义务。另一方面，若"有朋自远方来"，光像孔子所说的"不亦乐乎"还不够，还要有所表示，进行招待或款待。可见，人情交往活动同时就是一种交互性消费活动。客人要送礼，主人要招待，已经成为不成文的道德规范（隐性契约）和义务。当然，这种交际消费是限定在一定范围内的，"走亲访友"是其主要范围，陌生人则在这个圈子之外。人们之间关系的亲疏成为人情交往强度的主要依据；反过来，志趣相投而导致的交往频率增加，又在创造或加强着某种亲密关系。

可见，从上述礼物交换中体现出来的"交互性义务"同样成为支配人们交际消费的一个基本规范。以"宴请"为例。如果"邀请"是一种义务，那么，"接受邀请"同样是一种义务。因为某种喜事、答谢或其他仪式性目的，设宴款待客人是主人的一种义务。与之相应，接受邀请出席宴会则是客人的义务。如果客人拒绝出席宴会，就被认为很不给主人"面子"。因此，实在不想赴宴又不想使主人失"面子"，客人就必须找到一个很好的理由或借口。反过来，如果客人接受了邀请而赴宴，就是把自己放在了"欠债"的位置，也就是说，客人处在了道义上"欠人情"的位置。而接受了这个位置，也就等于同意日后客人要对主人"还情"。在这个意义上，接受"邀请"的确是给主人"面子"。客人对主人的"还情"有几种不同的方式：一是"当面结清"，客人带上礼物给主人，及时免去了道德债务；二是记住主人的人情，以后找个适当的机会回请；三是始终处于"欠人情"的位置，当主人需要某种帮助时出面或出力。不过，那些头人、族长或权贵是不需要"还情"的，因为他们的地位、权力和声望使得他们的出场本身就是送给主人的最大礼物和"面子",是看得起主人,帮着主人在邻里或社区挣得了"面子",而这种"面子"是无价的。通过宴请而把客人推到"欠人情"的位置,这个"交互性义务"原则在当代经济生活中也被广泛地运用。在现代生活领域,求人办事,或进行经济交往,请人吃饭便成了司空见惯的做法。它是传统交际消费规范在现代的延伸。

在传统社会的交际消费中,也存在着单方面的待客规范。例如,对待客人"热情"、"好客"和"慷慨",就是中国各民族传统的待客规范。这种"好客"规范并不期待客人的回报,而是一种传统的并内化为个人性格的从而发自内心的行为规范。因此,怠慢了客人,对主人来讲就是尴尬、难堪和丢"面子"的事情。所以,即使经济条件并不宽裕,每当客人到来的时候,也要尽其所能招待好客人。这种习俗在少数民族地区尤其突出,至今不变(详见钟敬文,1998:80~82)。在传统社会中,"敌人"与"朋友"是截然分开、不可相容的。"朋友来了有美酒","敌人来了有猎枪",说明了对敌对友不同的接待规范。那么,对那些敌友难辨的陌生人采取什么规范呢?在传统社会中,对那些远道而来、身份不明的陌生人,当地人往往把他们当客人来招待。在古罗马和中世纪西欧各国,当地人对陌生人的招待和好客,在文献中已有详细记载(例如,Bruckner,1980)。中国古代各民族也都存在着这一习俗。因此,在传统社会,"好客"这一规范被泛化了。

客人对主人的回报是一种义务性行为,但这种"义务性"回报必须裹上"人情"的外衣。因此,在传统规范中,直接以金钱作为回报,在道德规范上是不被允许的。因为这样一来就等于把主人"无私"的、"慷慨"的、"好客"的款待贬低为"求利"的、"交易"的、"有所图"的行为。赤裸裸地用金钱作为对主人招待的回报,在某种意义上就等于是对主人的"侮辱"。因此,人们往往是以实物,而不是金钱本身,作为送人或回礼的礼物。在西方,这种情况同样存在。道格拉斯和伊舍伍德在他们的著作《物品的世界》中说,在西方社会,现金和礼物之间的界限是非常小心地被划定的。"送鲜花给你的住在医院的姑姑是合适的,但送够买花的现金并让人家自己去买花就是不合适的。馈赠午餐或饮料是恰当的,但是,馈赠够买午餐或饮料的钱就不恰当了"(Douglas and Isherwood,[1979] 1996:38)。这种规范在当代中国发生了变化。金钱越来越多地取代实物而被当作礼物送人，这一趋势体现了"送礼"的"理性化"程度的提高。的确，收到的实物礼物常常容易重合，且许多没有实用价值。因此，在商品经济条件下，以金钱取代实物作为礼物给受礼者带来了很大的方便和好处。但是，现金作为商品交易的媒介和符号，毕竟是同人格化的、道德化的和情调化的礼物相对立和冲突的。用它来送礼，容易使人联想到"交易"和"算计"关系。于是，人们在礼物的"理性化"和"人情化"之间进行了某种符号包装：裹上一层红纸，使现金的交易色彩被罩在象征人情礼仪的红纸后面。可见，"红包"是一种文化符号，是一种具有深厚文化内涵的礼物现象。

调节交际消费的另一个重要规范就是"面子"。在中国传统社会，"面子"是极其重要的东西，是人的道德存在的命根子（关于中国人的"面子"或"脸面"问题，翟学伟做了一系列深入的探讨，参见翟学伟，1998）。失去了"面子"，对人的道德生命就构成威胁；而道德生命在讲究人情信誉的传统社会中，又是至关重要的。因此，人们的活动，不纯粹是对经济利益的理性算计，而还要顾及"面子"（道德资本）的得失，因为"面子"有时比纯粹的经济利益更重要。这就是为什么商人在中国这个传统的"面子"社会被人在道德上看扁了的原因。"无商不奸"，就是人们对唯利是图的商人的道德评价。这也就是费孝通在《乡土中国 生育制度》中所讲的在乡下商人何以以陌生人和外来人居多的原因，因为对熟人"讲面子"同经商是相冲突的。"商业是在血缘之外发展的"（费孝通，1998：74）。所以，在交际消费中，人们所考虑的，主要还是怎样不失"面子"、维护"面子"甚至挣足"面子"。于是，消费成本的经济计算让位于对失去"面子"的恐惧，"面子"成为决定交际消费支出的主要依据。有时，即便交际消费支出超出了人们的支付能力，但为了"面子"，人们即使借债也得照样按某种交际消费标准支出。所以，要"面子"是有代价的，它有时构成一种不得不履行的道德义务。即使在今天，"面子"依然在当代人的消费中扮演重要的角色（姜彩芬，2009）。

"面子"可以区分为主动的面子和被动的面子。被动的面子指的是由于受到物质资源的约束，按照不低于社会所期待的标准进行送礼或回礼（或进行消费），以维护面子，其目的在于不丢面子。主动的面子指的是以超出社会期待的标准来送礼或回礼（或进行消费），以获取面子。为了挣得"面子"，人们往往在回礼或回请中以高于对方原有的标准回礼或回请（Mauss，1966：63；Radcliffe-Brown, quoted in Mauss, 1966：18）。只有在回礼中回得更多，礼物档次更高，或在回请中规格更高，才能在"面子"上超过对方。"面子"因素的介入，使得"交互性义务"演变成一场马拉松似的"面子"竞赛。你请我的客规格高，那么，我回请的规格就更高。其结果是交际消费标准的不断提高。以纯理性的原则是难以解释人们何以做出这种看似"荒唐"、"无理性"的消费行动的，只有从道德规范（"面子"）的角度，才能真正理解这种交际消费行为背后的"理性"。而参与其中的所有个体的"理性"行动客观上导致了总体上的"无理性"结果。

三 消费习俗与消费规范

消费往往是受习俗支配的。习俗是从历史上传承下来的，是规范人们行为和心理的一种力量和方式。习俗是一个民族、地域或群体集体创造和流传的传统习惯。它通过社会化过程而内化为个体的行为和心理习惯，从而对人的行为起规范、引导和支配作用（参见钟敬文，1998）。习俗往往是同一定的意义相联系的，体现了人们对世界、事件、人生或神灵的某种看法、解释或信仰。因此，习俗常常同某种"传说"相关。与此同时，习俗又总是以一定的模式化的行为方式和礼仪形态出现。在这个意义上，习俗是一种行为符号，它通过一定的行为方式表达了人们的价值观念、信仰、企盼和对事物的理解与解释。不仅如此，习俗一旦形成，还对后人具有规范作用，因而它又是一种行为规范。

习俗包括日常习俗和仪式习俗。日常习俗由传统的日常生活程规（routines）构成，是日复一日、周而复始地进行的日常生活程式，如广东人在吃主餐前喝汤，而福建人大都在饭后喝汤，就是不同的日常消费习俗。仪式习俗可以是日常的（如伊斯兰教徒每日的祈祷），但更多的则是非日常的、有时段间隔的、周期性或不定期的，如生日仪式、结婚仪式、丧葬仪式等。日常习俗可以以个人为单位进行，而仪式习俗则以群体为单位进行，如家庭、社区、地区或民族。

但不论日常习俗还是仪式习俗，均是传达人们的"社会来源"（social origin）和"社会认同"（social identity）的符号。为什么呢？因为习俗总是具有一定普遍性的，为一个群体、地域或民族所共同拥有和遵守的传统行为方式。正是由于习俗的群体共同性，使它获得了某种社会整合的功能。共同的习俗常常使人们产生共同的群体、地域或民族归属的情感，这种归属感常常可以成为一个群体、地域或民族凝聚的纽带和沟通的桥梁。所谓"老乡见老乡，两眼泪汪汪"，说的就是这个意思。"物以类聚，人以群分"，相同的习俗是使人们得以更容易地聚在一起的因素之一。而不同的习俗则经常成为对人们加以区分的标志之一，在某种情况下甚至可能变成使人们相互隔离、排斥甚至对抗的一个原因。例如，不同的宗教习俗常常导致不同的教派和不同宗教信仰的民族之间的冲突和战争。再比如，上层阶层也会（部分地）因讨厌下层阶层的一些习俗（如不讲卫生）而同下层阶层保持一定的距离；反过来，下层阶层也会因生活习俗的不同而对上层阶层敬而远之甚至恨而远之。因此，习俗既可能成为社会整合的工具之一，又可能成为社会分裂的因素之一。研究习俗（包括消费习俗），对于群体和民族之间的跨文化沟通，以及不同民族、地区和国家的政治经济交往，都具有重要意义。

消费习俗可分为日常消费习俗和仪式消费习俗。日常消费习俗就是继承下来的、习惯性的、日复一日进行的消费习俗，包括饮食习俗、服饰习俗、居住习俗等（详见国世平等，1991；钟敬文，1998：73~98）。我们通常所说的饮食文化、酒文化、茶文化等（林乃燊，1997），均是自古流传下来的日常消费习俗。这些习俗成为我们当今日常生活不可或缺的一部分。在某种意义上，它们成为"自我认同"的一部分。失去了这些我们所习惯和认同的习俗，我们就会无所适从，就会有"无家"的感觉。我们虽然时不时地喜欢尝一尝具有异国情调的饮食（如麦当劳食品），但长久地脱离我们所习惯的日常饮食习俗，我们就会有"乡愁"的感觉。可见，"自我认同"与习俗环境是联系在一起的。这也就是为什么中国移民无论走到世界的哪个角落，都要带去家乡的饮食习俗的原因。

消费仪式习俗或仪式消费习俗。仪式消费是仪式和消费的统一。一方面，许多仪式活动离不开消费，也就是说，仪式活动包括消费仪式，如婚礼离不开婚宴；另一方面，许多消费本身就是仪式性的，如年夜饭。仪式消费是一种规范性的消费活动，它同时还带有神圣的性质，因而同日常消费习俗有所不同。可以大致地说，仪式消费就是神圣消费；与之相对，日常消费则是世俗消费。仪式消费主要包括这样一些内容：岁时节日消费仪式和人生仪礼消费仪式。前者如元宵节、清明节、端午节、中秋节、春节等节日的传统的仪式消费；后者如生日寿宴、订婚酒、婚宴、满月酒、丧葬等传统的仪式消费，以及上大学庆祝宴、毕业庆祝宴、晋升庆祝宴、商（企）业开张庆祝宴等现代仪式消费。对中国传统的仪式消费，民俗学和社会学已有深入、详细的经验研究和描述（如国世平等，1991；钟敬文，1998：131~186；瞿明安，1993：208~231），在此不再赘述。

仪式消费具有以下特点。第一，集体性。仪式消费可以以一个人为中心（如生日宴会），但绝不是个人的事件，而是集体——如家庭、亲族、邻里、朋友、熟人或社区——的事件。仪式消费的参与者是群体而不是个体。例如，在城市，婚宴往往邀请新郎新娘的亲朋好友和同事参加；在乡村，则是全体村民参加。第二，象征性。仪式消费具有符号象征意义。它往往以人和事件为主题，象征着人们对某种东西的理解、重视以及信仰、价值或情感。同时，它也可以象征人们对当事人的承认、认可、庆祝和恭贺，如婚礼就显示了社会对当事人婚姻的承认和接受，从而获得了文化"合法性"。第三，普遍性（参见彭华民，1996：185）。许多仪式消费，如节庆消费，具有大众同时参与的特点，如中秋节吃月饼、端午节吃粽子、元宵节吃元宵或汤圆等仪式消费，就是中华民族共有的仪式消费。再比如，为"大寿"而举行生日宴会，几乎是全人类共有的现象。第四，隆重性（事件性）。仪式消费不是日常消费，因而常常以大大超出日常消费水准的规模来操办。不论消费的质还是消费的量，以及消费的进程或仪式本身，都具有超常性质，显示出隆重的特征，如传统春节时的消费就是这样。这种隆重性并不受经济条件欠缺的影响。对穷人家庭来说，苦了一年，就盼着过年这一天能"奢侈"一下。正因为具有这种与日常消费形成鲜明对比的特征，使得这些仪式消费表现出"事件性"和神圣性。这就是在过去为什么许多小孩盼过年的原因。传统的寿宴，特别是因高寿而举行的宴会，也是越隆重越好。第五，传统性。大部分仪式消费都有其历史渊源，是传统的延续和传承，如春节等传统节日的消费仪式、生日宴会、婚宴等，都有悠久的历史（彭华民，1996：186）。不同的民族有不同的消费传统，从而具有不同的仪式消费。第六，周期性（彭华民，1996：186）。仪式消费不是日常性的，而是间隔性的，同时又是周期性的。仪式消费大都是以年为时间单位循环（婚礼、葬礼除外），年复一年，周而复始，使人生显示出一定的松弛有序、往而复返的节奏。岁时节庆就是以年为单位的庆祝活动和仪式。不过，有些人生礼仪则例外。如在中国一些乡村地区，传统的生日庆祝常常是以10年为时间单位。第七，规范性。仪式消费具有规范作用，从而使在某一文化区域的人们遵从这种消费规范。此外，仪式消费习俗还涉及社会支持网络。在短缺经济条件下，一些仪式消费成本是巨大的（如在婚宴上请全村的人喝喜酒），常常超出单个人或家庭的支付能力。那么，人们是怎样来解决仪式消费的巨大负担与仪式消费义务之间的矛盾的呢？通常有三种解决办法：一是进行长期的积蓄准备；二是通过宴请所收"红包"将部分负担分摊到社会网络成员身上；三是取消仪式，或是进行仪式革新（如参加集体婚礼）。人们采取何种方法，与不同的阶层和群体（如党政干部和普通市民）的社会特征以及地方（如城市和农村）文化都有密切的关系。根据笔者过去对福建省福州市婚宴仪式的观察，老百姓的解决办法主要是借助于社会支持网络。当一个家庭有举办仪式消费的义务却没有支付能力时，除了当事人的兄弟姐妹或一些亲朋好友往往会在财力上进行一定的赞助外，赴宴者则以礼物或"红包"的方式为当事人分担了仪式消费的费用。例如，在现今的婚宴中，新郎新娘所收的"红包"或礼金就同婚宴的费用支出大体持平，有的甚至还有"赚头"（在福州，这种情况在20世纪七八十年代就较为普遍）。所以，不少人起劲操办婚宴的原因之一，就是为了收回自己以前送出的礼金。在这种社会支持网络中，每一个受礼者都是先前或今后的送礼者。受礼和送礼是对等的，构成"交互性义务"。社会通过义务性的相互帮助而把每家仪式消费的大部分成本和负担分摊到社会支持网络中的每个人身上。通过这种交互性的社会网络支持，使得每个家庭觉得经济压力很大甚至无力承担的仪式消费，得以在社区和社会中不断延续下去。因此，在仪式消费中，道德义务与社会智慧巧妙地结合在一起。仪式消费借社会资本（人情关系网络）而进行，并反过来再生产了社会资本。

但是，一旦一个家庭的收入达到了较高的水平，它就不存在向社会支持网络分摊仪式消费成本的问题了；相反，仪式消费（如婚宴）成为这个家庭通过排场消费获得"面子"、再生产其社会支持网络、社会资本和人情关系的一个机会。因此，当收入达到一定的水平的时候，仪式消费往往导致相互攀比，而相互攀比反过来使得仪式消费的成本节节攀升。因此仪式消费是社会互动的产物，它随着社会经济条件的变化而不断发生变动。

四 意识形态、消费规范与消费禁忌

意识形态，尤其是政治意识形态，对消费行为的影响在中国可谓尤其突出，并在改革开放前后的两个历史时期呈现巨大的反差。在"文化大革命"期间，"革命"意识形态在宣传机器铺天盖地的传播，以及"红卫兵"铁拳的帮助下，成为在当时社会占绝对统治地位的官方意识形态。这种意识形态在对待其他思想方面就像眼睛容不得沙子一样，容不得任何"异端"。它要求人们具有高度的"革命的纯洁性"。一切违背"革命"精神的言论都被当作"封资修"而扫进历史的"垃圾堆"。而判定"革命"与否的标准则是"革命领袖"的著作和言论。于是，一切的活动或言论是否"革命"或合法，便只能根据对领袖的言论和文本的解释进行判定。"引经据典"成为当时人们维持政治生命的基本功。没有领袖的语录作为指引，就像开车没有路标、没有方向盘一样。

在这样的政治意识形态大气候下，任何违背"革命"要求的消费模式，均被当作资产阶级生活方式或封建旧习而大加批判和制裁。于是，消费生活呈现千人一面的"雷同"或"同质"现象。也就是说，政治意识形态导致消费的政治禁忌的产生，即对"封资修"生活方式的禁忌。人们的消费是从众的、平均化的和"革命化"的。例如，"文化大革命"初期最时髦的服装是绿色军装；"文化大革命"后期则是蓝制服和灰制服。人人都害怕因为生活上的"资产阶级化"而被人从"革命者"队伍中揪出来，被打入"另册"。因此，在"革命意识形态"的规范作用下，人们在消费生活上小心翼翼，不敢越雷池半步。消费在政治意识形态的强制作用下，成为当时政治规范的反映和索引。

改革开放以后，政策上"允许一部分人先富起来"。于是，80年代初，在农村，由于家庭联产承包责任制的推行和"专业户"的出现，一批"万元户"开始产生。但是，由于害怕政策有变，以及对"文化大革命"期间在消费上的平均主义意识形态记忆犹新，人们普遍都有一种害怕"露富"的心理。当时盛行的"吃大户"现象进一步加剧了这种心理。随着改革开放政策的步步推进，以及意识形态上的逐渐放松，消费生活方式开始有了丰富多彩的变化。一股被长期压抑的消费欲望迅速发酵膨胀，人们开始渴望高档消费品,特别是进口产品,包括走私产品,如电子表、收录机、电视机等。于是,消费热潮开始在神州大地涌动。随着一批又一批新产品的出现和旧产品的更新换代,消费热点一个接着一个。同时,随着社会流动的加剧,人们的社会和经济地位发生了急剧的沉浮升降。一大批底层群体的人进入了城市和乡镇的"新富"阵营。于是,具有符号象征和挑战意味的"炫耀性消费"在"新富"阶层流行起来。而市民们的消费攀比之风也一浪高过一浪。消费的社会环境和意识形态的变化导致消费规范的转型。具有政治色彩的消费规范让位于商品经济条件下的消费游戏规则。必须指出的是,消费行为方式不但是消费规范(深层意义规则)的索引符号,而且它所传达的意义只有在社会和意识形态环境这个"上下文"中才可以得到充分的理解。

在资本主义社会,消费主义成为主流意识形态之一。通过广告、电视、电影、报纸、杂志等传媒的宣传,创造了关于消费的神话。正如法兰克福学派所揭示的,在资本主义社会,消费成了个人幸福、自由和快乐的象征、代名词与乐土。社会的公共问题被转化为消费者个人的问题。似乎只要通过多一些消费,这些问题便可迎刃而解。消费主义于是转移了人们对社会问题的注意力,并通过诱惑人们的消费热情而放弃对社会公共问题的关注。于是,消费在某种程度上受到意识形态的操纵和恩惠,成为至高无上的生活规范和价值。不过,近年来,一些非主流的意识形态,如生态主义或环境保护主义,也开始对西方人的一些消费行为方式产生影响。"绿色消费"成了一种方兴未艾的消费潮流。这一点,我们在后面的章节还会讨论。除了政治意识形态,其他意识形态,如宗教和民间信仰(民间意识形态),也对消费起一定的规范作用。如伊斯兰教徒是不准吃猪肉的,中国的佛教徒则不允许吃所有的肉类。宗教对教徒的日常消费习俗和节日消费习俗都具有影响作用(详见国世平等,1991:227~232)。它的影响一是来自宗教教义;二是来自教规。《圣经》的《利未记》中就有对饮食禁忌的阐述:陆地上走的那些不分蹄的动物,如骆驼、兔子、猪,地上的爬物如蛇,水里游的无翅无鳞的动物,天上飞的如雕、鹰、乌鸦、鸵鸟、猫头鹰、鹈鹕、鹳与蝙蝠等,都是可憎的、不可食的(《利未记》11:1~23,41~45)。此外,原始宗教、巫术迷信与祭祀和其他民间信仰都对消费习俗产生影响(国世平等,1991:232~237)。消费禁忌也同民间信仰有密切关系。刘介廉在其所著的《天方典礼择要解》卷17"饮食"下就列出20种鸟兽为不宜食者，包括：暴目者、锯牙者、环喙者、钩爪者、吃生肉者、杀生鸟者、同类相食者、恶者、暴者、贪者、吝者、性贼者、污浊者、秽食者、乱群者、异形者、异性者、妖者、似人者、善变者（转引自国世平等，1991：237）。宋代的朱端章则在《卫生家宝产科备要》中介绍了当时民间有关孕妇饮食的禁忌。对此，金泽先生列表做了概括（见表8-1）。

表8-1 孕妇饮食禁忌

孕妇饮食禁忌	违反禁忌的恶果
禁食羊肝	令子多厄
禁食山羊肉	令子多病
禁食驴马肉	令子延月
禁食兔肉、犬肉	令子无声音或缺唇
禁食骡肉	难产
禁食干鲤鱼	令子多疮
禁食雀肉、禁饮酒	令子心经情乱不畏羞耻
禁食鳖	令子短项

资料来源：金泽，1998：75。

这些饮食禁忌有没有科学道理，是另外一个问题。人们之所以遵从饮食禁忌（消费规则），主要同他们的信仰（社会意义）有关。人们相信，如果违背了饮食禁忌，就会导致恶果。可见，在传统的饮食结构中，人们对"可食的"和"禁食的"许多区分，是建立在某种信仰基础上的。而这种区分并不完全是营养价值和毒性的区分，在很大的程度上是文化的区分，是人们将自己的信仰"投射"到饮食上的结果。

西方人有禁止吃马肉、狗肉和动物内脏的禁忌。人类学家萨林斯（Sahlins，1976）就对美国的这种食物禁忌进行了分析。他认为，在美国的肉食系统中，存在着"可食"和"不可食"的对立结构。而"可食"和"不可食"的划分标准在于动物与人类的亲疏关系（Sahlins，1976：174）。也就是说，动物对人所具有的社会意义（即符号意义）成为"可食"和"不可食"（即消费行为的符号规则）的区分标准。马和狗的肉是不可食的，因为它们与人类的关系密切；吃它们的肉就有如吃人类的朋友。在马和狗二者中，狗与人的关系更近一些，因而其不可食程度比马更高。与马和狗相比，牛和猪的肉是可食的，因为它们与人的关系更为疏远。在牛与猪二者中，牛与人的关系似乎更远些，因而其可食程度比猪高。同时，西方人还禁食动物内脏，因为它们使人联想到人的身体。此外，与人长得相像的动物，如猴子和猩猩，也是不可食的。中国禁食狗肉的有锡伯族、蒙古族、拉祜族、满族、普米族、土族、裕固族、藏族等（国世平等，1991：237）。但是对汉人来说，尤其是在广东人那里，狗肉是美味佳肴。

除了饮食方面的禁忌，其他消费活动也存在一些禁忌习俗。如维吾尔族在服饰方面禁忌短小，上衣要求过膝，裤腿达到脚面。汉族地区的婚嫁消费品忌讳白色，丧葬消费品忌用红色和其他鲜艳的颜色。结婚或生日的贺礼不能送钟，因为送钟与"送终"谐音，等等（国世平等，1991：239）。民间信仰系统与消费行为之间的关系，以及消费行为的符号象征意义，由此可见一斑。

综上所述，消费文化有其深层的"行为规则"，这个规则就是消费的价值和规范系统。人们消费什么和不消费什么，以及怎样进行消费（表层结构），都是按照这个行为规则（深层结构）进行的，并借此表达了人们对周围事物、人际关系或神性力量的看法、解释、理解、情感和信仰（意义结构）。在消费的规范文化中，深层规则系统是在历史中社会地发生的，又通过社会化过程而内化为个人的自我约束力量（心理发生），从而代代相传，如同"遗传密码"（文化DNA）一样，塑造了一个民族、地域或社会的文化认同。消费行为方式于是成为一种深层规则（消费规范）的索引符号和集体意识的表达符号。因此，消费行为方式可以当作一种符号作品来加以双重"解读"："意义"的解读和"行为规则"的解读。

第九章
表现消费文化

在前面我们讲到,物一旦被纳入文化的体系,就不再是单纯的物,而是文化的载体和表达意义的符号。对物的消费也不单纯是生理性或物理性消费,而是体现了某种社会价值规范,传达了某种社会意义。在这里,我们将在物质消费文化和规范消费文化的基础上,讨论消费者是如何通过对物的符号元素和行为符号元素的选择与组合来表达某种主观意义和交流某种客观信息的。有必要指出的是,消费者的消费选择受到经济条件的制约。在传统农业社会或短缺经济条件下,消费既受物质匮乏的限制,又受传统规范和价值的制约,消费的表现空间十分有限。与此相对应,消费创新十分缓慢。但是,随着人们可任意支配收入的大大提高以及商品的丰富和多样,消费选择的范围扩大了,消费的表现功能也因而大大增强了。与此同时,消费需求对经济增长的拉动作用也增强了。于是,如何"刺激"人们的消费欲望、创造稳定增长的消费欲求,为经济的不断增长创造条件,便成为摆在企业面前的一大任务,也是政府在制定经济政策时所要考虑的一个重要内容。

正是在这种背景下,在发达国家,从政府到公司,从市场营销实践到大众传媒,都在创造一种鼓励、煽动和诱使消费者去扩大消费的社会情景。而调动消费欲望的手段,不但包括增收、减税和个人消费信贷制度等经济手段,而且包括赋予消费以"幸福"、"自由"、"成功"和"个人尊严"等价值含义的符号手段。政治、经济和传媒联手合作,操纵了消费的"象征秩序"(消费符号与意义之间的有序联系),使消费生活成为一种"意义"的体现。

但是,像法兰克福学派那样把消费者看成是完全被动的,被经济系统、政府政策和意识形态玩弄于股掌之中的"傀儡",也是片面的。实际上,消费文化作为一种象征秩序,是结构因素和主体能动因素互动和相互建构的产物(参见 Giddens,1979;1984)。可见,在消费作为一种表现文化的形成过程中,消费者是主动参与其中的,并显示出积极性、能动性和创造性。消费文化不完全是经济系统和大众传媒操纵的结果。事实上,消费文化离开了消费者主动的"同谋合作"是不可想象的。消费者意识到他们在做什么,尽管他们未必充分意识到他们行动的社会后果。而消费的"表现"功能,正是消费者得以发挥"能动性"、"创造性"甚至"反叛性"的地方。

消费的表现性,顾名思义,就是消费者通过对消费物或消费行为的符号元素的选择和组合方式来表现、传达某种主观意义或交流某些客观信息。这种消费表现既可以是有意识的,也可以是潜意识的或习惯性的。也就是说,消费所要表达的意义有两个层次:第一,消费者明确地意识到他/她所要表达的意义、意思、含义或信息。这是最自觉、最明确的消费表现行动。第二,消费者能够根据具体场合而熟练地表达所要表达的意义,却不能用语言很精确地表达这个意义。也就是说,消费行动所表达的意义是在"实践意识"层次上的,具有一定的"前意识性"和模糊性。在这个层面上,消费表现已经成为一种习惯性的行动,但仍然履行了消费表现的功能。我们在本章所讨论的表现消费文化,是把这两种情况都包括在内。此外,我们在这里所讲的"意义",其含义是比较广的,它包括消费者的意图、目的、情感、荣耀、倾向、认同、态度、信念、品位、兴趣、情调和个性等。

一 消费的表现功能

从最原始的功能来说,消费是为了维持我们的生命和存在,即维持我们生理身体的存在。这可以说是消费在历史上的第一个功能。但是,人不同于动物的地方在于,人是生活在一个意义世界里。人是唯一能够创造和使用符号,从而创造文化的符号动物(卡西尔,1985)。人们创造符号和象征系统,用以表现、传达和交流意义。因此,人们不但创造语言和信号等符号系统来交流和表达意义、情感与思想,而且周围的物以及我们的身体和行为都被赋予某种符号显示的功能。在这个意义上，消费就不纯粹是满足生存的生理性和物质性活动，它同时也是一种符号活动、交流活动和表现活动。正如奥尼尔（1999：3）所说，人的身体既是生理身体，又是交往身体，我们可以把消费看成既是生理性消费，又是表现性消费。生理性消费是以满足人的生理身体的生存或享乐需要为目的的，表现性消费则是通过消费活动来表达某种意义。

表现性消费预设了表达和交流对象的存在。也就是说，表现性消费要以观众的存在为前提。由于观众构成消费表达与交流的一个必要条件，日本学者冈本庆一提出了消费的表演化和消费空间的剧场化的观点。他（冈本庆一，1988：107）指出：

> 如果消费并不只是满足欲求的行为，而是表现行为及意义生成行为，那么，消费行为便无法在私密的空间进行，它需要社会性空间——基于符码体系的戏剧性空间。适合这种消费行为表演的场所，就是都市核心和商店街。

以前，人们在特定的日子里聚集在一起，借祭礼、庙会挑起兴奋、浪费钱财，但现在，人们则天天都有少许的兴奋。制造那种祭礼、庙会气氛的场所，就是都市这个剧场社会的符号空间。

的确，消费剧场的存在使消费在很大程度上具有了表演和表现的功能。在冈本庆一那里，消费剧场是公共空间，而不是私人空间。由此推论，只有在公共空间，人的消费才具有表演性和表现性；而在私人空间，消费就不再具有这种性质。例如，在私人卧室，个人穿什么衣服，就可以随心所欲。但是，这种观点只在一定范围内是正确的。即使在私人空间，至少有一部分的消费也具有自我表演、自我欣赏和自我表现的性质。例如，一个人在卧室穿名牌睡衣，固然不是为了表演给社会观众看，但却具有自我表演和欣赏的性质。也就是说，"自我"既是表演者，同时又是观众。至于在公共空间，即使社会观众不在场（如半夜以后的广场和商业街），人们也同样"假设"社会观众在场，从而仍然使消费具有社会表演和表现的性质。

根据美国社会学家米德（Mead，1934）的观点，"自我"是在社会互动中产生的。通过这种互动，个人能够"采取他人的角色"，即把真实的和想象的他人的态度内化。通过将他人的态度内化，"自我"便分化为"主我"和"客我"两部分。"主我"（自我意识）同"客我"（从他人角度来看的自我）处于连续不断的互动之中。在这里，"客我"代表了社会团体，即泛化他人的态度。因此，"主我"同"客我"的互动，不过是"自我"与他人交流互动的一种替代形式。由此推论，"自我"与社会观众的符号交流（symbolic communications）采取了两种形式：一种是"自我"同外在的社会观众的符号交流；另一种是"自我"与内在的社会观众的符号交流。在这里，"外在的"社会观众指现实的、活生生的他人，即与我相面对的他人。与之相对，"内在的"社会观众指内化了的社会观众，即不是现实的而是想象的社会观众，是存在于自己内心中的社会观众。与自己内心中"想象的"社会观众的对话不过是与"外在的"社会观众对话的一种替代形式。因此，个体即使独处一隅，也在进行着与社会观众的互动和交流。例如，女孩一个人在房间里试穿新衣服，就会沉浸在他人（即一般化他人）将如何评价她这身打扮的想象之中。她是根据这种想象来打扮的。这就是"自我"与内心的社会观众的互动和交流。由此可见，消费的符号交流性和社会互动性是无处不在的。即使没有外在的社会观众在场，消费者的许多消费行动仍然具有符号交流、符号表达和社会互动的性质。

消费的表现功能是受到经济条件制约的。在短缺经济条件下，消费的主要目的在于维持温饱，其表现主观意义的空间受到很大的限制。的确，在"吃不饱，穿不暖"这种消费不足的情况下，消费的表意功能几乎被压缩到零的状态。此外，如果加上政治因素的压抑作用（如"文化大革命"期间所倡导的反对"封资修"），则消费的表现空间就会受到进一步限制。只有在经济较发达、人们的可任意支配收入水平较高的条件下，消费的表现功能才获得了经济基础。正是由于经济的繁荣和人们生活的富裕，才导致了表现性的消费文化首先在第二次世界大战后的西欧、北美和日本等发达区域出现（参见 Featherstone，1991；Lee，1993）。日本学者星野克美认为，80年代日本的经济已经达到了过剩消费的成熟阶段。由于消费超出了维持"生存水准"的标准，于是人们的消费便渗入了感性的、非理性的和文化的因素，这就是消费符号化的社会背景（星野克美，1988：24）。换句话说，由于经济条件的改善，消费获得了一种超出维持基本生存的新的功能，即社会表现的功能。消费成为表达某种意义的符号，因而被符号化了。

青木贞茂把消费的表现活动比作诗歌。在短缺经济条件下，商品的缺乏所导致的后果，就如同单词数量不足导致诗歌表现力严重受限一样。在"经济过剩"的背景下，如同诗歌获得了大量可供自由选择的单词而使个性表现成为可能一样，商品的极大丰富以及可任意支配收入水平的提高，也使消费者得以借各种商品的搭配组合来表现意义（参见青木贞茂，1988：77）。在中国，经过30多年的改革开放，人民的总体生活水平有了很大的提高。消费作为一种表现文化已经开始登场。

消费表现功能的状况也受到社会流动状况的影响。在传统的等级或种姓社会（如古代印度），社会各阶层等级森严，没有社会流动的空间。在这种情况下，消费生活方式也呈现等级之分。上层社会的经济地位和政治地位，往往要通过消费来表现和展示，因而上层社会的消费具有较强的象征性、炫耀性和铺张性。也就是说，上层社会的消费的表现功能是同其经济基础和政治权力相适应的。底层社会在经济和政治权力上受到剥夺，其消费的表现功能也相应地在很大程度上被剥夺了。相反，在社会流动比较大的社会（如美国），消费的符号象征功能就不受僵硬的等级的限制，而呈现流动性、多样性和丰富性，其结果之一就是消费时尚的流行以及变动节奏加快。在这种社会，个人可以相对较少地受血缘、种族、地域和家庭背景的限制，而通过个人奋斗获得比父辈更高的社会地位，因而消费的符号表现功能增强，因为那些由底层爬到高社会阶层的人往往要通过消费来显示他们的成功。同时，那些处在较底层的群体也会通过追求时尚而试图获得一种较高的象征性地位。在中国改革开放以前的城市社会，收入分配制度是同计划经济严格相适应的，人们的收入差别主要体现为权力等级和工龄等级的差别。不过，由于消费品的匮乏，消费在总体上具有某种平均主义的倾向。除了工资收入，人们很少有其他收入途径，因而消费具有较大的同质性。那个时候，工作单位成为一个人身份的主要符号标志。如果一个人处于工作单位之外，即无业人员，那么，就意味着他处于社会的底层。随着计划经济体制逐步向市场经济体制转变，人们的收入来源多元化了。工资收入仅占实际收入的一部分。同时，由于私营经济的发展，原先处于社会底层的一部分人获得了比政府官员和其他事业单位职工高得多的收入。因此，社会群体的经济地位发生了急剧的变化，社会流动加快。相应地，消费的表现功能也变得突出，消费浪潮一浪高过一浪。权力和工作单位不再是衡量个人身份和地位的唯一标准。与之相对，金钱以及相应的消费力则成为衡量人们社会地位的又一个重要指标。

消费的表现功能还受到社会整合状况的影响。所谓社会整合，按吉登斯（Giddens，1979）的说法，就是建立在"面对面"基础上的互动秩序。一般来说，如果消费者处在一个传统的面对面的"熟人社会"（如农村的村庄），那么，人们彼此之间早已知根知底，消费无法向人们传递和表达更多的信息。同时，由于生活方式的"同质性"，过多地借消费以显现自己与他人的不同，还可能遭到孤立和排斥。但是，在城市，人们所面对的是一个"陌生人社会"。在这个社会中，个人是湮没无名的（anonymous），因此，社会整合程度相对较低（相反，系统整合程度相对较高）。于是，个人消费表现的功能增强，空间增大。个人的形象和身份便不是建立在人们对其出身、血缘和亲族的了解上，而是建立在其行为表现上，包括言谈举止、仪态风度和消费生活方式。消费因此成为个人的表现手段之一，成为陌生人社会中个人的"识别系统"。

以消费生活方式取代出身、血统和种姓等级制度来作为个人的"识别系统"，反映了社会的进步，也是传统社会向现代社会转变的标志之一。布西亚在《物的系统》一书中认为，在西方现代消费社会，一个人的地位越来越依据他/她所使用或消费的物的等级来识别，而越来越少地依据其出身、血统、种姓等级和阶级成分来判定。因此，物品和广告系统，作为"社会地位"的编码，在历史上第一次成为普遍的符号和解释系统，成为占据统治地位的、对人们的地位和身份加以区分和辨认的符号系统。在成千上万的陌生人充斥街头的都市社会，这一符号识别系统获得了不可或缺的交流和表达功能。"我是谁"，"你是谁"，"他/她是谁"，均可以通过我们所消费的东西以及消费的方式而知道个大概。所有人均按他们消费的物品而得到某种程度的辨认。尽管这种"社会识别系统"在历史上有其进步性，但布西亚认为，它还是导致了价值语言的简单化、贫困化和衰退化。它意在对人进行识别，可是并未达到对人的真正的区分，社会也并未因此而变得更透明。相反，它给人一种虚假的透明和识别，因为生产和社会关系的真实结构并未因此被揭示出来（参见 Baudrillard，1988：19–21）。

二 象征消费

消费的表现性意味着消费不仅是物理或物质层面上的消费，而且也是象征层面上的消费，后者可以被称为"象征消费"（symbolic consumption）。所谓象征消费，指的是消费具有的符号象征性。更具体地说，有两层意思：第一，消费过程不但是满足人的基本需要的过程，而且是社会表现和社会交流的过程（Douglas and Isherwood，[1979] 1996）。人们借助消费向社会观众表达和传递了某种意义和信息，包括自己的地位、身份、个性、品位、情趣和认同。第二，在消费活动中，人们不但消费商品本身，而且消费商品本身以外的东西，即它们所象征或代表的某种意义、心情、美感、档次、情调或气氛。这两层意思相互渗透，在实际生活中难以分割开来。例如，在消费活动中向他人显示自己的地位（第一层意思），同时也就是在消费这种"地位象征"以及由这种地位的显示所带来的自鸣得意（第二层意思）。所谓消费的符号化或表现化，说的就是"象征消费"的这两层意思，即消费是某种意义和信息的符号表达过程，同时又是对这种符号所代表的意义的消费。我们把"象征消费"的第一层意思简称为"消费的符号"，把第二层意思简称为"符号的消费"。下面先来讨论"消费的符号"。

1. 消费的符号

关于消费的符号象征性的思想，可以追溯到凡勃伦于1899年出版的《有闲阶级论》对"炫耀性消费"的论述。他认为，所谓炫耀性消费，指的是富裕的上层阶级通过对物品的超出实用和生存所必需的浪费性、奢侈性和铺张性消费，向他人炫耀和展示自己的金钱财力和社会地位，以及这种地位所带来的荣耀、声望和名誉。对物的炫耀性消费就是"宣示对财富的占有的办法"（Veblen，[1967] 1994：85）。这种炫耀性消费就是一种典型的"象征消费"，因为消费的用意主要不在于满足实用和生存的需要，也不仅仅在于享乐，而主要在于向人们炫耀自己的财力、地位和身份。因此，这种消费实则是要向社会观众传达某种社会优越感，以挑起他们羡慕、尊敬和妒忌的情感。在这里，消费的符号象征意义超越了实用性消费。凡勃伦关于消费的符号象征性的思想在布迪厄（Bourdieu，1984）那里得到进一步发展。在凡勃伦那里，象征消费所表现的是与金钱或经济资本相联的社会地位和荣耀。布迪厄则把象征消费的内涵扩大了。他认为，在社会生活中，人们的地位不仅是由经济资本决定的，而且也是由文化资本决定的。所谓文化资本，主要是人们的受教育程度和文化艺术的修养水平（这种资本在一定条件下可以转化为经济资本）。人们的社会地位的区分既要考虑到经济资本，又要考虑到文化资本，因为那些仅有经济资本而缺乏文化资本的人，仍然给人以粗俗、没教养和暴发户的感觉。从经济资本和文化资本的组合情况来看，社会群体的地位划分涉及四种不同的情况：①高经济资本和高文化资本；②高经济资本和低文化资本；③低经济资本和高文化资本；④低经济资本和低文化资本。这四种情况构成了四种不同社会群体的社会空间。而这四种社会空间又导致不同阶级/阶层的"习性"（habitus）。所谓习性，是外在的阶级/阶层条件内化到人的心理结构中而形成的"倾向"（dispositions），它构成人的纲领性和习惯性行动倾向。这种"习性"通过消费活动和文化实践而体现为品位（taste）和生活风格（lifestyle）。因此，消费是一种表现性实践，即表现人的独特的阶级/阶层品位和生活风格的实践活动。通过对物质和文化消费品的选择所体现出来的品位与生活风格，构成了区分人们社会地位的符号和象征。例如，在法国，那些具有高经济资本的群体（如工商界大亨）的品位，主要体现为喜欢生意餐、外国车、右侧美术馆（传统艺术）、拍卖会、第二住宅、网球、冲浪等。那些具有高文化资本却不具有高经济资本的群体（如高校教师、艺术家、中学教师等），则对先锋音乐节、左侧美术馆（先锋艺术）、现代派、外语、象棋、跳蚤市场、巴赫、登山等有较高的兴趣。那些经济资本和文化资本均较低的群体（如熟练、半熟练和不熟练工人），其品位主要体现在对足球、土豆、普通红酒、看体育比赛、跳舞等的兴趣上面。因此，社会阶级/阶层的区分不仅在于对财产的占有，而且在于品位和生活风格。而消费正是表现人的品位和生活风格的主要领域。

可见，人的地位和身份的区分不仅仅是通过财产和物质消费能力来体现的，而且也是通过象征消费能力——品位——来体现的。品位使人们得以区分（Bourdieu，1984：6），它构成阶级/阶层消费的亚文化和消费生活方式的核心。人的消费无处不体现人的品位。因此，消费生活方式，作为品位的体现，构成社会群体得以区分的根据之一。不同的种族、地域、性别、代际和职业等群体也可通过消费品位和生活风格来表现自己的社会认同，进行社会区分。在这个意义上，消费就不仅仅是物质生活实践，同时还是文化生活实践，即象征活动和表现活动。

凡勃伦和布迪厄是从消费者主体的角度来论述象征消费的。也就是说，消费者要表达什么，怎样表达，是自主决定、自由表现的。布西亚在《物的系统》一书中，从社会的角度来分析象征消费的工具。在他看来，消费作为社会地位区分的象征符号，是社会的产物。例如，在西方社会，社会地位可以根据权力、权威和责任来测量。但在事实上，如果没有戴上劳莱士（Rolex）手表，就等于没有真正的责任。广告明确地指定物品为评判人的必要标准："你将根据……来评价"，"一个优雅的女人是根据……来识别的"。于是，物构成社会识别的系统。广告的功能就在于把我们放置到这个社会地位的编码（code）中。"这个编码是集权主义的，无人可以逃脱"（Baudrillard, 1988：19）。很显然，他向我们透露了一个意思：如同语言作为一种表达工具不是由个人决定的一样，消费作为一种符号交流系统，也不是由消费者个人主观决定的，而是集体地决定的。消费品系统与社会地位体系之间的符号联系是由社会所建立的，并对消费者个体的象征消费行为起指导和规范作用。在这个意义上，消费遵循的是一种"社会区别的逻辑"或"区别的社会逻辑"（Baudrillard, 1988：41）。消费者只能在这种逻辑的基础上进行某种选择，并通过对消费品的选择来表达某种意义或信息。

2. 符号的消费

象征消费作为一种象征秩序（symbolic order）（意义系统和符号系统的联系），是社会和个人交互作用的产物。一方面，社会赋予消费品以象征社会地位和认同的功能，使物成为地位和身份的符号与标记（Slater, 1997：153; Csikzentmihalyi and Rochberg-Halton, 1981：29-31）。正如广告符号学家威廉森所说的，在现代西方社会，"人们是通过他们所消费的东西而被辨认，而不是通过他们所生产的东西而被辨认。由此产生了一个虚假的假设：那些拥有'两辆汽车和一台彩电'的工人不再是工人阶级的一部分。我们不由得感觉到，通过我们所购买的东西，我们能够在社会中上升或下降。这种感觉使仍然决定社会地位的现实的阶级基础变得模糊不清"（Williamson, 1978：13）。另一方面，每个消费者又借消费的符号象征功能而表达自己的理想、愿望和追求，自觉或不自觉地在消费的表现实践中创造或再生产消费的象征秩序（如"两辆汽车和一台彩电"等于中产阶级身份）。

消费的象征性，不但是消费者的表现和交流手段，而且消费象征的内涵（包括社会含义和文化内涵）本身也构成消费的对象。人们不但通过消费来表达某种意义或信息，而且消费品作为符号所表达的内涵和意义本身，也构成消费的对象。首先，消费品作为外观上的示差符号（物的第一层次的符号），如造型、色彩、图案、包装等，传达了产品本身的格调、档次和美感，本身就是消费的对象，是消费过程的一个组成部分。其次，消费品的地位象征符号（物的第二层次的符号），如消费品所代表的社会地位、身份和品位（即社会含义），以及与之相联的自鸣得意等心理体验，也是消费的对象和内容。再次，消费环境，作为消费的空间符号，同样是消费的一个内容。例如，在豪华的酒店进餐，不但食品是消费的对象，而且酒店的氛围和气派也是消费的内容。最后，消费的仪式，如服务程序，作为一种符号，也可以是消费的一个内容。例如，在享受日本茶道的过程中，我们不但消费日本风味的茶，而且同时消费饮茶的仪式（即表达某种文化意义的符号）。再比如，餐厅服务小姐的服务，不但构成劳务消费品的一部分，而且构成饮食的附加消费仪式（即代表档次和身份的符号），从而成为消费的内容。总之，我们不但消费物，而且消费物作为符号所代表的"意义"，包括情调、趣味、美感、身份、地位、氛围、气派和心情。

可见，符号的消费体现为对商品符号的"意义"或"内涵"的消费。我们在"物质消费文化"一章中讲到了麦克拉肯（McCracken，1988：71－89）的"意义转移"模式。他认为，商品的意义是流动的。意义流动经历了两个阶段：首先，在产品的生产营销阶段，借助广告和时尚等手段而导致"意义"从文化世界向商品世界转移。其次，在商品的消费阶段，借助四种仪式而使"意义"从商品向消费者领域转移。因此，消费者对商品的消费，不但是物理消费的过程，而且是对商品符号的文化"意义"进行消费的过程。消费者会根据商品所隐含的文化意义，来选择适合自己需要的商品。

有四种仪式促使"意义"从商品向消费者转移，包括交换仪式、占有仪式、修饰仪式和剥夺仪式。第一，交换仪式（如在圣诞和生日晚会上赠送或交换礼物）。送礼者选择某种礼物是因为它具有某种"意义"，即具有适合于受礼者情况的含义（McCracken，1988：84）。第二，占有仪式。它使消费者可以声称对消费品所具有的文化意义的占有。于是，商品在广告和时尚中所传播的意义通过占有仪式而转移到消费者个人（McCracken，1988：85）。第三，修饰仪式。许多商品的物理功能或属性是会慢慢消失的，相应地，其所含有的文化意义也将随之逐渐消失。通过修饰仪式，对物加以维护和修饰，可以延长商品的文化意义（McCracken，1988：86）。第四，剥夺仪式。这主要是指对二手商品的旧"意义"的剥夺。当消费者买进曾经被他人拥有过的商品时，他/她就要通过剥夺仪式来驱除商品的旧主人赋予它的意义，而重新赋予商品以自己所要的意义（如对二手房进行重新装修，改变二手车的颜色，等等）（McCracken，1988：87）。

麦克拉肯揭示了伴随商品生产和流通过程的"意义"流通过程，阐明了象征消费（表现消费文化）的动态过程。但是，他的"意义转移"的模式显得过于呆板。实际上，尽管商品具有一些共同的意义和社会含义，但商品作为符号，所表达的意义具有一定的模糊性。生产、营销人员在设计产品和进行广告宣传时，赋予商品的文化意义是"类型化"的、一般化的，不可能照顾到不同消费者对商品的文化意义的个性需求。所以，商品的"意义转移"过程并不是一个机械的、有如搬运东西一样的过程，而是一个主观再解释、再创造的过程。因此，产品在其生产和营销阶段所被赋予的客观的、类型化和一般化的意义，在消费者那里被重新解释，变得主观化、个性化。消费者通过将各种不同的商品加以独特的组合而重新创造出商品独特的"意义"。

符号的消费典型地体现为对品牌或名牌的消费。青木贞茂（1988：72）指出，"商品一旦被确立为品牌，便超越其物理的特性，而带有某种象征性，于是商品被'图腾化'。不仅对供应者而言，它以神圣的事物的面目呈现，对使用者而言也是如此。尤其对使用者而言，它更是难得的东西，可充当差异显示符号"。于是，商品品牌作为"图腾"或差异符号，便构成消费内容的一部分。人们消费商品，包括消费名牌商品。在这里，名牌或品牌本身就是可以消费的东西，因为名牌作为符号代表了商品的档次、信誉，表达了消费者的身份、荣耀和心情。布西亚也指出，"品牌名称的功能就是用来指称产品；它的第二个功能就是用来调动情感含义"（Baudrillard，1988：17）。品牌是一种"心理标签"（Baudrillard，1988：17），对品牌的消费，其实就是对某种心情或情感的消费（这种情感或心情是品牌这一符号所隐含的"意义"之一）。这种情感包括"想象的妒忌"（即想象中的他人对自己的妒忌）和"自爱"（Berger，1972：134）。

3. 消费时尚

象征消费涉及两种符号表现运动：一是"示同"；二是"示异"。所谓"示同"，就是借消费来表现与自己所认同的某个社会阶级/阶层的相同、一致和统一。所谓"示异"，就是借消费显示与其他社会阶级/阶层的不同、差别和距离。这二者的结合，构成消费时尚（参见 Simmel，1990：461）。根据德国社会学家齐美尔的观点，消费时尚往往发源于上层阶级/阶层，因为上层阶级/阶层既要借时尚显示上层的内在一致性（"示同"），又要借时尚表达与下层阶级/阶层的区别和差异（"示异"）。但是，消费时尚并不是静态的、为上层所垄断的。消费时尚实质上涉及各阶级/阶层之间的象征竞赛，是社会模仿力量和社会区分力量相互作用的社会形式。下层阶级/阶层，由于羡慕上层阶级/阶层的权力、地位和生活方式，往往以上层阶级/阶层为消费参照群体，模仿他们的消费行为方式。下层阶级/阶层通过这种模仿来象征性地提升自己的社会地位。而上层阶级则力求在消费方式上显示出与下层阶级/阶层的差别和不同。所以，一旦下层阶级/阶层模仿了他们的时尚，他们就会放弃旧时尚，创造或采纳新的时尚，从而继续保持在消费形式上与下层阶级/阶层的区别和距离（Simmel，1990：461）。这一时尚模仿与时尚创新（反模仿或示异化）之间始终存在一个时间差。下层阶级/阶层为了追赶这个时间差和上层阶级/阶层为了保持这个时间差的努力，使时尚呈现出动态的、短暂的、易逝的和不断扩散的特征，从而时尚更新也获得了源源不断的社会动力。由于齐美尔的"时尚论"强调了时尚的自上而下的特征，麦克拉肯（McCracken，1988：93）把齐美尔的这个时尚理论概括为时尚的"向下流淌"论。不过，这种自上而下的时尚发展模式只是时尚的一种情况。现实生活中，时尚的流行远比这种情况复杂得多。例如，时尚的流行方向还可以是平行扩散的（在同级群体中流行）、由媒体和明星引导的（大众时尚）和边缘群体（如嬉皮士）引导的等。

齐美尔还认为，在19世纪的西方社会，时尚变化的脚步加快。这一方面是由于社会流动加快的结果（阶级/阶层之间的等级界限和流动障碍被大大削弱了，从而导致时尚的频繁变动。由于下层阶级/阶层的模仿不断削弱了上层阶级/阶层时尚的独特意义和魅力，上层阶级/阶层被迫不断创造新的时尚来代替旧的时尚)，另一方面则是由于第三等级（资产阶级）在社会中占据了支配地位。资产阶级和城市人口是变动不居的群体（同贵族和农民的保守主义形成了鲜明的对照），而时尚则正适合了他们的不安全感和极力想要变动的心理。此外，时尚不再像从前那样奢侈和昂贵，这也使时尚更容易被下层阶级/阶层所模仿（Simmel，1990：461）。

消费时尚使消费者获得了一种"群体成员感"。它使消费者获得了一种具有进入某个"时髦社会圈"的门票的感觉，从而摆脱了对"落伍"、"不合拍"、"乡巴佬"等"社会污名"的恐惧。因此，消费时尚得以使消费者得到某个社会圈子的接纳（社会包容）而不被拒绝（社会排斥）。消费时尚既是一种"消费的符号"，表达了消费者的社会认同和自我认同，又是一种"符号的消费"，即对时尚符号所代表的"群体成员感"的消费。在消费时尚中,"物品的使用"不过是在"创造和维持某种社会关系"(Douglas and Isherwood,[1979] 1996:39),表达了消费者渴望被目标群体接纳、与社会的目标形象要求同步的情感与需求。但是,有两种情况使人摆脱了时尚的影响:一是保守主义者(如固守传统消费规范的农民)。越是保守的人,越不愿意跟随时尚。因而在代际群体中,年轻的群体,由于更趋开放,更倾向于赶时髦、讲时尚;而年老的群体,则相对更保守,不容易为时尚所动。此外,经济条件的限制,也可能使人变得保守。二是文化自信心(如那些衣衫不整的大科学家的自信心)。那些充满自信的群体是不屑用时尚来表现自己的"社会合拍性"的,因为他们的存在就在于与众不同,而这种不同正是他们受尊敬的原因所在。因此,可以反过来说,越是没有文化自信心的人,越要与时尚保持同步,以获得自信、安慰和力量。从社会分层的角度来看,中间层是时尚最积极的追求者。下层阶级/阶层因为经济条件的制约,而不太具备追赶时尚的物质条件。上层阶级/阶层则凭着其优越的经济条件,往往以昂贵的消费时尚(如加入高尔夫俱乐部)来同其他群体区别和隔离开来,因而他们常常是时尚的创造者和引导者,而不是时尚的追赶者。中间层渴望加入上层的队伍,因而上层阶级/阶层就成为他们的一个重要的消费参照群体和时尚领导者。

三 衣食住行与消费象征

在消费的表现文化中,消费品(包括有形和无形的产品)成为"意义"的表现、传达和交流的符号单元。在这里,消费品的物质形式或劳务形式作为消费符号,其所具有的含义或意义是历史地、文化地和集体地形成的。各个民族有不同的消费象征秩序(消费品的符号和意义之间的对应关系,或消费品差异与意义差异的对应关系),但在每个民族、地域或群体中,大家遵守了共同的消费象征秩序。只有这种共同的象征秩序才能使消费获得社会表现和交流的功能,得以表达"主体际性"的意义。在长期的生活实践中,人们不但创造物质消费资料以满足客观需求,而且赋予消费品以某种共同的社会和文化意义,从而使其成为社会交流的符号和媒介。消费者正是通过对这些符号元素进行选择和组合来表达自己赋予它的独特的意义的。在人们的各种需要中,衣食住行是最基本的。我们在下面将会发现,即使是满足这些基本需要的物质消费资料,也被赋予了丰富的社会和文化意义,具有很强的符号表现功能。

1. 服装

服装是体现人不同于动物的特征之一。动物要有食物(吃)、有窝(住),却不需要服装,因为它的身体和皮毛具有抵御严寒的功能。人在进化过程中逐步以服装取代动物的皮毛发挥这种功能,人体自身因此丧失了这种功能(如体毛的退化)。因此,服装的基本功能是用来遮体或御寒的。但是,服装在其演化过程中变成了一种文化,它既构成生活方式的一个重要内容,也成为人们表现和表达某种意义、个性或身份的符号和手段(巴特,2000)。《圣经》里写道,上帝创造的亚当和夏娃,最早都是赤身裸体的,因为他们还没有羞耻之心。只有在他们受蛇的唆使偷吃了"智慧树"上的禁果后,才知道羞耻,于是,夏娃就拿无花果的叶子为自己编织裙子穿。可见,《圣经》把人类的着装行为同道德羞耻感联系在一起,因而服装成为道德羞耻感的符号表达。克雷克指出,服装是一种"身体技术","通过这种技术,一系列个人及社会观点得到表达"(克雷克,2000:24)。服装是使身体文明化的手段,是个人以社会认可的方式来表现肉体自我的"文明技术"(克雷克,2000:7)。随着服装文化的发展,服装越来越成为一种象征、符号和"语言",其表现力越来越强。服装是使人的身体由生理身体转变为交流身体的主要辅助工具之一,也是时尚的主要载体。

凡勃伦在《有闲阶级论》一书中,专门用一章(第七章)来讨论有闲阶级是如何把服装作为金钱、文化的表达。他认为,人们在服装上的花费,考虑更多的是如何使自己的外表更可敬,而不是遮体。服装是显示人的财富、闲暇和地位的媒介。他写道:"有其他方法能有效地证明一个人的金钱地位,但这些方法总是模棱两可。在服装上的花费与其他方法相比有一个长处,那就是,我们的服装始终是一个证据,可以使看到我们的人一眼就看出我们的金钱地位。"(Veblen,[1967] 1994:167)。

森尼特在《公共人的堕落》一书中,则论述了服装文化在西方的演变。他认为,在18世纪,服装是人的社会地位或公共地位(如职业)的表现符号。人们从一个人的服装上就可判断出其社会地位和职业状况。因此,在这一时期,服装是人的公共特征而不是个人特征的表现手段。但是,随着资本主义工业化的发展,服装文化开始分化,公开场合的服装文化和私人场合的服装文化分离了。在公共场合,服装依然还是那么正规;但在家里,服装开始随意化,被认为是为了使身体放松。人们觉得人体是自然的,服装应当作为人的个性特征和自然性的表现。到了 19 世纪，这种私人场合的服装文化扩展到公共空间。在大街上出现的服装更多地是作为个人特征的表现，而服装作为社会地位的表现的功能则显得弱化了。森尼特认为，造成这种服装文化的雷同化的原因在于，19 世纪是一个充满骚动、动乱和革命的时期；为了免于受到波及，人们不愿意显示自己的公共或社会地位和特征。服装的大批量机器大生产也助长了人们的服装和外表的相似性（Sennett, [1976] 1978）。

服装的非正规化、休闲化、随意化和个性化在第二次世界大战后的西方社会更是成为一种社会趋势。羽绒服、夹克衫、牛仔裤、运动服等越来越取代西装而出现在大街小巷（只有上班族还严格地保持正规的着装）。以牛仔裤为例，牛仔裤成为第二次世界大战后西方最大众化的服装，几乎所有阶级/阶层的人都愿意穿它。戴维斯认为，牛仔裤的普及化同第二次世界大战后西方的社会价值观念——民主化和平民化——有关。牛仔裤成为民主化和平民化价值的象征（Davis, 1989）。如果说等级社会需要借服装来表现社会身份和权力等级，那么，平民社会则反其道而行之，服装文化朝着随意化和个性化发展，与此同时，服装作为社会身份地位的表现的功能则显得模糊不清了。但尽管如此，服装的表现功能并没有消失。实际上，服装的随意化（即对"地位显示"现象的叛逆）只不过表达了另一种不同的意义，即表现了人们的当代价值观（即平民化和民主化）。而服装的个性化（表现个人的性格特征）则说明，服装仍然是个人主观意义（如"个性独立"的价值观和个性追求）的表达符号。

在中国，服装从一个侧面反映了社会的变迁以及随之而来的价值观的变化。以当代为例，从中山装、毛装、绿军装的盛行，到当代多彩多姿的服装，从西装和旗袍的被禁，到它们的重见天日和备受青睐，无不是社会转换、价值变化的结果。这方面的论述颇多（例如华梅，1992；孙沛东，2007），故无须赘述。

2. 饮食

饮食不但是人维持生存的基本物质生活资料，而且也是一个民族或地域群体的品位（或感知结构，如色、香、味等视觉、嗅觉和味觉结构）的物质体现。饮食结构作为人的品位感知结构的体现，是在长期的生活实践中形成的，因而从一个侧面反映了一个民族的生活实践（如烹饪实践）和感知结构。而烹饪实践和品位感知结构又同社会结构有一定的关系。例如，在中国，饮食文化在宫廷社会达到登峰造极的地步，就同皇权制度（如进贡制）有密切联系。皇帝和宫廷贵族"食不厌精"的品位感知结构与厨子的烹饪实践形成了一种相互促进的作用。

饮食也成为一种独特的消费表现的符号和象征。人们往往按食品的品位属性（如口味）和成本（如难得还是易得）赋予不同的食品以不同的符号意义。越是珍贵稀奇和美味的食品，在意义的等级系统中越是获得较高的地位；反过来，那些寻常和普通的食品，就只能在意义的等级系统中占据较低的地位。于是，人们在生活中将食品分为"寻常"的和"不寻常"的两类。那些只有"寻常"意义的食品，是日常饮食生活的主要生活资料；而那些具有"不寻常"意义的食品，则只有在节假日（表示喜庆）、人生喜事（表示庆祝）或贵宾到来（表示好客）时，才能拿出来。当然，食品的"寻常"和"不寻常"的意义划分是相对的和动态的。例如，在以往的物质匮乏社会，鸡鸭鱼肉具有较不寻常的意义，但是，在引进了科学养殖方法以后，人们可以像流水线生产产品一样来"制造"鸡鸭鱼肉，它们的产出变得"易得"和普通，因而在"意义系统"中遭到降级的命运。例如，20世纪80年代，中国就流行这样一种说法："鸡鸭鱼肉滚下桌，乌龟王八爬上来。"

食品的符号化尤其体现在它的艺术化上。中国的食品不但讲究"味"，而且讲究造型、色彩，讲究"色、香、味"俱全。食品不但是"吃"的对象，而且是"看"和"观赏"的对象。意义档次越高的食品，就越会被当作艺术品来制作。这种食品的艺术化不但是人们对食品的感知欣赏结构的体现，而且是它超越"寻常性"、被赋予不寻常意义的符号表达。因此，人们在消费艺术化的食品时，不但是在消费物质生活资料，而且是在消费符号及其意义。

饮料作为意义表现的符号是非常明显的，人们也是根据它的"可得"的难易程度以及口味属性来对它的意义等级进行定位。传统社会所说的"粗茶淡饭"和"琼浆玉液"，就赋予了"茶"和"酒"以不同的意义：茶是寻常的，酒则是不寻常的；茶是用于日常场合的，而酒则是用于不寻常的场合的。美国的可口可乐则借助强烈的口感和开启音响效果而在广告宣传中被赋予"潇洒"、"现代"、"时髦"、"力量"和"青春"等意义，并变成一种全球性饮料，尤其为青年人所喜爱。可口可乐固然是解渴的饮料，但实际上它同时也是作为意义表现的符号而被消费。

饮料还可以具有社会含义。例如，根据桑顿对奥地利一个村庄的饮料文化的研究，农民之间的交往呈亲密、随意和无拘无束的特征，因而彼此以烈酒（如荷兰杜松子酒）作为交际的饮料和媒介。与之相对，专业群体成员之间的交往则比较正规，有距离，因而交际所用的饮料以非烈性的甜酒（如香槟）为主。在这里，两种饮料被赋予了不同的社会含义。烈酒代表了人际的亲密和随意，而甜酒则充当了人际关系的正规化、形式化含义的符号。可见，饮料成为表现社会关系和社会意义的符号与象征（Thornton，1987）。

3. 住宅

家是社会形式和物质形式的统一。它的社会形式是家庭，而它的物质形式则是住宅。如果说家庭是社会的细胞，那么，房屋或住宅就是社会的空间单元。房屋作为家庭生活的基本空间，构成家庭的"城堡"和"外壳"。家同时也是自我卸下其表情和行为的"面具"、展示其真实的一面的主要场所。因此，家是"真实"和"自然"的象征。家还是家庭成员交流情感的地方，因而家又是情感之船抛锚的避风港。家是人们赖以栖身并获得安全感的场所，因此它也是人们的"心理基地"。科里根指出，对住宅的购买，不仅仅是金钱上的支出，更是情感投资（Corrigan，1997：111）。因此，住宅不但是一个物质结构，而且是一个象征环境。人们通过住宅布置或创造一个体现人们所赋予意义的物质环境。在这个意义上，住宅成为自我的符号。对大部分人来说，家或住宅是一个"教堂"，它是人们寄托人生终极目标的地方（Csikzentmihalyi and Rochberg-Halton，1981：123）。

住宅并不仅仅是供人栖身的地方，它同时还是显示人们的社会地位、身份、品位和格调的符号与象征。人们不但要有栖身之处，而且要住得好；不但要住得好，还要住得有面子、有气派，受人尊敬甚至遭人妒忌。住宅的符号分为两个方面：一是外部符号；二是内部符号。外部符号指房屋所在的区位、地段、周围的景观，房屋的设计、结构、大小、造价和外观，以及房屋的产权。外部符号直接表现了住宅主人的社会经济地位和身份。一般来说，社会经济地位较高的社会群体总会通过其住宅的地段、位置、结构、大小和前后花园的设计等因素来表现自己的种族、地位和身份。在西方社会，人们对住宅区位的选择常常是以种族肤色、社会地位和身份作为标准的。居住的空间位置和地段成为社会地位高低的表现和象征。

内部符号是指房屋内部的装修、家具的布置和其他室内摆设等，不但构成主人的地位、身份、等级等社会因素的象征，而且充当了表现主人的品位、格调、情趣和个性的符号。因此，一方面，豪华的装修、值钱的家具、有品位的室内摆设等成为人们表现社会地位、身份的手段；另一方面，装修和家具的选择又构成人们的品位、格调和情趣等主观因素的表现符号（而品位、格调和情趣又是阶级/阶层条件的心理内化）。布迪厄发现，在法国，尤其是巴黎，在受教育水平相同的情况下，那些统治阶级的成员（其出身也是统治阶级）往往从古董商那里购买家具。而那些出身并非统治阶级却爬到了上层阶级/阶层的成员，则往往从家具商场、家具专卖店或跳蚤市场购买家具（Bourdieu，1984：78）。因此，家具的选择不但传达了社会地位和身份等信息，而且体现了一定阶级/阶层的品位和格调。

室内摆设同样也是表现主人的品位、情趣和个性的符号。不过，各个人的品位、情调和个性千差万别，但是，所有这些因素都遵循一个基本原则，即麦克拉肯所说的"狄德罗统一"或"狄德罗效应"。这一提法来源于法国 18 世纪百科全书派哲学家丹尼斯·狄德罗（1713～1784 年）的一篇文章，这篇文章的题目叫《后悔丢掉了我的旧长袍》。文中说，一位朋友送了一件新长袍给狄德罗，他非常高兴，马上把旧长袍丢掉了。可是，过了一两个星期，他发现书房里的办公桌跟新长袍不协调，便将其换成了新的。之后，又发现挂在墙上的花毯不配套，也把它换成新的。再后来，他又觉得椅子、雕像、书架、闹钟等都跟新长袍不协调，就都换了新的。而这一切更换，都是由新长袍引起的。因此，狄德罗便后悔丢掉了旧长袍。麦克拉肯把这一个案（摆设品之间的协调、一致和统一性）推广运用到所有消费品之间的组合上（McCracken，1988：119）。他认为，消费品系统和文化分类（意义）系统之间有一个对应的关系问题。正是这种对应关系，决定了物品之间要有配套性。只有那些属于相同的文化分类系统的物品才能相互搭配。例如，Rolex 手表只有同 BMW 汽车相配，才显得协调（McCracken，1988：120）。再比如，西装、西裤同草鞋就明显地不协调，只有皮鞋才能与西服配套。而判定协调与否的原则是由社会建构的。可见，消费品并不只是实用的物质生活资料，它同时还是表现的符号。但是，消费品不是作为单个的符号出现，而是以具有内在统一性的符号系统来表现某种品位、格调和意义。

4. 小汽车

小汽车（car）的发明解决的是人们的行以及行的速度和舒适问题。在西方，小汽车尤其是大众化小汽车的出现，使人们的活动半径扩大，并导致有车族向市郊迁移，以逃避市中心的污染和嘈杂。与之相伴，在城市规划中，居住空间（住宅区）和工作空间的距离越来越远，导致小汽车成为上班族必要的交通工具。所以，克劳斯·奥菲（Clauss Offe）指出，汽车是反映都市生活情境的方式，因为住在都市区，没有小汽车几乎活不下去（转引自汤林森，1999：251）。不错，在西方，人们可以乘坐公共交通工具去上班。但是，由于小汽车给人以自由的感觉，因此，人们便追求拥有自己的小汽车，而不愿使用公共交通工具。其结果就是公共交通服务事业的衰落，后者又进一步促使人们想拥有自己的小汽车。市区公共交通服务事业的衰落和私人小汽车数量的增长是同步的、相辅相成的。

可见，尽管小汽车有其实用的价值，但它的普及在一定程度上是同小汽车的符号表现功能联系在一起的。法国哲学家亨利·列斐弗尔（Henri Lefebvre）说道："汽车是一种地位的象征，它代表着舒适、权力、威信和速度；除了其实际用途之外，它主要是作为一种符号被消费的；由于它是消费和消费者的象征，它象征着快乐并以象征物来刺激快乐，所以汽车的各种内涵互相交错、互相强化又互相抵消。"（转引自奥尼尔，1999：96）美国社会学学者奥尼尔也认为汽车是一种"象征性载体"。他说："汽车是一种象征性物品。它不仅是身体的承载工具，也是那种看重私隐观和自由观的身体的承载工具。所以，汽车不仅承载着它所承载的东西，它也承载着个人的意识形态。"（奥尼尔，1999：95）。具体说来，小汽车首先是"自由"的象征。拥有了小汽车，就等于拥有了不受时间和空间限制的活动自由。与此同时，小汽车还是地位和身份的象征。小汽车作为身份象征，在小汽车还未普及时，是再明显不过了。在小汽车大众化的今天，小汽车作为地位和身份的象征的功能则主要通过小汽车的品牌（如 BMW）来体现。此外，小汽车还是效率、速度、舒适和刺激的符号。小汽车的这些符号象征功能，连同公共政策的导向，引发了人们放弃公共交通工具而购买小汽车的热情。对许多人来说，小汽车的符号表现功能的确构成人们想拥有小汽车的动机之一。

消费的象征或符号表现载体还有很多，但我们不得不在此问题上暂时告一段落。我们发现,消费品的符号功能使市场营销中的产品促销获得了一种新的交流工具。在这里,消费者是被当作一个社会人、一个有文化需要和意义表现需要的人来作为产品宣传的对象的。因此,在现代经济中,文化被纳入生产,而消费者也超越了经济人,成为一个自由表现的人。但是,这种自由表现并不表示消费者变得有多么深刻;相反,它可能是在现代生存条件下消费者意义匮乏的症状。消费是不是已成为一种物欲主导社会的文化焦虑、一种用来填补意义空虚的手段呢?消费究竟使人创造了自我,还是丧失了自我,并使人丧失了创造意义的能力呢?这些问题都有待我们进一步探讨。无论如何,在现代经济条件下,撇开文化和符号表现功能来谈消费,注定是片面的。

第十章
消费与时间

任何消费，总是发生在一定环境中的消费。消费与环境因此形成了一定的相互关系。例如，人口、自然资源、地理环境、产业结构、大众传媒、全球化、文化传统、时间制度、空间结构、公共消费制度和社会公共产品等，均构成个人的消费环境。消费环境不但对个人的消费产生某种影响，而且某些消费环境（如时间、空间、大众传媒等）在一定意义上也可以转化为消费对象。从社会学角度研究消费，不能不研究消费与环境的关系。从现在开始，我们将有选择地重点探讨消费与时间、消费与空间，以及个人消费与公共消费方式（公共消费品）的关系。至于消费环境的其他方面，由于篇幅的限制，只能留待以后再作探讨。本章所分析的是消费与时间的关系问题。

尽管产品的生命周期等问题涉及消费与时间的关系，但从一般的角度来看，消费与时间的关系还是一个比较新的课题。消费是在时间和空间中进行的，这似乎是老生常谈，但是，消费与时间的关系还是一个鲜为人知的领域，涉及许多值得深入探讨的问题。消费社会学可以借助时间社会学的成就，对这一问题提出一些独到的看法。

一 时间：从社会学角度看

时间尤其是自由时间，是个人消费得以实现的条件之一。而时间往往是社会作用的对象，因而在现代社会，时间并不是纯粹的自然现象，而是社会现象,即社会时间。时间作为社会作用的产物和结果,表现为一定的集体节奏(Bourdieu,1977;Zerubavel,1981)、生活次序、活动频率和作息制度。社会时间体现在四个方面:第一,顺序结构,它告诉人们社会行动发生的先后次序;第二,持续性,它告诉人们某项行动的持续时间长度;第三,时间位置,它告诉人们某项行动发生的钟点、日期、月份和年份(何时发生);第四,发生频率,它告诉人们某项行动发生的频繁程度(Zerubavel,1981)。因此,社会时间是社会秩序的一个重要方面(集体节奏和社会日程)。它既是社会建构的产物,又是协调社会成员活动的同步性、次序性、节奏性和频率的一种手段与工具。时间与社会相互作用,使时间获得了一定的边界(如上、下班时间)、结构(作息时间表、工作时间和休闲时间)和可分割性与计算性(时间的分配和预算),并被赋予一定的文化意义(如神圣时间与世俗时间的区分,私人时间的不可侵犯性,惜时观念,守时道德,时间即金钱的观念,等等)和商业价值(如时间就是商品)。此外,时间还体现了社会关系中不平等的权力对比关系(如在社会集会、碰头和约会等场合,强势者常常是被等待者,而弱势者则往往是等待者)。

时间也是国家和政府调节与作用的对象。之所以如此,是因为对时间的社会调节是社会各部门保持"同步"的必要条件。在工业化时代,分工的发展使得社会的同步性显得尤其重要。与工业革命相联系,人们形成了现代时间观念。因此,芒福德认为,时钟,而不是蒸汽机,才是工业化时代的主要机器(Mumford,1934:14)。时间作为一种制度,成为国家调节的对象之一(如作息时间、周工作小时、年工作周数等)。

时间也是工厂和企业管理的重要内容之一。准时上下班成为工厂必要的劳动纪律。正如思里夫特所说的,现代工业的诞生要求工人有新的时间习惯,因为只有新的时间习惯才能使机器和劳动者有效地结合起来(Thrift,1990:114)。因此,现代工业导致了时间的革命,使"时间纪律"成为一种社会建构而强加在人们身上。

时间还是工业关系及其摩擦的一个重要对象。马克思在《资本论》中指出,在工业化的早期阶段,由于劳动生产率较低,资本家对工人的剥削主要是通过榨取工人的绝对剩余价值,即通过延长劳动时间来实现。与此同时,工人的工资被压得极低,以至于他们不得不拼命工作才能获得维持劳动力再生产的必要生活资料。随着技术的进步和劳动生产率的提高,相对剩余价值成为资本家攫取的目标,工人的工作时间则相对缩短了。但是,工人劳动时间的缩短并不是资本家自动施予的,在很大程度上它是工人长期斗争的结果,并最终以国家立法的形式得到保障。工人阶级对待时间的态度也经历了一个从"自在阶段"到"自为阶段"的过程。关于这一过程,汤普森(Thompson, 1967:86)做了如下描述:

> 第一代工厂工人被他们的老板训诫时间的重要性;第二代工人则在10小时运动中形成了缩短工时委员会;第三代工人为争取加班费和比正常工时工资标准多半倍的加班工资而斗争。他们接受了他们雇主的概念,并学会了用这些概念来进行反击。他们非常好地吸取了他们的教训,即时间就是金钱。

可见,劳动时间的缩短,不但同劳动生产率的提高有密切的关系,而且也是雇佣工人在时间方面觉悟的提高和为缩短工时而斗争的结果。现代工业革命导致时间习惯的改变,带来了现代时间观念的普及,并导致现代作息制度、劳动制度(劳动时数)和生活节奏的产生。可见,在现代社会,时间被赋予了社会内容,是社会互动的产物。

工时的缩短,意味着自由活动时间的增加,即休闲时间的增加。而休闲时间是消费活动的一个重要时间条件。消费同时间尤其是休闲时间有着内在的联系。不仅如此,休闲时间本身还成为消费品,成为资本和公司生产的对象,成为国家调节和作用的对象。就国家来说,它有必要对公民的休息权利进行立法保障,从制度上保证居民的基本休闲和休息时间。此外,国家也有必要对市场失效进行干预,提供一些公共消费品,包括休闲产品、设施和服务(时间产品)。就公司或企业来说,它们的经济活动同居民的生活方式和休闲活动越来越难以截然分开。随着商品经济的发展,人们的休闲活动也商品化了。而休闲的商品化对人们休闲生活的质和量都产生了重要的影响。研究休闲生活由自发性到商品化的变化,是研究社会变迁尤其是文化变迁的一个重要方面。

二 休闲时间作为消费的条件和诱导

人的一生围绕着三个轴心运行:家庭、工作和休闲。家庭是社会的细胞,是个体成长的摇篮和个人生活的航船停泊的港湾。工作是个人和家庭的经济来源与基础,也是个人的价值、地位和社会认同得以实现与维持的柱石。休闲则是工作的必要的补充、弥补或报答,是个人自由的实现形式之一,也是人们探索除工作以外的其他认同、潜能和自我实现的渠道(如业余爱好)。就与消费的关系来说,家庭、工作和休闲都对消费行为有影响。然而,在消费者行为学的文献中,人们讨论较多的是家庭与职业对消费行为的影响,却忽略了休闲对消费的影响。因此,下面将就休闲与消费的关系进行一番探讨。

1. 休闲时间作为消费的条件

闲暇时间是个人或家庭得以进行购物、消费和生活的条件,这一点是非常明显的。如果一个人忙得连购物的时间都没有,他/她的消费的质和量就要大打折扣。在传统的男权社会,核心家庭在工作和消费之间进行了性别的分工:男的以工作为主,担负起养家糊口的责任;女的则以消费为主,充当家庭主妇,负责购物、做家务和带孩子。即使是全职妇女,也被要求承担大部分购物任务和家务劳动(这一点已有经验研究作为支持,参见王琪廷,2000),或者是雇请保姆或管家来安排消费事宜。因此,工作和消费在家庭中进行了某种形式的分工:①丈夫负责工作和挣钱,妻子负责家庭消费安排;②夫妇双方都出去工作,家庭消费由双方共同安排,或由其中一方负责(通常是妇女);③夫妇双方都出去工作,大部分家务和家庭消费由雇请的佣人(常常是女性)来安排。不论哪一种形式,消费都与时间有着密切的关系。家庭的消费分工,实际上就是工作时间和消费服务时间(如购物、做饭)的分工。在第一种模式中,家庭中性别之间的时间分工,是一种制度性现象,是两性不平等关系在家庭消费领域的延伸和体现。在这里,如果丈夫的收入是家庭消费的经济来源和基础,那么,主妇的"闲暇"时间成为整个家庭消费生活得以实现的条件和保证。主妇在家庭中的附属地位(消费服务和安排)成为丈夫支配地位(挣钱)的必要前提。

个人闲暇时间的多少,不但涉及家庭之间的性别分工,而且主要同工作时间相关。闲暇时间是工作时间的负函数。工作时间越长,闲暇时间越短。在近代社会,工作时间不再仅仅由生物时间(如睡眠)和自然时间(如白天和黑夜的交替)决定,而是更多地受社会因素(如政府立法、就业压力)和技术因素(如机器生产、信息技术)影响。正如上面说过的那样，随着技术进步导致的劳动生产率的提高，以及工会或有关团体倡导减少工作时数的运动，当代社会法定的年工作周数和周工作时数在不断减少。这些制度性的闲暇时间为扩大消费需求在时间上提供了可能。一旦收入条件允许，这种可能就会变为现实。

就商业企业来说，它们的经营销售直接受到顾客作息时间规律的影响。不同的顾客群体，有不同的作息时间和购物习惯。对上班族来说，傍晚和周末才是他们购物的时间。对于家庭主妇、退休老人和保姆来说，白天则是购物的最佳时间。可见，不同的顾客群体有不同的生活节奏（时间分布），他们在何时购物和消费，直接受到他们休闲时间分布的影响。因此，研究消费者的休闲时间分布，对商家调整经营时间以适应顾客的时间节奏，有重要意义。对企业来说，研究顾客的休闲时间的分布及其休闲活动安排，也有利于决定广告（如电视广告）在何种媒体上及何时出现，以便对目标市场发生影响。例如，对于工作繁忙的经理阶层来说，电视广告对他们几乎不起任何作用，因为他们没有时间看电视，但他们却习惯于在上班时间看报纸。对于家庭主妇和儿童来说，看电视是他们的主要消遣之一。如果说下午放学以后，电视广告对儿童的影响最大，那么，家庭主妇和退休老人对晚上的电视广告有最高的收视率。休闲时间是顾客群体接触媒体的主要时间，因而研究他们在何种时刻接触何种媒体，对企业选择广告媒体和广告时间有重要帮助。不仅电视广告有时间效果的区别，报纸广告也同样如此，因为有的读者有读早报的习惯，而有的读者则喜欢读晚报。

休闲时间还是人们进行交流沟通的时间。不论打电话沟通，还是串门聊天，通常都是在休闲时间进行的。休闲时间为消费者传播产品信息和交流商品使用意见创造了条件。对那些有较多时间逛商场的消费者来说，他们乐于在休闲时间将他们发现的商品信息告诉亲朋好友，使那些缺乏足够休闲时间的人可以分享商品信息。

休闲时间使消费者同商品世界有了接触的机会。概括起来，消费者在休闲时间内接触商品世界的渠道主要有三种：一是直接接触渠道。消费者通过在休闲时间内逛商店而直接了解商品的信息。二是媒体接触渠道。休闲时间是消费者接触媒体的主要时间，如看电视、报纸、杂志、书籍以及上网等。这些媒体成为商家做广告的主要渠道。因此，休闲消遣与商品接触便有了某种联系。三是社交接触渠道。休闲时间是亲朋好友聚会与交往的时间，而社交又常常涉及对生活方式的评价和意见交流。这种交流常常涉及对商品的评价和商品信息的传播，并对潜在的消费者的消费选择产生重要的影响。

休闲时间与消费的联系，使"生产系统"同"生活世界"（哈贝马斯）之间有了沟通的媒介。这个媒介就是对商品的消费。商品是生产系统创造的产物，而对它的消费则是发生在生活世界中的事情。换言之，消费充当了生产系统（工作）和生活世界（休闲）之间功能联系的桥梁。消费不但是生产系统在生活世界中的"接力"（即商品的实现），而且也是生活世界反过来影响生产系统的渠道（生产什么以及生产多少）。而消费则主要是发生在休闲时间内的事情。

2. 休闲时间作为消费的诱导

消费是收入的函数，这一点已经是没有疑问的。但是，除了收入以外，另外一个直接影响消费（特别是服务消费）的因素是休闲时间的多寡。在休闲时间既定的条件下，消费的增加同收入的增加成正比关系。消费的增加同休闲时间的增多尚不构成正比关系，因为休闲时间只是消费的必要条件，而不是充分条件。但是，在收入达到一定水平的条件下（即在满足了基本和必需的消费以后还有剩余），休闲时间的增多将趋向于导致某些服务消费支出的增多；反之，休闲时间的减少将趋向于导致服务消费支出的减少，即消费同休闲时间的增加成正比关系。为什么会这样呢？道理很简单。人们的消费由两个部分构成：一是对固定产品（如住宅、汽车、冰箱等）的消费；二是对可变和无形产品的消费。如果休闲时间的多寡对固定产品的消费没有什么明显的作用的话，那么，在收入达到"生存剩余"的条件下，休闲时间的多寡对可变和无形产品的消费将产生较大的影响。例如，如果没有时间，人们就不能到电影院看电影，更不会购买电影院出售的爆米花和饮料，也不存在看完电影以后到附近的餐馆就餐的问题。可见，在收入达到一定水平的条件下，休闲时间的多寡对消费尤其是无形产品的消费，有明显的影响。休闲时间不是消费的充分条件，却是消费（尤其是服务消费）的必要条件。休闲时间本身的增多不足以导致消费的增加，因为消费的增加要以收入的增加为前提。但是，在收入增加的情况下，休闲时间的增多将导致消费支出的增加。因此，我们可以说，在收入达到生存剩余的条件下，休闲时间构成了消费的诱导因素。

那么，休闲时间对消费的诱导性表现在哪些方面呢？这可以从下面几个方面来看。

休闲时间是消费欲望的诱导因素。换句话说，休闲是消费欲望形成的温床。如果人们有了足够的收入，那么，休闲时间的增多将趋向于导致消费欲望的增加。原因很简单。人们在具备了充足的休闲时间后，就能与商品世界发生更紧密的接触。而只有同商品世界发生接触，消费欲望才能被不断地刺激出来。例如，人们逛商场的过程，就是与商品世界发生接触的过程，同时也是消费欲望形成的过程。而没有休闲时间，人们就无法去逛商场。同样道理，如果没有足够的休闲时间，那么人们也就没有媒体接触和社交接触的渠道来了解商品。而这些渠道对消费欲望的形成也起影响作用。

休闲时间是消费情趣的诱导因素。休闲是培养生活情趣的必要条件。如果人们有了更多的自由时间，就往往会考虑如何使这些时间过得更有质量，因而就会参与各种休闲活动，并通过休闲活动来提高生活的品位和情趣，表现自己的生活风格。而生活情趣同时也就是消费情趣，它对人们进行消费选择产生明显的影响。没有足够的休闲时间，人们就没有办法来培养消费情趣，消费的选择就会受到限制。

休闲时间是消费时尚的诱导因素。休闲是使生活世界剧场化的时间条件。生活世界的剧场化使消费者产生了"表演"的社会欲望，即表现自己的可接受的、受欢迎的和美好的一面。对时尚的追逐正是这种社会欲望的表现。而对时尚的追逐，也是要以休闲时间为必要条件的。休闲时间使消费者得以了解社会上正在流行什么或什么才是最时髦、最合时尚的，休闲也使消费者有时间来追逐时尚。

消费购物的休闲化。正是由于休闲时间对消费起着诱导的作用，因此，在当代商业中，商品的销售和商场的布置越来越呈现休闲化的趋势。大型购物中心的出现，意味着消费购物不仅仅是功能性的活动，同时还是休闲活动。在功能上，购物中心成为集购物、美食和娱乐休闲为一体的场所，是城市居民休闲的主要去处之一。商场的休闲化，有利于刺激消费者的购物欲望，引发购物冲动，对消费起着很强的诱导作用。商场的休闲化体现在：一是商场的舒适化（如装修的豪华、夏天有空调）；二是商场的情趣化（如播放流行音乐）；三是添加儿童玩具（有利于吸引家庭购物者）；四是设置餐饮场所和电影院等娱乐设施，以便消费者休息和娱乐。总之，商场休闲化的目的就是既要吸引顾客，又要留住顾客。把购物和休闲结合为一体，将大大地刺激消费者购物的激情。

三 休闲作为消费的对象

休闲时间不但是消费的条件和诱导因素，而且休闲本身也是消费的对象。可是，长期以来，休闲或闲暇被当作纯属私人的、无足轻重的东西，人们也没有把它同消费联系在一起。在短缺经济时代，这种看法是可以理解的。的确，在温饱都没有着落的时候，生存成为社会的焦点，休闲生活就只能被看作是时间上的消遣，而不具备消费的功能。但是，当一个社会总体上达到"小康"水平的时候，休闲就不仅仅是单纯的时间消遣，而开始变成一种消费活动。自90年代中后期以来，中国的经济有两个显著的变化，值得我们注意。一是600多种主要物质产品出现供过于求的相对"过剩"，从而在某种意义上摆脱了过去的物质匮乏状态；二是居民的休闲消费支出在家庭支出中所占的比重逐渐加大（如购买电视机、音响及旅游等休闲娱乐项目的支出）。尤其是1999年国务院颁布了关于增加公众节假日的规定后，在总体消费不振的情况下，以旅游为龙头的休闲消费呈"风景这边独好"的态势。休闲在启动消费中的经济意义立即引起了传媒的注意和重视，报刊上对于"假日经济"、"文化经济"、"休闲经济"等概念的讨论就是明证。

休闲消费的出现，无疑为目前国内消费的启动注入了一剂兴奋剂，因而也的确值得注意。然而，学术界对于休闲消费的到来却缺少认真的理论研究准备。学者们长期以来习惯于为"生产性"活动出谋划策，而不屑于研究"无足轻重"的休闲活动。因此，国内对于休闲消费的研究，还显得比较薄弱，不过从90年代开始，休闲经济已经开始引起一些学者的注意（如赵瑞政，1994），并有越来越多的学者开始研究休闲经济（王宁，2000）。

1. 从休闲需要到休闲消费

在讨论休闲消费之前，有必要先对"休闲"、"休闲需要"与"休闲消费"的概念进行区分。国内有学者把"休闲"看作是个人自由支配的、表现个性特点的时间（张国珍，1991；方卫平，1996）。在国外，休闲（或闲暇）一词主要有三种用法：第一，它指"闲暇时间"；第二，它指"休闲活动"；第三，它指在休闲活动中人的闲适的"精神状态"（Torkildsen，

1992：26－28）。实际上，这三种含义是紧密联系在一起的。但是，为了论述的方便，我们将主要在第一和第二种意义上来使用"休闲"一词，即把休闲看成是在工作时间和其他日常必要时间（睡眠、洗浴、上厕所、做家务等）以外的闲暇时间内进行的自由活动。在这里，睡眠、洗浴、上厕所等活动属于生理性或生存性必要时间支出，而做家务则是下班以后的一种家庭必要时间支出，这些活动都不属于"休闲"的范畴。休闲活动的一个最明显的特征是"自由"，即不具有强制性和约束性。它是与游戏、娱乐、开心或闲适等状态联系在一起的，因而它是人的一种基本需要，即休闲需要。而对休闲需要的满足有不同的形式和手段，它既包括消费支出形式，也包括非消费支出形式（如散步）。当休闲需要是通过对某些商品、设施和服务进行消费（即消费支出的形式）来得到满足时，休闲活动就变成了休闲消费。可见，休闲需要是一个比休闲消费含义更广的概念。

关于休闲需要和休闲消费的关系，还可以进一步从以下几个方面来考虑。首先，从人性的角度看，休闲需要是普遍的。只要是人，就都有休闲的需要。人们的差异只是在于休闲时间的多寡与满足休闲需要的形式和活动不同而已。休闲消费只是满足休闲需要的一种特殊或高级形式。休闲需要的满足既可以采取消费支出形式，也可以采用非消费支出形式（如捉迷藏、散步等）。其次，从文化的角度看，休闲需要的文化满足形式早于休闲需要的消费满足形式。人类自古以来就创立了色彩缤纷的休闲文化以满足人们的休闲、游戏和娱乐需要，如捉迷藏、跳绳、篝火笙歌、琴棋书画、花灯社戏、舞龙弄狮等。可以说，一部文化史在某种意义上就是一部休闲文化史。而休闲消费则是伴随现代市场经济尤其是过剩经济的出现才出现的，它是当代消费文化的一部分。再次，从经济的角度看，休闲消费需要是人类消费需要的高级形态。在经济发展水平较低、人们的温饱还成问题的情况下，经济的首要目标是满足生存需要，至于休闲需要，则只能通过民间自发的活动（如休闲民俗）来满足。当农业社会进入近代工业社会以后，温饱已经不是主要问题。例如，在西方主要工业国家，社会生产力的提高导致大量物质消费品的出现。大生产要求大消费，与此相适应，百货商店开始在 19 世纪中后叶出现，导致以中产阶级/阶层为主体的消费者对物质消费品的激情大大高涨，象征着近代消费文化登上了历史舞台（Corrigan，1997：50）。在这个阶段，休闲消费已经出现，但还只是作为物质消费文化的附属。到了当代社会，尤其是西方的后工业社会，物质消费已经不再是一个主要问题。随着信贷消费手段的出现以及社会保障和保险体系的建立，人们的消费热情高涨，小汽车、住宅、家用电器等耐用消费品很快成为大众性消费品，于是人们的消费需要又向高一层次发展，进入到休闲消费阶段，休闲消费在消费需要中占据了突出的、不可取代的位置。与之相适应，经济出现了休闲化趋势。

所谓经济的休闲化，可以从以下几个方面来理解。第一，物质产品的休闲化。一方面，"省时"消费品越来越受欢迎，如洗衣机、微波炉、洗碗机、快餐等可以节约家务劳动时间，从而增加休闲时间的产品；另一方面，"休闲化"物质消费品在家庭消费中所占的比重逐渐加大，如电视机、收音机、收录机、组合音响、录像机、摄像机、照相机、VCD、Walkman、电子游戏机、个人电脑、运动器材等以休闲娱乐、消遣、健身为目的的有形物质产品。第二，消费购物的休闲化。消费购物越来越成为集购物与休闲为一身的活动。如大型购物中心成为集休闲、美食、娱乐为一体的场所。第三，休闲活动的商业化和社会化，即人们在休闲时间内所自由从事的休闲活动，越来越成为对商业性和公共性休闲产品（如娱乐用品、宠物、花卉、音像产品、书刊等）、设施（如公园、博物馆、游乐园、体育和保健场馆等）与服务（餐馆、酒吧、桑拿按摩、旅游、电视、文艺表演等）的消费活动（王宁，2000）。

休闲消费是当代生活方式的一部分，是消费生活的高级形态，而一个国家的消费生活的变化，既从一个侧面反映了经济、社会和文化的变迁，又对该国的经济产生重要影响。就中国来说，随着人民生活达到"小康"水平这一目标的实现，许多城镇家庭已经将休闲消费列到家庭消费预算之中，城镇居民已经有了明确的休闲消费需求。这一需求是继对温饱、耐用消费品（如电器等）和住宅的消费需求得到满足后自然而然出现的，是居民消费需求进化的一个新的阶段。休闲消费预示着中国部分城镇居民消费领域的扩大和消费层次的提升，构成新的经济增长点和投资机会，是中国经济高速增长的必然结果。

从上述经济休闲化趋势中我们可以归纳出休闲与消费的几种关系：第一，物质产品的休闲化和节时化将构成物质消费增长的一个促进因素；第二，购物环境的休闲化将构成商品销售增长的一个诱导因素；第三，休闲的商业化和社会化将构成扩大消费的一个直接因素。也就是说，休闲作为消费的直接内容，在家庭消费支出中所占的比重将稳步增长。这一趋势同家庭、职业、生活方式、价值观念和社会的变迁都有着密切的关系（王宁，2000）。由此看来，休闲在经济生活和社会生活中的作用是不能低估的。

2. 休闲经济

经济的休闲化使休闲经济从后台走到了前台，下面我们将就休闲经济进行一番分析（如无特别说明，对"休闲经济"均是在狭义上使用）。由于休闲不单纯是时间的消遣，而是常常涉及对休闲产品（如书刊、玩具、花卉、宠物、扑克或麻将等娱乐用具、收藏品、音像设备和制品、体育比赛和健身器材等）、设施（如公园、博物馆、图书馆、体育场馆、游乐场）和服务（如电视节目、餐饮、按摩、旅游等）的消费，因此，休闲构成了一个产业，它包括音像书刊电视等传媒、工艺、园林、影剧院、博物馆、体育产业、业余爱好俱乐部、电子游戏、餐馆酒吧、桑拿按摩、旅游、摄影、收藏等。

就供给的渠道来说，休闲可以分为自给性休闲、社会供给性休闲和商业供给性休闲（Torkildsen，1992）。自给性休闲指自我供给的休闲活动（如听音乐、阅读、打扑克或麻将）。社会供给性休闲指由政府公共部门提供的非营利的休闲设施和服务（如博物馆、美术馆、科技馆、公园、图书馆、少年活动中心、老年活动中心、电视台等）。商业供给性休闲则是指商业部门提供的、以营利为目的的休闲产品、设施和服务。有必要注意的是，即使是自给性休闲，也既可能涉及商业化的休闲产品和服务（如音像制品、玩具、书刊、扑克和麻将等娱乐用具），又可能涉及由社会供给的休闲设施和服务（如在家看电视实际上是对电视台提供的电视节目等公共服务的消费）。因此，实际上，休闲活动在很大程度上商业化和社会化了。首先，休闲活动商业化了。一方面，休闲用品商品化了，如玩具、娱乐用具、花卉、宠物和文化用品（钢琴、字画、书籍等）均被商品化了；另一方面，休闲活动也商业化了，变成对商业休闲设施和服务的消费，如歌舞厅、餐馆、茶楼、咖啡屋、电子游戏室、游乐场、游泳池、高尔夫球场、保龄球馆、桌球馆、足球场、电影院、旅游景点和线路、网吧等。其次，休闲活动社会化了。休闲活动不仅仅是个人或私人的事情，同时还是社区和社会的福利与公共事业，需要政府出面进行统筹规划、组织实施和维持管理。例如，图书馆、博物馆、美术馆、公园、公共空地、商业带的步行区、电视台、广播台、体育场馆、少年宫、儿童活动中心、老年活动中心、大型节庆活动，等等，均需要政府拨款（或筹资赞助），作为社会公共福利事业来抓。简单地说，老百姓的休闲娱乐离不开一些基本的公共设施和服务，因而需要纳入政府规划和管理的议事日程之中。我们所说的"精神文明建设"，包括政府部门对社会公共休闲设施与服务的投入、建设和供给。这种社会化的公共休闲也构成休闲产业的一部分（王宁，2000）。

发展休闲经济和产业具有重要的经济和社会意义。根据国外的经验，休闲经济对国民经济的贡献表现在以下几个方面。首先，发展休闲产业可以增加有效供给的范围，促进消费，启动消费市场，从而促进经济的增长。其次，发展休闲产业可以增加就业机会。休闲产业往往是劳力密集型产业，在中国人口众多、就业压力很大的情况下，发展休闲产业是增加就业机会的有效途径之一。休闲经济也具有重要的社会意义和功能。休闲产业为人们的休闲生活提供丰富的消遣、娱乐和"开心"的产品、设施与服务，从而对工作和其他日常负担所造成的压力、紧张和厌烦起到有效的舒缓、释放和排解作用，因而休闲是社会的"安全阀"，对许多不利的社会情绪具有化解和"治疗"作用，从而在促进社会稳定、维持社会秩序中发挥着不可或缺的作用。休闲生活可促进个人的生活满意度的提高，有助于个人达到"自我实现"的境界，休闲方式还是个人塑造自我认同的不可缺少的方面（王宁，2000）。

3. 休闲消费的特征

对休闲产品、设施和服务的消费不同于对日常必需品的消费，前者具有一些独有的特征。除了休闲本身的一般特征外，不同的民族、阶级/阶层和群体在休闲消费方面也有不同的特点。因此，利用休闲进行营销，必须对休闲消费者的社会、文化和经济特征进行了解，以便更好地进行市场细分。在这里，消费社会学和市场营销具有某种姻缘关系。也就是说，社会学在休闲营销方面具有应用价值。下面我们仅就休闲消费的一般特征进行分析，并从中引申出其对休闲营销的意义。

自目的性（autotelic nature）。休闲不同于纯功利性和工具性活动（如工作、做家务等），具有无功利性或自目的性。所谓自目的性，是指"以自身为目的"。休闲的自目的性指的是，休闲的游戏性和娱乐性，如同爱情、友谊、信仰、尊严、创造一样，本身就是人生的一个目的，值得人们去追求，而不需以其他功利性目的为休闲活动的"必要性"和"合法性"根据。人类天生就具有游戏和娱乐的需要与冲动，而文化则为着其他的工具性目的（如为生产活动所需的纪律）而对这种游戏冲动进行了种种限制和约束，使游戏因素在各种制度中逐渐消失（胡伊青加，1998）。

在现代社会，工作与休闲在空间和时间上分离为两个相互独立且又相互弥补的领域（Wang, 1996）。但是，这两个领域所受到的重视程度是不同的。在短缺经济时代，工具性领域的工作、生产和经济系统受到高度重视，以致常常侵蚀了休闲领域。就经济系统来说，它关心的是这样的问题："什么对这个系统的增长有好处？"而不关心这样的问题："什么对人有好处？"（Fromm, 1976）因此，人被这个系统扭曲了、异化了。就个人来说，人常常为了一些工具性目的（如赚钱）而忘记了生活更根本的意义，忘记了一些不具有工具性价值但本身却值得追求的东西（友谊、尊严、情操、理想等）。因此，在一定的意义上，对人的需要游戏和娱乐的天性的扼杀是社会和个人不健全的体现。如果说在短缺经济时代，休闲被忽略还是可以理解的话，那么，在过剩经济的条件下，对休闲的漠视就是短视的。因此，随着经济条件的不断改善，休闲活动的"自目的性"应当受到足够的重视。反映在国家政策上，居民的休闲公民权应当受到重视并得到保障。不仅如此，由于市场在供应公共产品方面的失效，因此，国家和政府还应当为居民提供一些必要的、福利性的休闲产品、设施和服务，并对这些非营利的社会公共休闲产品、设施和服务进行社会营销。这种公共休闲消费，不仅仅是启动国内消费市场的问题，同时还是社会发展的目的之一。

游戏与娱乐。休闲需要源于人们的游戏和娱乐需要，具有游戏和享乐的特征。游戏和娱乐活动是人类社会出现得最早的休闲活动。荷兰文化学家胡伊青加指出，"游戏比文化更古老"（胡伊青加，1998：1）。尽管在关于游戏的本质上存在多种理论上的争论（如"精力过剩论"、"学习论"、"恢复论"、"放松论"、"宣泄论"、"唤起论"、"求乐论"、"自我实现论"等，参见 Torkildsen, 1992：49 - 58），但有一点是可以肯定的，游戏具有追求快乐的性质。因此，游戏与娱乐是联系在一起的。游戏与娱乐是"无聊"和"沉闷"的对立面，是对世俗生活的一种有益的补偿和解脱。

休闲产品和服务不同于一般日用产品和服务的地方在于它是一种高度体验性的产品和服务。消费者对这类产品和服务有比对一般产品和服务更高的要求与预期，也就是说，他们不但有对休闲产品和服务的预定的功能或程序质量的要求（即有形产品的功能质量和无形服务的程序质量），而且也有对这些产品和服务的心理质量的要求（即快乐和舒适的心理体验）。但是，问题的关键还在于，尽管同一休闲产品和服务的预定的功能或程序质量都很高，但对不同的消费者而言，其心理质量却是不同的。例如，对小孩来说是很开心、好玩的休闲活动，对成人而言就是很没有意思的活动。因此，休闲产品和服务的心理质量与消费者本身的"休闲履历"（即休闲经历和见识）是分不开的。因此，在休闲产品和服务的供应与营销上，国外的一些休闲企业不但充分重视休闲的游戏性和娱乐性，而且根据消费者不同的休闲履历以及相应的休闲目的，有针对性地供应不同的休闲产品和服务。

并非必不可少。休闲活动具有自目的性，但是，休闲消费却不同于对日常必需品的消费，不具备"必不可少"的特性（Morgan，1996：3－4）。为了说明这种特性，有必要将"休闲"（或闲暇）同"休息"区别开来。有些休息属于休闲（如看报、抽烟、喝茶等）；但有些休息则是为生理所必需的人体恢复状态，如睡眠，就不属于休闲的范畴。不同于生理性休息，休闲活动不具备"必不可少"的特性，具有很大的弹性和伸缩性。更重要的是，休闲并不必然意味着消费。上面说过，由休闲活动到休闲消费的转变是有条件的。也就是说，休闲消费的实现受到几种因素的制约。首先，当家庭可支配收入较低或减少的时候，人们往往会取消或减少休闲消费；其次，当人们工作繁忙的时候，常常会牺牲或减少休闲时间，以保证工作任务的完成；再次，当休闲供应不足，即缺乏所需的休闲产品、设施或服务的时候，人们往往会取消休闲消费，而以非消费支出的形式进行休闲活动。

针对这个特性，政府和休闲企业常常会采取针对性措施。就政府来说，往往是从制度上保证居民有充裕的休闲时间。休闲时间的增多，往往会导致休闲消费支出的增加。这一点在"每周五天工作日"以及1999年国务院有关增加公众节假日的规定颁布以来，已经得到证明。同时，在消费扩张的情况下，政府也通过增加公众的收入来刺激消费，包括休闲消费，因为仅有休闲时间的增多而收入仍然不足的话，还不能必然导致休闲消费的增加。根据国外的经验，当家庭可支配收入达到较高的"生存过剩"（即维持日常生活之外还有节余）水平的时候，"过剩"收入的一部分在一定的条件下就可能被用于休闲消费（如度假）。由于休闲消费的边际效用较日常用品为大，在收入不断增加的情况下，休闲消费是消费增长的主要领域之一。此外，政府还应主动对消费的公共休闲设施和服务进行投资,并定期举办一些大型娱乐活动,以吸引居民走出家门,进行休闲消费。

就休闲企业来说,休闲消费的"非必需性"导致休闲营销比对日常必需品的营销难度要大(Morgan,1996:4)。休闲消费的"非必需性"说明,休闲营销的过程就是"说服"消费者进行休闲消费的过程,就是将消费者潜在和过剩的消费力变成现实的休闲消费支出的过程。换句话说,休闲营销是将某种特定的休闲产品或服务"变成"对消费者而言"不可缺少"的东西。为达此目的,休闲企业不但要根据细分市场的特征和要求来进行休闲营销,而且要增加休闲产品和服务的"符号附加值"与"心理附加值"。一旦某种休闲产品和服务成为某个社会或某个群体所崇尚的价值、个性、风格、地位、身份的象征和符号的时候,它就获得了符号附加值(即符号价值)。这种符号附加值使一些消费者觉得这种特定的休闲活动是"必不可少"的,如许多老板觉得,人家有身份的人都加入了高尔夫俱乐部,自己不加入,就是"有失身份"。一旦某种休闲活动对消费者来说获得了某种"主观的意义",成为个人爱好,具有了心理上不可割舍的特征,它就具有了心理附加值(即心理价值)。例如,足球比赛之于球迷,集邮之于集邮爱好者,钓鱼之于垂钓迷,电脑网络之于上网发烧友,等等,均具有较高的心理价值。可见,使休闲产品和活动具有符号附加值和心理附加值就成为克服休闲的"非必需性"的休闲营销策略。

可替代性。休闲活动的一个重要特征就是可替代性。也就是说,休闲消费者追求的是快乐和闲适,而大部分休闲活动都可以达到这种效果。因此,各种休闲活动之间的可替代性较高。同时,休闲活动的可替代性又是同休闲活动的自由选择性紧密联系在一起的。这就意味着,当对一种休闲活动进行选择遇到了某种障碍(如可及性低、价格过高、有安全隐患、服务态度差等)时,消费者往往会放弃对它的选择,而改选其他休闲活动作为替代。

休闲活动的可替代性意味着休闲企业之间的竞争较为激烈。要在这种竞争中取胜,除了上面讲的通过创造符号附加值和心理附加值以吸引固定的消费者群体外,休闲企业还常常通过"方便化"、"优质化"和"合算化"等策略而使所经营的休闲产品和服务成为一般消费者的首选,甚至是唯一选择。所谓方便化,指的是使对休闲产品和服务的消费变得十分方便和舒适,如具有较高的"可入性"(即交通方便、进出方便),有较好的配套设施（如停车场地、厕所、餐饮设施、休息场所、避雨或遮阳的地方，甚至有些地方应有给婴儿哺乳、换尿布的房间，等等）。所谓优质化，就是使休闲产品有较高的质量：一是"内核"产品的质量高，使人觉得开心、尽兴、快乐（如电影院所放的电影好看、餐馆的菜好吃以及服务员的态度热情周到）；二是"外壳"产品的质量高，如环境幽雅整洁、没有喧闹刺耳的噪音、没有污染和令人厌恶的气味，没有对安全的担忧，各项配套设施齐全，等等）。所谓合算化，就是使消费者觉得物有所值，即钱花得值（消费价值）。过高的价格与休闲产品质量的差距会使消费者产生"不值得"和"上当受骗"的感觉，并通过口碑宣传而阻吓其他潜在的消费者前来进行休闲消费。

时效性。许多休闲活动具有很大的流行性，也就是说，它们往往在一定的时间范围内流行，一旦过了流行期，就失去了休闲娱乐的效果，从而失去大量的消费者。这种流行期效果，就是休闲的时效性。当然，我们不排除有些休闲活动（如围棋等）长期流行的可能性。但是，对大部分休闲产品（如流行音乐、流行小说、流行电视节目等）来说，其时效性和流行性是比较明显的。曾几何时，呼啦圈在中国是何等流行，但是，没过多久，它就迅速被淘汰。卡拉OK也曾在大江南北大大地红火过一阵，现在也江河日下、风光不再。休闲产品的时效性意味着休闲产品的生命周期短、投资的风险大，因而在营销上具有相对较大的难度。

对休闲企业来说，休闲的时效性决定了对休闲市场进行准确判断的重要性。也就是说，要对各休闲消费者群体的休闲品位、风格和休闲方式的变化趋势有深刻的洞见和预见能力。这就是为什么越来越多的大型休闲企业和公司越来越重视对市场进行科学的长期跟踪研究的原因。休闲的时效性还决定了休闲产品创新的重要性。由于休闲产品的生命周期短，休闲企业的经营者不能坐等一个产品"寿终正寝"后才去开发另一种新产品，而往往要居安思危、未雨绸缪，在某种产品还处于鼎盛的时期就思考如何进行产品的创新问题。采用这种策略的企业始终能走在其他休闲企业的前面，通过制造创新产品的时间差，从而走在休闲潮流的前列。

社会性。许多休闲活动的一个共同特征是社会性，也就是说，一起进行休闲的同伴是构成休闲活动具有吸引力的因素之一，如与家庭成员、恋人、朋友、同事等一起进行某种休闲活动，恰恰是构成休闲体验的一个重要因素。我们常说的"酒逢知己千杯少"，说的就是与朋友一起进行休闲活动（喝酒）的特殊效果。在某些场合下，缺少同伴甚至是与素不相识的人（如一起在足球比赛现场看球的球迷）一起进行休闲活动，会导致休闲活动失去其应有的吸引力。因此，在对一些社会性较强的休闲活动（如球赛、节庆活动）进行营销时，国外的许多休闲企业往往会营造一种社会氛围，使休闲场所成为交往、集会和与人同乐的场所。例如，英国的酒吧就成为英国人在下班以后与朋友聚会聊天的公共场所。一旦遇有重大体育比赛，英国人便聚在酒吧里，边喝酒助兴，边与朋友共同观看电视转播。这种社会氛围是一个人在家里体验不到的。这种社会氛围反过来促进了啤酒和其他饮料的销售。英国的酒吧业成功的秘密，除了文化传统的因素外，就在于它与社区结下了不解之缘，成为社区的公共休闲活动中心。因此，诸如餐馆、酒店、咖啡屋、歌舞厅、按摩院、俱乐部等休闲场所，均在努力把自己办成当地社区的一个公共休闲聚会的好去处。

第十一章
消费与空间

消费总是在一定位置和范围中的消费，因此当我们想了解消费活动时，总先要了解消费活动发生在何处。消费因而同空间有着内在的联系。但是，仅仅停留在这一点上，还只是老生常谈。问题的关键不在于消费活动具有空间性（事实上，任何活动都具有空间性），而在于消费活动如何获得空间性和获得怎样的空间秩序、关系和结构。空间性（包括空间位置、范围、关系和结构）是社会行动建构的产物，是社会过程的后果，因此，不能把空间性仅仅看成是既定的东西，而要同时把它看成是行动的产物。套用吉登斯（Giddens, 1984）的结构化理论术语来说，空间性既是行动的条件，又是行动的结果。从这种立场出发，空间并不仅仅是行动的空间坐标（即"在什么位置"），同时还是社会行动建构的条件和产物（Werlen, 1993）。因而，空间性是不能脱离社会性而存在的，空间结构不过是社会关系的反映（Gregory and Urry, 1985）。

消费活动也具有空间性，但是，这种空间性不是自然而然形成的，而是各种社会力量、社会关系和社会过程相互作用的产物。消费空间构成生产系统和生活系统相接触和连接的地带。从社会学角度来看消费活动的空间性和空间结构的形成过程，是消费社会学不可推卸的一个任务。

一　空间化实践

在韦伯看来，现代化在本质上是一种社会理性化过程（Weber, 1978）。

这种社会理性化过程的微观基础就是目的理性行动。韦伯区分了四种行动的"理想类型"：目的理性行动、价值理性行动、情感行动和传统行动（Weber, 1978: 24-25）。尽管在现实中人的行动类型不是如此截然分开的，但这一分类还是为我们分析社会行动提供了一个十分有用的概念工具。在不同形态的社会以及不同的社会场合中，这四种类型的行动所占的地位和比重是不同的。如果说在前现代社会非理性行动占据了较大的比重和有较大的分量的话，那么，在现代社会中，目的理性行动占据了较大的比重、有较大的分量。它最典型的发生场合是在市场。随着工业资本主义的发展，目的理性行动越来越成为占主导地位的行动类型。作为其结果，社会整体也体现出理性化和世俗化特征（Weber, 1978）。

韦伯关于行动的理想类型的理论，有助于说明现代社会与传统社会的区别的微观基础。但是，韦伯的行动理论的局限之一就是没有看到行动的空间性。事实上，任何行动都涉及空间，都内在地包含了空间性（Giddens, 1984）。如果说当行动的主观意义考虑到他人的行动并因此而定向的话，那么它就可以被定义为社会行动（Weber, 1978: 4）。同样道理，当行动的主观意义考虑到空间条件并因此而定向时，它就可以被定义为空间行动。任何行动都潜在地包含对空间条件的考虑，因此行动在实质上是具有空间性的。在这个意义上，社会学仅仅谈论"社会行动"是不够的，同时还应该谈论"社会行动"和"空间行动"，或"社会—空间行动"（Wang, 2000: 120-121）。

由此出发，就可以对韦伯的四种行动类型重新加以解释，加进"空间性"的内容。对应于韦伯的四种行动类型，同样存在四种空间行动类型：目的理性的空间行动（如城市规划行动）、价值理性的空间行动（如朝圣行动与国家领土的神圣化）、情感性空间行动（如对地方或家乡的依恋）和传统空间行动（如中国人在盖房子或选墓地时请风水先生来选址）（Wang, 2000: 121）。可见，行动的空间性是行动的一个内在因素（即行动的目的和意义），而不是外在因素（即空间坐标）。不仅如此，空间性还是行动的客观结果。任何社会行动，不但是对现存社会秩序和关系的再生产或改变，而且也是对现存的空间秩序和关系的再生产或改变。这种既在动机上考虑到空间因素（如"去何处"、"在哪里"、"距离"、"范围"、"障碍"等），又在结果上导致某种空间秩序、关系和结构的再生产或改变的社会行动，可以称作"空间化实践"（the practice of spatialization）

(Shields，1991；1992)。换言之，空间化实践就是赋予人的活动以某种空间秩序、关系和结构的行动。空间化实践的社会后果，就是"社会空间化"，即赋予社会以一定的空间秩序、关系和结构。从"理想类型"的角度来看，与现代性联系得最紧密的空间化是以"目的理性"为特征的空间化实践。它的典型表现是市场对空间价值（如"黄金地段的地产"）、空间质量（如在生活设施、环境、治安和名声等较好的居住区购买住宅）和空间资源的竞争。在这里，社会行动具有非常明确的空间意识和动机，并造成某种空间后果（现存的空间秩序、关系和结构的再生产或改变）。

作为社会行动和空间行动的联结，空间化实践集中体现为以下几种行动策略：边界策略、门户策略（开放或阻止）、重心策略（中心与边缘）和分化策略（私人空间与公共空间等）。所谓边界策略，指的是社会活动往往具有一定的空间边界和范围，人的活动只能在这个边界内进行，而不能超出边界划定的范围。例如，在香港，交通规则规定车辆靠左行驶。但是，一旦出了香港的海关进入内地，这种交通规划就不适用了。在这里，海关就是"车辆靠左行驶"的交通规则的空间边界。

所谓门户策略，指的是社会活动往往受到社会一定的"空间门户"的控制。也就是说，有些活动得到允许，社会对其"开放门户"，对其采取接受和包容的态度；有些活动被禁止，社会对其"关闭门户"，对其采取拒绝与排斥的态度，使其难以获得存在的空间。例如，同样是"上瘾"的嗜好，社会在一定的范围内对吸烟采取了"开放门户"的策略，而对吸毒则采取了"关闭门户"的策略。但是，就吸烟来说，由于吸烟者的吸烟活动同时对他人的健康造成了危害，因此社会对其的容忍程度越来越低，在越来越多的场合（如在飞机上），吸烟都遭到抵制而被禁止。

所谓重心策略，指的是社会活动和过程受重视的程度。如果受到重视，它就能获得较多的生存空间，从而获得中心地位，否则，如果不被重视，它就只能获得较少的生存空间，从而获得边缘地位。前者叫做"中心化"（centralization），后者叫做"边缘化"（marginalization）。例如，中国在改革开放以来，基本上是以经济建设为中心。因此，经济建设获得了中心地位，其他活动则相对地处于边缘地位。再比如，在美国，白人处在社会的中心地位，因而具有较多的生活机遇和生存空间；与之相对，黑人等有色人种则往往处在社会的边缘地位，成为"边缘人"，总体上只有较少的生活机遇和生存空间。在这里，"中心"与"边缘"不但是一种空间隐喻，而且也往往具有空间的实体意义。

所谓分化策略，指的是人的活动空间的分化，如公共空间与私人空间、生产空间与消费空间的分化，不同的空间只适合从事不同的活动。换言之，有些活动只能在与其相适应的空间进行，而不能在其他空间进行。例如，人们回到家里（即私人空间），可以只穿短裤、背心和拖鞋，但是，到了大街上（公共空间），这些穿戴就显得很不得体。再比如，在西方，女青年在海滩上可以只穿比基尼，甚至在一些特定的海滩可以裸体，但是，在正规场合（如会议室），以这种穿戴出现只能被人怀疑神经有毛病。正如戈夫曼所说，人们在"后台"可以放松自我，而到了"前台"则必须按社会的规则来展现自我（Goffman, 1959）。伊莱亚斯也指出，随着文明化的进程，人的许多"不雅"行为（如大小便、掏耳屎、抠鼻子等）从社会可视空间转移到了社会视线所不及的幕后来进行（Elias, 1978）。空间的分化导致了行为的可视化和遮蔽化。

总之，任何社会活动在一定的意义上都是空间化实践，而空间化实践赋予人的活动、关系和社会过程以一定的空间秩序、关系和结构。人的社会活动因而具有双重意义，它既是对现存的社会秩序、关系和结构的再生产或改变，又是对现存的空间秩序、关系和结构的再生产或改变。

二 消费空间的社会发生

上面说过，人类的活动同时也是空间化活动，即为自己的活动设定一定的空间范围、边界和中心。随着人类活动的日益复杂化和分工的深化，人的活动分化为生产活动、政治活动、军事活动、文化活动、消费活动和交际活动等。与之相对应，人的活动也被赋予不同的空间结构和领域，如生产空间、政治空间、军事空间、文化空间、消费空间和交际空间等。因此，活动空间的分化反映了人类活动的复杂化和分工的精细化。作为活动空间分化的产物，消费空间是在空间化实践中形成的，它构成社会空间化的一部分。换言之，消费空间是社会活动的空间分工的产物。

消费空间并不是向来如此、一成不变的。在原始社会，人类从事狩猎采集活动，消费空间和生产空间还未分化，也不存在私人空间和公共空间的区分。到了农耕和养殖时代，伴随家庭和私有制的产生，私人空间开始出现。家庭成为私人的消费空间，消费空间开始与生产空间分离。但是，由于生产活动是以家庭为单位的,因此,消费空间和生产空间在很大程度上重合在一起。也就是说,家庭既是生产空间的一部分,同时又是消费空间。到了工业化时代,家庭作为消费空间则完全从生产空间中分离出来。工业化把生产者集中在工厂等生产空间从事生产活动,家庭不再是传统的生产空间,而成为单纯的消费空间。工业化导致家庭消费空间与生产空间(以及休闲时间和工作时间)的分化。在这里,生产空间是生产社会化的产物,而家庭作为消费空间则成为劳动力再生产的私人空间。生产的社会化和消费的私人化构成相互作用和相互弥补的两极。家庭消费空间在资本主义工业生产系统中发挥着不可替代的功能(即劳动力的再生产)。

如果说家庭空间与生产空间的分化是消费空间与生产空间的第一次分化的话,那么,二者的第二次分化则是城市空间的分化。韦伯认为,城市的形成与市场有着密切的关系;城市最早是作为市场而发展起来的(Weber,1958)。到了工业化时代,城市发展的动力在于它是主要的生产空间。工业生产取代传统的农业生产,使城市成为近现代生产力的中心,并促使人口的城市化。因此,在工业化时代,城市是主要的生产空间,同时也是消费空间(消费服务和设施中心,如商店、餐馆等)。但是,在工业化时代,生产空间和消费空间大体上还是重合的。到20世纪70年代末,西方社会开始逐渐向后工业社会迈进。与此相对应,西方城市的功能发生了变化。也就是说,城市成为信息空间、服务空间和消费空间,而生产空间尤其是制造业,伴随地价的上升、环境污染问题和劳动力成本的提高,则逐渐非城市化(郊区化)和边缘化(向发展中国家转移)。于是,西方的城市,在很大程度上成为消费城市、信息城市和服务城市,即消费服务空间。消费服务空间和生产制造空间(制造业)在当代西方的城市发生了显著的分化。城市的消费化和后工业化,使消费服务空间中心化了。城市作为消费空间,获得了新的发展动力,因为它能吸引消费者前来购物和消费,极大地促进了商业、房地产业、信息业、文化娱乐业、服务业及基础设施等的发展,这种情况反过来有利于城市吸引投资和城市发展。城市作为消费空间、服务空间和市场中心,成为带动周边地区经济发展的龙头。而城市的大型购物中心(消费空间的重点)则成为城乡居民的购物场所。

消费空间与生产空间的第三次分化是消费区域与居住区域的分化,即非日常消费空间(即旅游地点)与日常消费和生活空间的分离(Wang,

2000：Chap，9）。人们的居住区域是工作和日常生活的中心。尽管这种居住中心是人们的主要消费和生活空间，但由于它的日程化（routinization），使得人们常常有寻求"变化"和"新鲜"的冲动，有摆脱日常程式和日常空间束缚的动机。旅游就是这种动机的产物（Cohen，1974）。与此相联系，人们把旅游目的地作为"快乐边缘"（Turner and Ash，1975）来与自己的居住"中心"进行对照，并从快乐边缘那儿寻找日常生活中所没有的快乐和刺激。旅游目的地作为一种消费服务空间，从旅游者的角度看，是理想的消费"天堂"。它不但提供饮食起居等必需消费服务，而且更重要的是，它为旅游者提供了一种不同寻常的精神消费"食粮"。如果说旅游者在居住地的消费是受理性原则束缚的话，那么，在"快乐边缘"，旅游者可以沉浸在一种理想化和美化的"自由"消费境界。旅游目的地作为一种快乐边缘，是游客输出地社会建构（想象、美化和神圣化）的产物。旅游目的地所具备的那些为居住地所没有的特征，被旅游产业界（借助旅游手册）和传媒界所渲染、美化和突出，使之成为居住地的一种精神补充和对照。

旅游目的地的消费化（consumerization）的关键之一在于它有为游客所知的吸引游客的吸引物（attractions）。因此，为了凸显城市的消费功能，城市越来越趋向于旅游化，即把自己变成一个吸引物，或一个拥有各种吸引物的旅游目的地。在城市，各种公共消费与文化设施和服务，如公园、博物馆、美术馆、纪念馆、科技馆、图书馆、剧院、音乐厅等，均成为吸引居民前来进行消费的吸引物。城市的各种商业性消费设施和服务，如餐馆、咖啡厅、游乐场、超级商场等，则是使城市成为消费空间的主要因素之一。城市齐全的基础设施和各项配套设施，也是增加城市吸引力的因素。实际上，城市在整体上正经历着一个泛旅游化的过程。与此相联系，城市成为一个超级商场似的消费中心，同时也是一个庞大的景观。城市是一种空间经济。

三 公共消费空间的社会建构

上面说过，消费空间可以分为私人消费空间（即家庭）与公共消费空间（如商场、餐馆、酒吧、城市中心、旅游地等）。就公共消费空间来说，它的空间特征、内涵和结构均是与社会过程、社会关系分不开的。影响消费空间的主要因素包括市场和政府。市场是影响消费空间产生、存在和发展的一个关键因素。在一定的条件下，哪里有市场（即需求与购买力），哪里就有消费空间的存在。哪里的市场大，哪里的消费空间就能获得较大的规模。城市之所以是主要的公共消费空间，正是因为城市是人口集中化的产物，代表了比郊区和乡村大得多的市场。除了市场的因素，政府也对城市消费空间的建设与布局起着重要的影响作用。政府不但承担对一些公共消费设施和服务（如公园、博物馆、电视台、学校、医院、交通等公共消费和福利设施）的建设与管理任务，而且可以通过政策和城市规划直接影响消费空间的布局与结构。可见，消费空间的结构在一定程度上是社会权力关系的反映。除了市场和政府等因素，消费空间的建构还涉及许多其他因素，如公司、单位、群体、传媒和消费者个人等。作为社会过程和社会各因素相互作用的产物，公共消费空间的建构表现出如下一些特征。

1. 消费空间的可视化

公共消费空间是生产者与消费者进行功能联系的中介，是生产与消费发生关系的一个桥梁。也就是说，公共消费空间是商品生产条件下的一个重要的功能空间，是商品价值能否最终实现的地方。在市场竞争和消费服务中，商品和服务的质量与价格是取胜的关键因素。但是，仅有过硬的质量或合适的价格未必能保证在竞争中必然取胜。要在众多竞争者中脱颖而出，还必须能吸引消费者的注意力或视线。商品竞争在一定的意义上是对"注意力的竞争"（Boorstin，1964：199；石培华，2000）。

对消费者注意力的竞争早在古代集市中就存在了。例如，小商贩在集市上的吆喝声和叫卖声，就是为了吸引买者的注意力。随着市场经济的发展，商家吸引人们注意力的策略变得越来越复杂、手段越来越先进。商店的招牌、橱窗、门面和店内装潢、广告等，均成为商家使尽浑身解数以吸引人们视线的地方。总体来说，要引起消费者的注意，消费空间首先必须做到可视化。这种可视化不是一般意义上的可以看得见，而是醒目，能引人注目、过目不忘。为达到这个目的，商店（公共消费空间）的选址必须是在人流众多的中心地带，而不是人迹罕至的地方，正可谓"酒好也怕巷子深"。也就是说，消费空间要在"街面"，而不是在后街。消费空间对人流的迎合，导致消费空间的集中化（如商店集中在一起）；这反过来又促进了人流的进一步集中。为了达到醒目、引人注目的目的，消费空间还必须采用各种视觉技术，如霓虹灯、豪华的橱窗展览、令人印象深刻的摄影和电视广告等。

消费空间的可视化不仅仅是直接的、在场的可视化，而且也是间接的、不在场的可视化，即表征或再现（representation）。对消费空间的间接的可视化或再现过程，主要是通过广告和传媒等手段来进行的。直接和间接的可视化综合作用的结果，是导致人们对消费空间的形象的产生。所谓形象，就是人们对某一事物、人物、组织或地方的信念、观念、情感、期望和印象的综合结果（Chon，1990：4）。因此，形象是人们对某一现象的"可视化"的综合反应。视觉因素构成形象的重要因素。但是，形象同直接的视觉印象不同，它是一种过滤了的视觉印象，是一种掺杂了人的观念、情感、态度和信念因素的视觉印象。

不同的人对同一个物体可以产生相同的视觉印象，但是却可形成不同的形象。原因就在于，形象是人们"观看方式"（ways of seeing，参见 Berger，1972）的产物，而不仅仅是视觉的产物。我们所看到的东西大于（多于）我们所在看的东西。我们在看，但是对很多东西是视而不见。而不同的人会在相同的情景里看到不同的东西。为什么？就是因为不同的人有不同的观看方式。而观看方式是受我们的世界观、价值、态度、倾向性、信念等因素影响的。例如，西方中世纪的人可以从火中看到地狱的身影，而我们则从火中看到化学的燃烧作用（Berger，1972：8）。可见，形象是主观因素和客观因素相互作用的产物，是"观看方式"和事物的可视因素相作用的产物。而我们的观看方式又是一定的文化熏陶的产物，是我们在后天的社会化过程中习得的。因此，可以说，形象的塑造离不开对文化因素的利用。形象是文化建构的产物。人们在为消费空间塑造形象时，利用了我们现有的文化资源（如人们对爱、健康、自然、家庭、成功、美德等的重视），从而创造一种为大众所乐于接受的形象。

消费空间不但可以通过表征和再现等手段而得以塑造一种所需的形象，而且消费空间本身也被象征化了，成为一个城市的表征和指称（signifier）。例如，城市旅游地图是城市的一种符号表征，在这种符号表征中，消费空间被强调、突出、放大了。它成为城市的标志之一，是城市消费化的符号显示。在城市旅游地图中，城市的消费空间充当了城市的指称，而城市的生产空间则被有意识地忽略了。因此，作为城市的符号显示，地图有意识地突出了城市的消费、旅游、休闲和娱乐功能，而有意识地回避了城市的生产功能。这种符号化过程反过来强化了城市的消费功能。可见，在城市的形象塑造过程中，可视化和遮蔽化是一个过程的两个方面。也就是说，城市的消费空间被形象地以可视的方式加以突出，而城市的生产空间则被有意识地回避了。

2. 消费空间的情感化

空间对人而言并不是情感中立的。人们对不同的空间不但会做出不同的认知评价和理性判断，而且也会做出不同的情感和心理反应。宗教语言中的"圣土"，就已经不是中立的空间，而是被赋予某种强烈情感的空间，一种憧憬、想象和向往的空间。我们对家乡的心理依恋，指的也是一种空间情感化现象。人们对不同的空间赋予不同的意义和情感，因而空间不但是一种客观的抽象空间、数量空间和经济空间，而且也是一种具体空间、质量空间和情感空间（Bachelard，1964；Lefebvre，1991）。空间不但是几何学意义上的空间，而且也是诗学意义上的空间（Bachelard，1964）。如图 11-1 所示，不同的空间在人们的心理坐标中所占的位置是不同的。

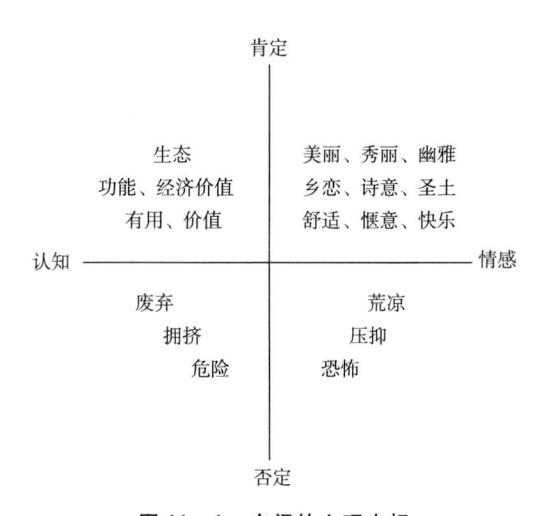

图 11-1 空间的心理坐标

消费空间作为人们的生活世界，主要是以一种与数量空间相对的质量空间（Lefebvre，1991）的身份而出现。也就是说，人们对它的评价和反应，更多的是依据它在人们心理上所引起的感觉和情感。一栋高层宿舍楼从认知的角度看，是有很高的功用的、很有经济价值的，但是，假如为了盖这栋楼而砍伐了一大批古木，人们（周围的人）在情感上的反应就很可能是否定性的。因此，人们对空间的体验性评价所依据的主要不是技术和经济标准，而是一种情感和价值标准。对消费空间的体验性评价同样如此。人们正是通过对消费空间的心理和情感体验，来赋予消费空间以某种情感意义。消费文化与消费空间已经融为一体。琳琅满目的商品世界（消费空间）已经成为消费文化的物化形态。

消费空间是一个梦幻空间。对许多消费者来说，消费空间是有如梦幻一般的充满幻想、憧憬和期盼的空间。公共消费空间作为消费体验空间，是消费者进行消费体验的场所。换言之，消费空间是一个"快乐场"。人们进入这个场，可以获得一种解脱，沉浸在对商品的幻想、憧憬和观赏的快乐之中。对许多妇女来说，公共消费空间（商场）是社会地建构出来的女性的快乐空间，从而同家庭消费空间（女性的家务劳动空间）形成鲜明的对照。

消费空间是一个朝圣空间。人们对不同的空间，会形成不同程度的心理和情感依赖性，如对家、家乡、所读的学校等，人们都会倾注一定的感情，并在心理上产生一定的情感依赖。这些空间因而成为人们的"中心"，被赋予神圣的价值和意义。消费空间也在某种程度上成为消费者的"中心"。对于那些以逛商场为休闲活动的消费者来说，消费空间显然在一定的意义上成为他们的一种情感和心理支持。对他们而言，逛商场类似于朝圣，消费空间则是他们的"圣土"。因此，消费空间在某种意义上也是朝圣空间。

消费空间是一个体验空间。在当代，公共消费空间成为重要的景观。商品的流动和变化成为一道道亮丽的风景线。在公共消费空间的消费活动成为一种"见证"现代性成就的体验性活动。公共消费空间成为城市或地方经济繁荣与否的感性显现，也是消费者进行消费体验的快乐空间。

3. 消费空间的剧场化

社会剧场化是由戈夫曼提出来的概念。他认为，社会有如一个剧场或舞台，我们每个人都是其中的一个表演者，而他人则成为我们的观众。这种表演就是把我们的自我呈现给观众。自我的表演和呈现既受到文化和社会"剧本"的制约，又有我们即兴发挥的成分。我们总是按照一定的"社会欲望"来呈现自我。也就是说，我们总是把我们的"好"的方面，为社会所接受、鼓励和推崇的方面展现出来给人看，而把我们不被社会所接受或欣赏的方面遮掩起来。前者叫做自我在"前台"的表演,后者叫做自我在"后台"的表现。前台的表演是受社会和文化"脚本"约束的,而后台的表现则是自我的真实显现(Goffman,1959)。社会生活的"前台化"和"后台化"的分化,使我们的自我分裂为两个方面:一个是社会的自我;另一个是本真的自我(the authentic self)。

公共消费空间是社会剧场的最重要的领域之一。从古代的集市、庙会到近代的百货商店再到当代的商业街、超级商场和城市公共休闲广场,公共消费空间均是自我进行表演的剧场。公共消费空间以人们的"共在"(co-presence)为特征,是人们集会的场所,因而其中的每一个人同时既是观众又是表演者。公共消费空间成为一个天然的剧场,为每个消费者的表演提供了理想的舞台。

在公共消费空间的自我表演遵循了剧场社会的规则,即共同的"编码"和"解码"规则。这一套规则是共同的,因而人们在相互交流和进行社会传播的时候才能相互理解,而不至于相互误读和误解。如果"编码"者和"解码"者均对符号的意义有相同的理解和解读,那么,社会交流和传播的目的也就达到了。可见,自我的表演涉及对符号的正确运用。如何运用符号是文化教给每个人的,是人们在社会化过程中学会的。在各种自我呈现的符号中,商品符号是最重要的符号之一。而公共消费空间不但为消费者表演自我提供了观众和舞台,而且它本身作为商品符号的提供者和商品符号意义的制定者,也是吸引消费者前来跟踪商品符号的意义变化的"学校"和"课堂"。

4. 消费空间的结构化

消费空间不但同生产空间发生了分化,而且消费空间本身也发生了分化,如商业消费空间、居住消费空间、餐饮服务消费空间、休闲娱乐消费空间、文化消费空间等。可见,消费空间的分化导致消费空间本身的结构化。不同的消费空间具有不同的消费功能,满足了不同的消费活动的需要。

消费空间不但是消费活动的空间环境,而且消费空间本身也构成消费的对象和内容,如商业消费空间不但是消费购物的环境,而且它本身就是消费的对象,即视觉消费和心理消费的对象。因此,消费空间的分化与消费活动的分化是密切地联系在一起的。商业服务空间、休闲空间、住宅空间等,是分别同人的购物体验消费、休闲娱乐消费和居住消费等消费活动类型相联系的。显然,消费空间的分化是人的消费活动分类化的空间反映和体现,因此,消费空间的结构性分化是人的消费活动的分类化的产物。人的消费活动不是单一的,而是多种多样的,如消费购物,住宅消费,餐饮消费,洗理消费,休闲、体育与旅游消费,文化、传媒与信息消费,等等。与之相适应,消费空间也分化成不同的空间区域,如商业购物区、生活居住区、餐饮服务区等。不同的消费空间区域在空间上既相互分离,又相互联系和渗透,形成一个相互依赖和配套的系统。决定这些消费空间区域分化的社会动力至少有两个:一是居住中心;二是城市中心。居住中心是消费活动的终点,是劳动力再生产的主要场所,因此,许多商店和消费服务空间都是围绕着居民居住区域而布局的,支配其空间布局的原则是方便与效率。它使居民在日常生活中可以以最少的时间代价来满足日常消费需要。这种消费空间区域的布局叫做"初级消费空间",它主要满足居民日常的和基本的生活需要。

城市中心是公共消费的中心。城市中心的消费服务空间主要是那些高级消费空间,它除了满足一些基本需要外,主要还是满足人们较为高级的消费需要,如休闲购物(逛商场)、休闲娱乐(如看电影、看球赛、听音乐会等)、文化活动(如参观博物馆、到图书馆查找资料),以及银行、保险、医院等提供的消费服务等。由于这些消费活动具有非日常性(即不是每天都进行的),这个消费服务空间可以叫做"高级消费空间"。

如果把初级消费空间比作一个圆圈,那么,处于这个圆圈范围内的消费者的消费活动越是停留在基本的、日常的层次,其"向心力"就越强,"离心力"就越弱,因为消费者没有必要离开初级消费空间而到高级消费空间来满足其基本需要(时间成本较高)。但是,如果消费者需要满足其非日常的、高级的消费需要,而初级消费空间又难以满足这种需要,那么,消费者就有了跳离初级消费空间、进入高级消费空间的"离心力"。消费者的高级消费需要越强、越多,其"离心力"就越强,离心的频率就越高。

但是,如果反过来,把城市中心比作圆心,那么,所有大大小小的初级消费空间就像围绕市中心的"蜂窝",市中心周围的居民区则构成市中心的"市场圈"或"购买圈"。在这个购买圈中,居民到市中心消费的意愿和频率越高,市中心(高级消费空间)的"拉力"就越大,人气就越旺;反之,居民到市中心消费的意愿和频率越低,市中心的"拉力"就越小,人气就越淡。而初级消费空间则构成高级消费空间(市中心)的"离心力"。尽管初级消费空间和高级消费空间在满足消费者的需要层次上存在功能分工,但双方还是存在对消费者的争夺关系。

消费者的消费需要层次呈金字塔结构,基本的、日常的需要位于"金字塔"的底层,是每日都要满足的(如吃饭)。而一些高级的需要(如听歌剧)则位于"金字塔"的较高层。这种消费需要的"金字塔"结构也体现在空间结构上。那些满足"金字塔"顶端需要的对象和服务往往集中在市中心(高级消费空间),而那些满足"金字塔"底端需要的对象和服务往往集中在初级消费空间。因此,消费的空间结构是人的需要结构的一种"投射",是人们消费活动结构的空间化(近距离、远距离,市中心、市边缘)的产物。

人口的城市化为城市中心创造了一个相对稳定的、较大规模的市场圈(或购买圈)。这个市场圈使城市中心这一高级消费空间得以存在,从而也使居民的非日常的消费需要具有得到满足的场所。城市居民的高级的消费需要的满足在空间上向城市中心的集中,导致城市中心成为非日常的高级消费得以发育、存在和发展的空间。这也就是为什么文化、娱乐和休闲购物发源于城市中心并在城市中心得以发展的原因。可以说,市中心是文化的发源地和摇篮。同时,城市中心地价和租金的上升,进一步把初级消费空间挤到边缘和地价相对较低的居住小区。而高级消费场所为了获得稳定的规模市场与人流,常常位于市中心,因为市中心集中的顾客流支持了高级消费场所的生存和发展。

可以看出,初级消费空间和高级消费空间的结构分化,是同人们的消费活动的日常性和非日常性相联系的。人的日常活动是每日都要进行的、不可缺少的,如消费油盐酱醋等,因此,日常消费需要的市场较大,任何一个居住小区都有足够的市场来维持初级消费空间的存在。但是,居住小区的人口不足以支撑高级消费空间的存在,因为高级消费需要是非日常的、不是每日都要进行的,因此,高级消费场所得以维持和发展的市场条件不是一个单一的生活小区,而必须是多个生活小区。所以,为了拥有足够大的市场圈或购买圈,高级消费场所往往集中在城市中心,因为那里是城市人流集中的地方。因此,初级消费空间的分散化和高级消费空间的集中化(市中心化)是人的日常活动和非日常活动以及城市人流集中化的空间反映,是人的社会活动空间化的产物。

5. 消费空间的重心化

消费空间不但因人的活动的日常性和非日常性而分化，而且也因人们的购买力不同而发生重心的倾斜。也就是说，高级消费场所不但向城市中心倾斜，而且也向购买力倾斜。不同的居住区域有不同的购买力。在那些购买力较高的居住区域，也可能具备产生高级消费场所的市场条件。

人们的居住空间是具有社会内容的。居住空间因为社会阶层的分化而产生了空间分隔。一般来说，人们倾向于选择具有相同社会特征的社区居住，如相同的阶层地位、相同的文化背景和风俗习惯等。因此，在西方，居住空间是被社会地分隔的，如白人与黑人、白领与蓝领等的居住空间的分隔。少数民族也倾向于居住在风俗习惯相同的区域。例如，在美国的一些大城市，就有意大利人社区、墨西哥人社区、黑人社区、华人社区等。空间的社会分隔导致不同的社区与不同的形象相联系。例如，黑人社区常常是同贫穷、失业、犯罪等形象联在一起。中上阶层居住的社区往往地价较高、租金较贵，因而进一步为下层阶层成员的进入设置了障碍。而中上阶层的居住区往往也会拥有更好的社会服务和设施，如医院、银行、学校、交通道路、警察服务（因而社会治安也较好）等。

随着城市空间空气质量的下降和居住环境的日益恶化，并由于汽车的普及和交通道路的改善，西方的上层和中产阶层的居住区在第二次世界大战后经历了一个郊区化过程，即选择郊区作为居住地。而那些领取救济金或贫困的阶层，则居住在紧靠市中心的郊区，因为他们可以不必购买私人汽车就能较容易地进入市中心。与此相联系，许多西方城市经历了城市中心空心化的痛苦：许多大型购物中心都设置在郊区，并配备大面积的停车场，使有车一族可以轻松购物。城市中心的消费空间因为城市周围的大型购物中心的影响，而日渐衰落。同时，市内的交通拥挤状况和停车困难，进一步驱使有车的消费者放弃市中心，而前往郊区的消费空间进行消费购物。例如，在英国的谢菲尔德，由于郊外大型购物中心麦都豪尔（Meadowhall）的影响，市中心的消费服务功能日趋衰退。不过，在西方一些大城市的中心（如纽约的 SOHO），近来又出现了"再绅士化"过程。许多年轻的中产阶层的成员（主要集中在文化和信息产业界），为了追求后现代城市中心的艺术化生活风格和享受城市中心丰富的夜生活，选择购买城市中心的豪华公寓，从而导致市中心的"再绅士化"过程（Featherstone，1991）。

可见，高级消费场所往往是向中上阶层的居住区倾斜的。之所以如此，是因为这些地方作为中上阶层居住的社区，具有较强的购买力。而社会阶层对居住空间的选择，又是一定的生活方式的反映（如从郊区化到城市中心的再绅士化就反映了生活方式的变化）。因此，消费空间的布局，归根结底同人们的生活方式有着内在的联系。因而，人们在建构他们的生活方式的同时，也在建构他们的消费空间。

四 家庭消费空间的社会建构

上面讨论了公共消费空间的社会建构问题。那么，私人消费空间是不是同样也是社会建构的产物呢？回答无疑是肯定的。私人消费空间也就是家庭消费空间。家庭作为一种社会的细胞，既是一种初级组织和制度，又是一种空间单位。一般地说，家庭总要以一定的居住空间作为基础，也就是说，要有一定面积的住宅。因此，从空间结构的角度看，家庭消费空间就是住宅。住宅是家庭的基本空间单位，也是终极的消费空间。住宅不仅是家庭消费的空间环境，而且也是家庭消费的对象和内容本身，二者是同一个问题的两个方面。尽管住宅是私人的空间，但它依然是社会建构的产物。

1. 住宅作为制度

住宅是人造空间，是要花费大量的资金来建造和维修的。因此，住宅是一种稀缺资源。对这种稀缺资源进行供应、分配和占有的规则与方式，就构成了住宅制度。可见，住宅的供应，并不是纯技术性问题，而是一个制度性问题。不同的时代和社会有不同的住宅供应制度。住宅作为家庭消费空间是与社会经济制度联系在一起的。

在传统社会，住宅的供给常常采用社区互助制度。例如，在一个村庄，村民们通过无偿的劳动力供给，以相互帮助的方式来建造住宅，市场化的成分较少，国家也不干预。在近现代，住宅的供应受到市场和国家双重力量的影响。具体来说，近现代住宅制度的类型包括以下几种（中国城市住宅问题研究会、住宅社会学学术委员会，1991：148～157）：第一，住宅商品制度。它是一种完全把住宅当作商品、以自由市场的方式来进行住宅的建造和销售、国家不进行干预的住宅供求制度。西方发达国家在自由资本主义的前期，均采用这种住宅制度。第二，住宅商品兼福利制度。它是一种在私人资本按市场化方式经营住宅的同时,国家对住宅市场进行一定干预的住宅供应制度。大部分欧洲国家均经历了从住宅商品制度到住宅商品兼福利制度的转变。这种制度是国家对市场失效(如在住宅问题和公共产品方面)进行积极干预的结果,也是国家解决社会问题、维护社会稳定和秩序的举措。各个国家对住宅市场的干预方式是不同的(中国城市住宅问题研究会、住宅社会学学术委员会,1991:150~154)。第三,住宅福利制度。它是一种由国家来包办住宅的供应,并将住宅作为福利来分配的住宅供应制度。这种制度否定住宅的商品属性、拒绝用市场化的方式来进行住宅的经营和供应。它在供应方式上采取分配制,在价格上实行低房租,在产权上推行全民所有制。苏联、东欧等社会主义国家以及中国在改革开放以前,均采用这种住宅制度。由于这种住宅福利制度的弊端严重,已被逐渐放弃。第四,住宅福利兼商品制度。它是社会主义国家进行住宅福利制度改革和转型的产物,是一种减少住宅的福利成分、增加住宅的市场化成分的住宅制度。

在中国,1998年召开了全国城镇住房制度改革与住宅建设工作会议。会议确定了住房制度改革的四个要点。第一,改革城镇住房分配体制,下半年停止住房实物分配,实行住房分配货币化;第二,建立以经济适用房为主的多层次住房供应体系,满足不同收入群体的需求;第三,扩大金融服务,促进住房商品化;第四,有步骤地培育和规范住房交易市场。因此,从1998年7月1日起,中国大部分地区取消了实行了几十年的福利实物分配制度("新房新体制,老房老办法"),住宅制度开始朝着住宅供给市场化和住宅消费货币化方向转变,并开始实行住房公积金制度和住房补贴制度。

住宅作为一种制度,是社会的公共选择的结果。采用何种住宅制度,是同一个国家对社会问题的界定和解决方式紧密联系在一起的。回顾住宅制度的发展历史我们可以发现,在西方发达国家,住宅的商品兼福利制度是对住宅商品制度所造成的社会问题的一种反应和反馈。在自由资本主义早期阶段实行的住宅商品制度,导致工人阶级住宅状况的贫困化和恶劣化,并导致社会不稳定因素的出现。为了维护资本主义制度,并弥补市场在维护社会公正上的失效,国家开始对住宅市场进行干预,使住宅的商品制度逐渐转变为住宅的商品兼福利制度。例如,在英国,1832年,国会通过了《乔利拉法案》,开始给低收入阶层提供住房津贴。到19世纪90年代,英国政府批准建造市有公房，用来解决最低收入阶层的住房问题。住宅制度由商品化向商品兼福利制度的转变，对稳定资本主义的社会秩序起到了积极作用。但是，自20世纪70年代末撒切尔出任英国首相以后，对住宅制度又进行了新一轮的改革，即私有化改革（关于这一点，我们在后面的章节还会更详细地加以介绍）。

在中国，城镇住宅福利制度是在20世纪50年代建立的（中国城市住宅问题研究会、住宅社会学学术委员会，1991：161~162；张仙桥、洪民文，1993：91~93）。经过30多年的实践，这种制度的种种弊端暴露无遗。由于住宅的福利性质和低租金政策，一方面导致需求膨胀；另一方面导致国家住宅建设投资有去无回，违背了经济规律。国家对住宅投资乏力，始终难以跟上人口的增长，加剧了住房的紧张状况。同时，这种制度导致住房分配的不公和腐败，引发种种社会矛盾、紧张和冲突（参见张仙桥、洪民文，1993：93~94；商俊峰，1998）。正是在这样的背景下，国家对住宅福利制度所引发的社会问题和矛盾做出了反应，于20世纪80年代开始对住宅福利制度进行改革，引进了市场机制，确立了住宅制度的货币化和社会化改革方向。

经过十几年的住房制度的改革，中国的住房制度正在背离住房改革的初衷。主要原因是，经过1994年的分税制改革后，财政收入向中央政府倾斜，地方政府的财政收入占总财政收入的比重变小（占四成多），并有逐年减少的趋势，但地方政府的财政支出占总财政支出的比重未变（约占七成），地方政府负担了大量的地方性公共产品供给的义务，却没有相应的财权，此所谓"财权"与"事权"不匹配。为了增加本地政府的财政收入，拉动经济增长，地方政府依靠向房地产开发商出让土地使用权（40年或70年）来获取预算外收入。地方政府依赖出让土地使用权来获取财政收入，弥补预算内财政收入不足的现象，被称作"土地财政"。由于地价与房价形成互为因果的关系，提高房价有助于增加地方政府的财政收入，同时也由于房地产业在拉动本地GDP增长中扮演主导性的角色，地方政府有着强烈的助推房价的动力，因此它们不但借助"供地"（出让土地使用权）这一垄断性权力来介入房地产市场，而且纵容住房领域疯狂的投机行为。于是，从2006年起，城市商品房价格疾速飙升，远远超出了普通工薪阶层的购买力。2008年以后，住房越来越成为金融品或投资品，成为财富升值或抵御通货膨胀的工具，这导致住房价格的进一步飙升。住房领域被纳入了地方政府财政增收与经济发展的逻辑，而不是民生与居民消费的逻辑。住房消费模式的改革虽然使很多居民改善了住房条件，但住房越来越成为一种由地方政府控制的"市场排斥"力量——中低收入家庭，尤其是没有享受到"房改房"政策优惠的年轻一代，被排斥在外。于是，住房领域成为改革开放以后社会分化的一个重要领域，那些在房价"起飞"之前就购买了商品房或投资商品房的家庭，与那些在房价低廉时错失买房机会的家庭，在财富总量上发生了急剧的分化，导致富者愈富，贫者愈贫。与此同时，地方政府对提供廉租房或经济适用房动力不足，保障性住房严重短缺，使得有需要的低收入家庭难以获得基本的住房保障。

商品房价格的飙升和住房保障的不足，导致住房问题成为一个严峻的社会和政治问题。这样的结果是住房制度改革之初未曾预料到的。从2010年起，中央政府意识到住房问题的严重性，正在试图扭转这种局面。

住宅作为一种制度选择，体现了住宅作为家庭消费空间的社会性。家庭对住宅消费空间的选择和消费，正是在一定的住宅制度下进行的。个人不能根据自己的意愿来自由选择住宅制度，因为它是社会共同作用的结果，是外在于个人的一种力量。但是，住宅作为一种制度，是无数个人作用力的合力所导致的产物。在这个意义上，套用恩格斯（1972：478～479）的话说，个人对住宅制度的再生产或改变所起的作用并不等于零，每个人对住宅制度的建构都起着一定的、哪怕是微不足道的作用。家庭消费空间的选择和消费并不是私人的事情，而是社会成员集体建构的产物，个人的作用则湮没于其中。

2. 住宅作为文化

住宅是被人类赋予一定意义的空间，并成为人类表达某种意义的符号和象征。因此，住宅并不仅仅是一种物理空间，是人类的一种物质保护层，而且也是一种文化，即一种特定的物质文化。拉波波特指出，"如果提供居住场所是住宅的一种被动的功能，那么，住宅的主动的目的是创造一种最适合于一个民族的生活方式的环境，换句话说，创造一个空间的社会单位"（Rapoport，1969：46）。住宅作为一种物质空间，表现了一定的文化内涵和意义，以一种社会的方式对物质的空间结构加以利用，因而它是文化形式。

首先，住宅作为符号表现了人类关于人与自然关系的观念和信仰。例如，在中国古代，住宅的选址、朝向和结构均要考虑"风水"。而"风水"则是人对自然的一种文化的判断和评价方式。住宅合乎"风水"的要求，就意味着主人可以避害趋利、逢凶化吉，就可以交好运，否则，就会交厄运。不仅住宅的位置要考虑风水，就是住宅的结构也要根据风水的原则来安排。以北京的四合院为例，主人的卧房被安放在正房的位置，即坐北朝南的位置，冬天可以充分接收正午的阳光，因而代表"阳"。而仆人只能居住在倒座房，即坐南朝北的位置，因而代表"阴"。四合院的门必须安放在东南的位置，因为在中国的"八卦"中，"东南"意味着"风"，"风"则意味着流动、运动，因而代表了吉祥和运气。中国的风水观固然包含了一定的科学因素，如对阳光和风向的科学利用，但是，这种利用方式是文化的，是被赋予了一定的信仰、价值和情感因素的。也就是说，传统的住宅空间和结构成为表达"阴"、"阳"等价值范畴的符号。此外，住宅的物质形式的区域差别不但是地理环境、气候和技术条件等因素造成的，而且也反映了不同区域的文化观念，即当地居民关于人与自然关系的观念和信仰。

其次，住宅的物质形式和结构也反映了一定时代的人们对社会关系和结构的认识与评价，是一定的社会规范和价值的符号。例如，北京的四合院就是中国的家族结构在空间结构上的反映。在四合院中，家长居住在正房，而子女和儿媳妇则只能居住在两侧的厢房。这种空间结构正是中国家族社会中夫权至上观念的体现。根据湍毅夫的描述，紫禁城的空间结构也是中国皇权社会结构的真实反映和体现（Tuan, 1977）。人们对社会关系和权利关系"合理化"的观念和规范通过建筑空间结构得到了淋漓尽致的体现。

现代的单元式楼房不但是现代化过程中家庭核心化的反映，而且也体现了人们注重个人隐私和个人自由的价值观念。如果说传统住宅的开放性建筑结构体现了传统社区"相互凝视"的道德控制机制，那么，现代的单元式楼房则体现了人们对个人隐私和匿名性的尊重与重视。可是，现代的单元式楼房在保护个人的隐私和自由的同时，又导致了人际阻隔。传统的邻里之间的情感关系消失了，取而代之的是一种各自封闭的家庭生活空间。因此，现代的单元式楼房在客观上大大减少了人与人之间的相互交流和沟通，因而并不完全符合社会生态原则。可见，住宅的空间结构是一定的生活方式的反映和符号。由传统的生活方式向现代生活方式的转变，在住宅消费空间结构上得到了鲜明的体现。

再次，住宅空间是社会认同的表达符号。不同的民族有不同的住宅形式，反映了不同民族的社会认同。正如邓肯所说的，住宅是社会认同的环境暗示（Duncan，1981）。通过对一个家庭所居住的住宅形式进行观察，我们就可以大致判断出这个家庭的社会和文化认同。因此，在不同的文化和民族中，住宅形式充当了传达和交流我们的社会认同的符号。住宅是一种无声的空间语言，是一种特殊的"文本"，通过它，人们可以"读"出居住者的社会认同和归属。不仅如此，住宅作为一种符号与象征还向人们显示和表达了我们的社会地位、声誉和权力。

最后，住宅空间也是个性、品位和情趣的表现符号。通过对室内的公共和交流空间（客厅）与半公共空间（厨房、卫生间）的装饰和摆设，居住者表达了自己特定的偏好。因此，住宅空间是一种人性化、情感化的修饰空间，是居住者的个性、情趣和品位的投射与见证。关于这一点，前面的章节已有讨论，在此不再过多讨论。

3. 住宅作为城堡

住宅的一个基本功能是对自我的保护功能。巴切拉德指出，住宅是保护"我"的"非我"（Bachelard，1964：5），在我们进入社会之前，我们是先被安置在住宅的摇篮里（Bachelard，1964：7）。首先，住宅保护我们免受来自自然的威胁（如风暴、冰霜、毒蛇、猛兽等）；其次，它保护我们免受来自社会的威胁（如抢劫、凶杀等）。因此，自古以来，住宅是个人的"本体基地"（ontological base），是人们为自己创造的"安全岛屿"和"停泊港湾"。住宅是自我的"外壳"和"城堡"。

正如戈夫曼（Goffman，1959）所说，公共空间是自我表演的"前台"，而住宅则是自我的"后台"，是真我（the authentic self）得以展现的场合。住宅因而为自我树立了一道屏障，挡住了外界的视线，使个人或家庭的隐私有了一个保护层。住宅空间结构的私密化同社会的文明化过程紧密地联系在一起。文明化使个人在心理结构中建立了一种对自己的本能冲动和情感进行自我约束的机制（Elias，1978），使个人在"前台"以合乎文明规范的方式进行自我呈现。但是，人的本能和冲动总是需要在某种场合发泄出来，而住宅则是其中的一个最重要、最安全的场合。住宅为我们展现真实的自我提供了安全的空间。

住宅还是私人财产的储藏所。不仅如此，住宅本身就是一种主要的财产形式。住宅不但为我们的私有财产提供了物理空间，而且更重要的是提供了一种社会空间，即受法律所保护的私人财产空间。社会规范和法律告诉人们，在正常情况下，任何个人不经允许，不得私自闯入他人住宅。因此，住宅是一种被社会所接受的空间边界。这一边界从规范上阻止了他人随意闯入私人住宅。因此，住宅的"城堡"功能是社会地建构的。此外，住宅还是一种心理空间，是个人放松心情、释放紧张和放松警觉的空间，也是被个人情感化的私人空间。

住宅作为城堡，是家庭活动的基本空间单位，它为各种家庭活动提供了不受外界干扰的、相对封闭的场所。首先，住宅是劳动力再生产的终极场所。劳动力的生产和再生产，包括生育活动、生存消费和劳动力的恢复（睡眠、休息与娱乐），主要都是在住宅里进行的。其次，住宅是儿童社会化的基本场所之一，是人们走向社会的演练场。再次，住宅还是信息集散和家庭交流活动的终端。家庭成员在外面所获得的信息往往由各成员带回，在家里进行汇集和交流。因此，家庭成为各种意识形态力图影响的对象。而大众传媒技术的发展，尤其是电视的普及，成为政府或公司对家庭的观念、价值和态度进行影响与控制的有力的工具和手段。

4. 住宅作为关系

住宅作为空间单位并不是孤立地存在的，而是同其他住宅发生了某种关系。因此，住宅体现了一定的社会关系。这种关系主要体现在聚集与分隔的双重趋势上。所谓聚集，指的是人们总是聚集而居，表现出"合群"的特点。聚集的功能首先在于相互保护。在古代或传统社会，人们常常遭到来自自然或社会的灾害或威胁，人们相聚而居可以起到相互帮助、共同抵御风险的作用。同时，以聚集的方式集中在一起在抵御威胁、风险和灾害问题上，其成本要比独门独户进行抵御低得多。其次，聚集的居住方式也有利于需求集中，从而便于集中提供服务和减少单位成本。例如，在城市，人口的聚集创造了集中的需求，使基础设施、服务（如下水道、自来水、电力、管道煤气、交通、垃圾处理等）和其他辅助设施、服务（如幼儿园、中小学、邮政、医院、防疫、消防、治安等）可以集中、统一提供，并降低供给的单位成本。因此，聚集居住有利于提高生活质量。再次，聚集居住还有利于满足人们的社会需求，即社会交往的需求。毋庸置疑，人都有社会交往和沟通的需要，而聚集的居住方式最有利于人们满足这种需要，尤其是面对面的互动性交往的需要。人们的聚集居住表现在空间形态上，就是村落、镇和城市。人的居住空间是人们借助技术而创造的一种与自然环境相对的人造环境，这种人造环境又是同人们居住的聚集化需要息息相关的。这种聚集化居住方式是以空间结构形式表现出来的人们之间相互依存、相互依赖、相互合作和相互联结的关系。这种空间化的社会关系被称为社会生态。

但是,并非任何种类的人都可以聚集在一起。人群的聚集,遵循了一定的社会和文化的规则与规范。在历史上,家族、族姓和血缘成为聚集而居的主要根据之一。工业化和城市化的发展带来了城市人口的匿名化,家族和血缘不再成为人们聚集而居的决定因素。然而,人们的聚集方式仍然受到某些社会和文化因素的影响。价格和居住环境固然可以成为选择居住地的一个重要影响因素,但是,人们对居住地的选择还受到居住地社会环境的影响,受到文化因素的影响。例如,职业、阶层地位、文化品位等,都可能左右人们对"与谁聚集而居"的选择。谁也不愿意与"恶邻"居住在一起,谁都愿意同"意气相投"的邻居聚集而居。这种现象被称为居住空间的社会分隔。这种社会分隔现象,在西方城市表现得最为明显,不同种族、不同阶层的人往往喜欢选择与相同的种族或阶层聚集而居,而与其他种族或阶层在空间上形成一定的分隔。这种居住地的空间分隔在南斯拉夫的科索沃省表现得最为典型。经过1999年的"科索沃战争"之后,联合国维和部队为了避免阿尔巴尼亚裔人和塞尔维亚裔人之间冲突的恶化,对两个民族的居住区进行了空间分隔。这种分隔,是两个民族冲突激化的表现,同时也是避免冲突进一步激化的空间调节手段。相似的情况也存在于英国的北爱尔兰(亲爱尔兰的天主教徒和亲英国的新教徒)和中东的耶路撒冷(以色列人和巴勒斯坦人)。可见,社会冲突在居住的空间形态上得到了反映。

住宅作为社会关系的反映不仅表现在居住区与居住区之间,而且也表现在居住区内部。在传统的居住区内,如村庄内,住宅与住宅的空间关系往往是较开放的,这是居住区内部居民开放性的交往关系的表现。在传统的村庄内,社区的社会和道德控制是通过"相互凝视"来实现的(Bauman, 1987)。也就是说,每一户人家的日常活动,都在其他人家的视线以内。在这种社会视线以内,个人的隐私荡然无存。这种相互凝视的社会视线保障了社区内部的规范、道德和规则的执行,并有利于对违规者进行社会惩罚。俗话所说的"飞短流长"、"街谈巷议",描述的就是这种情况。

现代化和城市化过程导致社会关系的变化,其变化之一就是匿名化和个人化。在城市社区,社会的整合方式不再是人与人之间的相互凝视(即机械整合),而是社会分工所造成的功能互赖(即有机整合)。而人口的增多导致了个人的匿名化,这种匿名化使个人获得了一定的隐私和个人空间。社会整合方式的变化导致人们对个人自由的追求,并在客观上导致传统道德和规范力量的衰落。这些变化表现在住宅设计上,就是住宅空间的个人化和家庭隐私的封闭化。例如,单元式住宅为家庭创造了一种不受他人凝视的、相对独立的个人空间。但是,这种住宅空间在保障家庭的个人自由和隐私的同时,也导致了"人际阻隔"的结果。在住宅区内,邻里之间的交往、沟通和互助较少,甚至消失了,人们陷入孤独之中。面对这种后果,要求改变住宅区设计、消除邻里之间交往的空间障碍的呼声不绝于耳。很显然,如何在住宅区的设计上既能尊重和照顾个人的自由与隐私,同时又能保证人与人之间的相互沟通、交流和帮助,是摆在现代住宅发展面前的一个迫切需要解决的问题。

最后,住宅内部的空间设计也体现了家庭内部成员之间的关系以及家庭各项活动之间的关系。例如,上面说过,北京四合院的空间结构反映了传统大家庭内部父母和子女的关系,也反映了传统的父权制和家族主义观念。在西方的现代住宅内部,对浴室的建造和设计越来越豪华,这种趋势反映了人们生活方式的变化,体现了洗浴活动从功能化向休闲享乐化和风格化发展的趋向。在当代中国,住宅内部的客厅面积与卧室面积之比有了较大提高,反映了家庭交往和休闲活动在家庭活动中占据了较重要的地位,客厅被赋予较重要的价值和符号显示功能。

第十二章
公共消费方式

　　消费总是对一定的产品和对象（包括服务、符号和信息）的消费。这些消费产品和对象，可以称为消费资料。不同于进入生产性消费中的原材料，消费资料是进入终极消费阶段的资料，是生产的终结。而对消费资料的消费过程，是对生产和流通过程的"接力"。从消费资料的物理存在方式来看，消费资料可以分为有形消费资料（即实物消费资料）和无形消费资料（包括服务、符号和信息消费资料）。而有些服务资料，则是有形产品和无形产品的结合。例如，电视消费就是对有形的电视机和无形的电视台服务、天线安装服务、符号、意义和信息等的消费。消费资料作为有形或无形产品，不仅体现了一定的经济关系，而且也体现了一定的社会关系。

　　对消费资料的消费过程首先涉及消费资料的配置方式，包括自然经济的配置方式、市场经济的配置方式和计划与福利经济的配置方式。在自然经济的配置方式中，消费资料是自产自用，只有少量消费品要通过交换来调剂有无。市场经济的配置方式是指在社会分工的基础上，消费品是通过交换从市场上获取的。计划与福利经济的配置方式有两种情况：①在实行计划经济体制的国家，消费品是通过计划手段进行分配的；②在实行市场经济或混合经济体制的国家，消费品的一部分是通过公共消费品的形式进行再分配的。

　　对消费资料的消费过程还涉及消费资料的所有制和支配方式。从这个角度看，对消费资料的消费方式可以区分为私人消费和公共消费。所谓私人消费，指的是消费资料为私人所有并由消费者自己所支配的消费方式。

所谓公共消费，指的是消费资料为集合消费主体（集体、社区或国家）所有并由这些主体所支配的消费方式。在当代，任何社会均存在一定的私人消费和公共消费。当然，在不同的社会中私人消费和公共消费各自所占的比重是不同的。我们在前面的章节重点讨论了私人消费以及与之相关的社会学问题，现在有必要从社会学角度对公共消费方式进行一番探讨。

一　关于公共消费的几个基本概念

从受益对象的范围来看，公共消费有集体公共消费、地方公共消费（或社区公共消费）和社会公共消费这几种形式。集体公共消费主要指消费资料为一个集体（如单位、企业、社团组织）所共同拥有和支配，并为其成员所共同使用的消费组织方式。地方公共消费主要指消费资料为一个地方（如村庄、乡镇、城市、区域）所共同拥有和支配，并为该地方居民所共同使用的消费组织方式。社会公共消费指消费资料为国家所有（或全民所有），由中央和地方政府支配，并为全体或部分社会成员所使用的消费组织方式。但是，在中国，这三种消费组织方式并不是截然分开的。例如，社会公共消费常常同集体公共消费和地方公共消费联系在一起，通过单位和地方得到具体的落实。

社会公共消费是消费者以"公民"的身份对公共消费品进行消费。所谓"公民"，就是与国家，并通过国家与其他社会成员结成一定的权利和义务关系的个人。例如，公民有纳税（直接或间接）的义务，也有享受国家提供的公共产品并对公共产品的生产和配置进行监督的权利。公共产品是国家作为公民的代理人通过税收等手段对社会的财富进行再分配而实现的，是政府在"市场失效"的基础上进行的一种"功能补位"。

在这里，有必要区分广义和狭义的公共产品。广义的公共产品包括一切由国家或政府提供的、为社会成员所共同消费的产品，它包括行政管理和服务、国防、海关、科技、社会治安和秩序、支农支出等。狭义的公共产品是指那些直接进入居民消费领域的公共消费品，即社会保障、社会福利与社会基础设施和服务等产品，包括教育、医疗与妇幼保健、文体娱乐等福利设施和服务（电视与新闻、公共图书馆、博物馆、艺术馆、科技馆、公园、体育场馆和设施、少年宫、儿童活动乐园），社会基础设施（机场、码头、车站、道路、桥梁、下水道、自来水、电力、管道煤气），服务（邮政、电信、消防、绿化、道路照明、清洁)，公共交通，公共住宅，环境治理，等等。尽管某些社会基础设施和服务（如自来水、电力、煤气、电信等）具有营利的目的，并按市场价向消费者收取费用，但由于这些产品的公共需求性和自然垄断性，在消费和供给方面也就具有了公共的特征，并在服务质量和价格等方面受到国家的监督和控制（有时这些产品也叫"准公共产品"，参见江华，1997：182）。从财政支持的角度看，有些公共消费品是由中央财政统一拨款的，如国家的文化、教育、卫生和体育事业以及国家重点基础设施；有些公共消费品则是由地方财政支出的，如一个城市的道路、桥梁、公共交通、下水道设施、消防、城市清洁、环境治理与控制、城市绿化、文体设施等；有些则是由自然垄断性机构或企业经营的，如自来水、电力、管道煤气、电信等。

从集合消费主体的享受范围来看，社会公共消费包括全民性公共消费和非全民性公共消费这两种形式。全民性公共消费是指公共消费品为全体国民所共同享用，如环境治理（包括空气治理、水质治理、森林和生态保护等）、治安服务、教育服务（如9年制义务教育）、文化服务（如中央电视台的服务）、灾害救助等。在全民性公共消费中，社会包容（social inclusion）范围最广，而社会排斥（social exclusion）程度最低。非全民性公共消费指的是公共消费品的"可入性"（accessibility）受到一定社会限制的消费形式，如中国的医疗保障、失业保障、养老保障等消费服务的覆盖面到目前为止尚未实现全社会覆盖。从公共消费品的构成来看，它包括有形产品和无形产品、可分割产品和不可分割产品等形态。有形公共消费品指的是以实物形态出现的公共消费品，如安居房、公园、城市公共基础设施等。无形公共消费品指的是以服务、信息和符号形成出现的公共消费品，如教育、医疗、公共图书馆、新闻、文化艺术、公共节庆活动、城市清洁卫生等。无形消费服务往往要借助于一定的实物，如电视新闻服务要有信号发射和摄影设备等。因此，对无形公共消费品的消费也包含了对部分有形实物的消费；反过来，对有形实物的消费包括对一定的服务的消费，如对公园的消费实际上也包括对公园维护服务（如清洁、草木修剪等）的消费。有形实物和无形服务的区分是相对的。

公共消费品还存在可分割和不可分割的区别。可分割的公共消费品是指可以分配给个人的消费品，如安居房或单位分配的福利房、失业保障、养老保障、物价补贴等。不可分割的公共消费品指的是一种整体的、有机的、无法分配给个人的消费品，它的公共性或者体现为向人们开放使用机会（如医疗服务机构、教育服务机构、公共图书馆、博物馆、公园等），或者体现为人们可以共同使用和消费，如空气质量的治理和改善、电视节目、城市卫生、城市绿化等。

最后，有必要区分"公共支出"和"公共消费"的概念。从广义来看，公共支出有时也可以被看作是公共消费，即对公共资源的消费。但是，从狭义的角度看，二者还是不同的。公共消费是指社会成员对公共消费品的消费；而公共支出则是指政府为了提供公共产品（其中包括公共消费品）而进行的支出。

二　社会公共消费的社会功能

根据迪尔凯姆的功能主义观点，一个制度、现象或活动的产生和存在除了可以从发生学（因果关系）角度来加以解释外，还可以从它对社会系统所具有的功能来加以说明。当然，功能解释不能代替因果解释，否则就会陷入"目的论"陷阱（如"老鼠之所以产生是为了给猫吃"），这也就是为什么英国社会学家吉登斯极力反对功能主义的原因之一。他认为，功能主义常常把功能等同于某种"目的"或"需要"，但是，社会系统是人们有意识活动的无意识后果，或者说，是结构化的产物，它从来就没有什么先在的目的、理由或需要；只有个人才会有目的、理由或需要（Giddens，1979：7）。尽管如此，只要抛弃功能主义的潜在目的论话语，功能主义还是有其方法论价值的。如果功能主义不能解释事物发生的原因（发生学解释），那么，它可以解释（至少是部分地解释）某一事物发生以后何以长期存在或延续。公共消费同样也可以从功能主义的角度得到某种解释。

公共消费具有多种功能，包括经济功能、政治功能和社会功能。在这里，我们不准备讨论所有这些功能，而只是就社会公共消费的社会功能进行分析。当然，对有些功能的划分只是相对的：它们既可能是经济功能，又可能是政治功能，同时还可能是社会功能。

1. 满足公共需要的功能

为了避免陷入"目的论"，这里有必要说明，所谓"公共需要"，并不是社会系统的需要，而是许许多多的个人的需要的集合。在特定的意义上，公共需要指的是人们无法依赖市场获得满足，因而需要由政府出面来干预、协调、生产和供应才能得到满足的共同需要,如国防、政府管理、社会治安、社会救助、社会保障等。

为什么市场无法满足人们的公共需要呢?这是由市场本身的特点决定的。市场就是交易场所,追逐的是利润。而某些公共产品在消费过程中存在"搭便车"现象,也就是说,公共产品的消费和收益不具有排他性。例如,国防事业就是该国每一个公民都可以受益的。因此,私人厂商便不愿意提供公共产品(慈善捐献例外),而只能由政府来提供(参见丛树海,1999:3;于良春,2000:318~319)。而有些公共消费品,常常是作为福利事业来提供的,因而是无利可图的,如社会救助、扶贫等,私人厂商也不愿意提供这类产品。这些公共消费品也就只能由政府来提供。还有些公共消费品(或准公共产品),由于牵涉自然垄断问题,靠自由竞争会导致重复、浪费和低效益,这种自然垄断性决定了必须对这类公共消费品采取集中统一供应的方式才会更具有效益,因而常常由政府部门来提供,或是在适当引进市场机制的条件下由指定的公司或机构来提供。但是,由于缺乏竞争,这些供应者可能过度市场化,在利益的驱动下凭借垄断地位来损害消费者的利益(如医疗系统擅自提价、医生故意给患者开昂贵的药、医疗保险公司把老弱病残排除在外等)。所以,在这种情况下,公共消费品的供给需要政府出面来进行监督、规制或协调。

当然,提供公共消费品并不是非要政府一手包办不可。许多公共消费品(如"安居"工程)可以采用投标、委托或放手由私人企业来投资的方式,由私人企业来经营,而政府则对其进行管理和监督。也就是说,政府可以适当借助市场的力量来提高公共产品的生产和利用效率,但同时又要对这方面的市场行为进行监督和管理。

2. 收入再分配功能

收入再分配已经是一个谈论甚多的话题。在这里,我们只是为着逻辑上衔接的需要而简明扼要地论述一下收入再分配问题。市场经济的主要特征之一就是"公平竞争"。公平包括"起点"的公平和"终点"的公平。市场经济强调的是"起点"的公平,即大家站在同一条"起跑线"上进行竞争。但是,由于个人的社会背景、家庭地位、受教育程度、实际能力和机遇等的不同,这种"起点"的公平其实是一种假象。例如,在"分数面前,人人平等"这个貌似"公平"的"起跑线"上,城市富裕家庭的子女和边远地区贫穷家庭的子女在考大学这个问题上,其实并不是处在同一条起跑线上,因而这种竞争客观上具有不公平性。显然,市场上所谓的公平竞争只是相对的。

这种相对的公平竞争的结果,就是社会分层和社会流动。也就是说,一部分人在市场竞争中获得了"成功",而另一部分人则在这场竞争中"失败"。后者的失败,既有个人主观的因素(如个人不努力等),也有客观的因素(如一个杰出的人会因企业的倒闭而失业或暂时失业)。对于市场竞争中的失败者,市场是不抱同情态度的。因此,这部分人的生存需要问题,就必须由政府来帮助解决。为此,政府必须通过税收、补助、转移支付等手段,将"成功者"的收入取出一部分转移到另一部分人那里,即"失败者"、弱势群体或落后地区的人那里。通过这种收入再分配手段,隐含在"起点公平"后面的"不公平待遇"就可以得到一定的补偿。

收入再分配还保障了市场机制的正常运转。市场竞争是一种"零和"竞争,一部分人的成功常常意味着另外一部分人的失败,而成功或失败,也有机遇的因素。因此,在理论上,任何人都有失败的可能。为了使市场竞争延续下去,就有必要通过收入再分配建立社会保险等公共消费制度,以使人们解除后顾之忧,在失败之后可以获得基本的生存资料。收入再分配制度使人们可以积极投身到市场竞争中去,从而使社会的发展获得源源不断的动力。

一些不可分割的公共产品,如政府管理、国防建设、公安等公共服务,只能通过税收等收入再分配手段来实现。同样道理,公共消费品的供给问题也只能通过收入再分配来加以解决,如空气和环境治理、基础设施(如道路和下水道)、教育事业、医疗卫生事业、文化事业等(当然,市场也可以提供私立学校、私立医院、私立图书馆等)。通过收入再分配建立的公共消费制度,还有利于体现社会公平和互助精神,消除社会骚动和动乱的隐患,维护社会秩序。这一点我们在后面还要谈到。

在实质上,收入再分配是对市场效率和社会公平这对矛盾的一种调节方式。市场竞争促进了市场效率,但却可能导致财富过分集中在一部分人手里和另外一部分人的被"剥夺"。在市场竞争中,财富的分配并不是完全根据个人的实际能力和个人付出的多寡来进行的,在有些情况下,机遇起着很大的作用。财富在市场中的分配还存在着"马太效应"和"赢者通吃"的游戏规则,这些规则就包含不公平的成分。因此,在确保市场效率和社会动力的前提下,政府通过累进增加税收、遗产税、补助、社会福利等收入再分配手段，可以在一定程度上限制市场游戏规则所造成的两极分化，弥补不公平结果，从而在某种程度上维护社会公平。

3. 社会保障功能

社会保障是收入再分配的实现形式之一，也是公共消费的一个重要的、特殊的领域。社会保障作为公共消费，包括可分割的和不可分割的两个部分。可分割的社会保障消费包括养老保险、失业保险、医疗保险、工伤保险、生育保险、住宅福利、补贴性福利等；不可分割的社会保障消费包括医疗机构、妇幼保健机构和服务、社会救助等。国内关于社会保障的文献多如牛毛，在这里，我们不打算就这一问题进行展开。由于从公共消费的角度讨论社会保障与公共消费关系的文献还很少见到，因此我们仅就这一问题进行论述。

社会保障的实质是一种制度性的风险预防方式，它是通过"结合众人的力量以分散不确定的风险"（徐滇庆、李瑞，1999：297）。风险包括可预见的风险和不可预见的风险。可预见的风险包括衰老、生育性失业等；不可预见的风险包括失业、疾病、工伤、事故、自然灾害和社会灾害（如工业污染或犯罪等）。社会保障制度往往通过一定的法律法规对公民的一些基本需要和权利做出明确的规定，并通过特定的政府机构或组织来实施。社会保障使个人只要以微小的代价（交纳社会保险税），通过集体联合的方式，使个人难以确定和承受的风险损失转移到全体社保纳税人身上，从而分散了风险成本，大大减少了单个个人或家庭所承担的风险损失（徐滇庆、李瑞，1999）。可见，社会保障比起家庭自我保障来说，是一种更经济、更合算和更有效的方式。它使风险预防和安全保障以一种组织化的互助方式来实现，大大减少了每个家庭用于预防风险而储备的资金和实物。因此，社会保障是公共消费的一种特定形式，即社会成员对集体性的风险预防和安全保障服务的消费。这种消费的实现并不是每个人都一样，例如，失业救济只为失业者所领取和消费，在业者则没有资格去进行这种消费。但是，在理论上，每个人都有失业的可能，因此，每个人对失业保障的潜在的消费机会是相同的。也就是说，每个公民都是社会保障的潜在的消费者，在有需要时具有相同的"可入性"。从社会保障的社会包容范围来看，它无疑是一种社会公共消费形式。社会保障作为一种高度社会化了的风险预防和安全保障形式，是同现代化过程联系在一起的，是现代性的产物（即"社会现代性"）。这也就是为什么现代社会保障制度首先发源于老牌的工业化国家（如英国、法国、德国、美国），并逐渐在世界各国普及开来的原因。就发展中国家来说，发展不但包括经济发展，而且也包括社会发展。社会发展中包括建立和健全社会保障制度与体系。从系统整合的角度以及中国的实践来看，若没有"社会现代性"（social modernity）的配合，经济现代性（economic modernity）是难以建立起来的。社会现代性的建立，意味着一个国家的社会成员具有"社会权利"，即"社会公民权"（不同于"政治公民权"，如投票权、言论自由等），有权享受国家提供的社会保障服务和各种社会福利，从而与国家结成了一种新的权利和义务关系（Roche, 1992）。

4. 社会整合功能

在西方，发达工业国家建立社会保障体系和制度的初衷之一是为了解决社会问题，维护社会秩序。例如，英国议会于1834年对1601年颁布的世界首部《济贫法》进行了修正，通过了《济贫法修正案》（尽管后来也对这一济贫法体系做了一些修改，但它一直沿用到1929年），目的就是要解决乞讨、失业以及相关的贫困问题（参见Walker, 1982）。事实上，伴随工业化和市场化而来的失业和城市贫民等现象，一直是困扰资本主义社会的社会问题。为了巩固资本主义秩序，西方发达国家在第二次世界大战后均建立了发达的福利体系，成为福利国家，使公共消费达到了前所未有的水平。

这种公共福利消费制度的目的之一是为了调和阶级矛盾，从而更好地维护资本主义秩序。在西方，公共消费发挥了重要的社会整合作用。通过全民公共福利消费制度，国家与公民建立了一种崭新的交换和互动关系。一方面，公民有向国家纳税的义务；另一方面，公民又有享受国家提供的福利的社会权利。国家通过向公民提供福利性的公共消费，换来了公民的政治忠诚、感恩和服帖。不仅如此，通过公共消费，社会成员还获得了一种"社会大家庭"的感觉，从而强化了人们的民族认同情感。西方福利国家通过对个人"从摇篮到坟墓"的福利保障，造成了个人对国家的依赖。这种个人对国家的依赖感大大加强了西方国家的社会整合。当然，这种对个人的"从摇篮到坟墓"的福利保障同时也带来了一些消极的后果，包括西方福利国家普遍遇到的财政危机和部分公民的不思进取与福利—寄生现象（即"依赖文化"）。因此，从20世纪70年代开始，西方福利国家对公共福利消费制度进行了一系列的改革。这一点我们留到后面再详细讨论。

西方的公共福利消费也发挥了道德补充的作用。市场经济的主体是"自利人",在市场契约和法律的制约下追求自己的利益。但是,资本主义社会也必须要有某种道德来防止自利原则的过度扩张。西方基督教所强调的友爱、互助、慈善、公平、济贫扶弱等道德观念和情感,客观上符合了资本主义社会的道德调节和补充的需要。因此,我们可以说,资本主义在发展市场经济的过程中,也在同时建立相应的道德弥补机制。在早期阶段,这种道德弥补机制主要体现在宗教和相关的慈善事业上。随着资本主义经济的不断发展,这种道德弥补机制获得了越来越多的物质支持。促进社会保障等公共福利消费制度发展的动力之一正是这种道德弥补机制,包括公平、互助、救济等道德观念。因此,从宏观的角度看,社会公共消费实际上起着维持资本主义的道德补位功能。公共消费是文明发展到一定阶段的必然产物。

三 公共消费作为一种消费方式

任何时代和社会不但有一定的生产方式,而且也有一定的消费方式(the mode of consumption)(Saunders, 1986: 312; Featherstone, 1990: 8 - 13)。尹世杰认为,消费方式是一种狭义的生活方式。一定的消费方式总是受到一定的生产方式制约,并往往是同一定的生产方式相适应的,并随着生产方式的变化而发生或快或慢的变化(参见尹世杰,1993: 110~112)。反过来,消费方式也会对生产方式产生一定的反作用(尹世杰,1993: 114)。但是,我们不能把消费方式与生产方式的关系简单化。消费方式除了同生产方式相联系,也受到民族传统、文化传统、风俗习惯、地理条件、自然环境、意识形态、道德和审美观念,以及个人的特征(职业、年龄和个性等)等因素的影响(参见尹世杰,1993: 112~113)。

1. 消费方式的概念

消费方式指的是人们对消费生活资料的占有、支配、获取和使用方式。消费过程是对消费资料进行加工、处理、消耗和使用的过程。这个过程不能不涉及一定的方式,包括技术方式、文化方式和社会方式。因此,消费方式可以进一步区分为消费的技术方式、消费的文化方式和消费的社会方式。消费的技术方式(尹世杰称之为消费的自然方式,参见尹世杰,1993: 110)指的是对消费资料的技术加工方式。以食品为例,从茹毛饮血到对火的科学利用（烹调）再到当代的微波炉的使用和方便面与速溶咖啡等方便性食品和饮料，就代表了食物消费的不同的技术方式。消费的文化方式指对消费资料的文化加工方式。例如，尽管不同的民族都掌握了利用火来烹调食物的技术，但是，不同民族的烹调方式是不同的，也就是说，他们各自有不同的烹调文化。烹调在某种意义上是技术，在另外一种意义上是文化，分别具有技术的层面和文化的层面。烹调文化是对烹调技术的文化利用，受到一个民族的审美观念、宗教神话、道德观念、传统习俗等因素的影响，并具有一定的符号表达功能。当然，消费的技术方式和文化方式是血肉相连并相互渗透的，难以截然分开。但是，在分析的层次上，它们是两个不同的概念。

消费的社会方式指的是对消费资料的社会利用方式，包括消费资料的占有方式、支配方式和获取（或供给）方式。消费资料的占有方式包括消费资料的个人占有制和社会占有制。消费资料的支配方式包括个人自由选择方式和公共消费的分配（公共选择）方式。消费资料的获取（或供给）方式包括市场供给方式、国家供给方式、社区供给方式和家庭供给方式。

在这里，我们不打算讨论消费的技术方式（这不属于社会学研究的内容），也不准备论述消费的文化方式（这一部分已经在前面的"消费文化"章节中讨论过了），而是要分析消费的社会方式。即便如此，我们也不打算涉及消费的社会方式的所有方面，而是集中探讨公共消费与消费方式的关系。

2. 公共消费作为消费资料的占有方式

如同生产资料一样，消费资料也有三种占有方式：个人所有制、集体所有制和全民所有制。消费资料的个人所有制是指消费资料由个人或家庭所占有，具有独占性和排他性，他人不得分享，是一种最普遍的消费资料的占有方式。消费资料的集体所有制指的是消费资料为集体、团体或社区所占有，在该集体内部，消费资料具有共享性，也就是说，凡具有该集体成员资格的人均可摄取消费资料；而对于该集体以外的其他人来说，则没有这种可摄取性。消费资料的全民所有制是指消费资料为一个国家或地区的全体居民所有，不具有排他性，而是具有最广泛的共享性和可摄取性。决定一个居民是否可摄取这些消费资料的标准在于他/她的公民身份。换句话说，消费资料的全民所有制具有最广泛的社会包容度。

影响公共消费资料的国家占有程度的因素有很多，最主要的是一个国家的经济发展水平和社会文明程度。此外，一个国家的体制也决定了公共消费的水平。例如，实行福利资本主义制度的国家往往具有较高的公共消费资料的占有程度（如北欧国家）；而实行市场资本主义制度的国家则降低国家直接占有的公共消费资料的份额，转而借助市场的力量（如医疗保险公司）来供给一部分公共消费资料。影响公共消费资料的国家占有程度的因素还有国家对公共消费资料的管理效率以及公民对这些消费资料的消费效率（使用效率与浪费率）。

上面说过，社会公共消费主要指消费资料的国家所有制。但是，公共消费可以向"准公共消费"转变。所谓准公共消费，指的是消费资料不为国家所有，而为股东所有，却为全体居民所共同需要和消费的一种消费方式。例如，从70年代以来，英国陆续将原来国有的公共消费服务（如电力、自来水、煤气、电信、公交、铁路、民航等）民营化，通过出售股票的方式将国有公共消费服务私有化，从而大大提高了对公共消费资料的管理效率和消费效率。为了防止私营管理部门借这些准公共消费资料过度赢利，损害消费者的利益，政府部门成立了专门的监督部门，以对经营这些准公共消费资料的部门的服务质量和价格进行监督和管理。

3. 公共消费作为消费资料的支配方式

不同的消费资料所有制决定了对不同的消费资料的支配方式。消费资料的个人所有制决定了消费资料是由个人或家庭自己自由支配。消费资料的集体所有制则决定了消费资料是由集体支配的。至于该集体如何来支配这些消费资料，则存在着差异：有民主式的支配方式，也有寡头式的决定方式。消费资料的国家（或全民）所有制决定了消费资料是由国家或政府决定的。至于国家或政府是遵循民主的原则还是集权的原则来支配公共消费资料，不同的国家是不同的。

社会公共消费是国家对消费资料的支配方式。而国家对消费资料的支配方式又可以分为直接支配方式和间接支配方式，或实物支配方式和货币支配方式。国家对公共消费资料的直接支配方式指的是国家掌握和控制了作为实物形态和实在服务的公共消费资料，并决定了这些消费资料的分配方式和公民的可入性规则。国家对公共消费资料的间接支配方式指的是国家不再掌握和控制作为实物形态和实在服务的公共消费资料，而是通过货币形式的补贴来间接地支配公共消费资料。

就国家与公民的关系来说，当国家对公共消费资料是以直接的、实物的方式进行支配和控制时,公民对国家的依赖性就大大加强了。一旦国家对公共消费资料的控制权超越了公民的制约和监督,公民的自由和权利就可能受到国家的限制、控制甚至剥夺。国家可以对不服从的公民采取剥夺实物和服务形态的消费资料等手段,迫使公民成为服服帖帖的顺民。国家对公共消费资料的间接控制则更有利于个人对一些公共消费服务和实物(如医院、学校、住宅等)的自由选择。在这种方式下,公民不但同国家发生关系,而且也同市场发生一定的关系。因此,公民部分地摆脱了对国家的完全依赖。公民可以通过获取国家的货币补贴的方式而自由地支配部分公共消费资料。

4. 公共消费作为消费资料的获取方式

公共消费资料的占有和支配方式是同其获取方式密切联系在一起的。公共消费资料的获取方式可以分为公共消费资料的消费权利的获取方式和公共消费资料内容的获取方式。公共消费资料的消费权利的获取方式可以分为无甄别的获取方式和有甄别的获取方式。无甄别的获取方式就是普遍公民权方式。凡是一个国家的公民,都可以获取该国所提供的公共消费资料,如治安、园林绿化、公共交通、文化教育等。有甄别的获取方式则是指公共消费资料只能由那些有"资格"的人获取。这种资格可以是某种特定的"成员资格"(如党政机关单位的成员、国营企业职工、有城市户口的人等),也可以是有某种特殊需要的人(如残疾人、孤寡老人、精神病人等),还可以是通过合法竞争而获得的机会(如通过高考而进入大学、享受国家的公共高等教育消费服务)。

公共消费资料内容的获取方式又分为实体资料的获取方式和货币补贴的获取方式。实体资料(包括有形和无形产品)的获取方式指居民从国家公共消费部门或其代理机构(即单位)直接领取或享受某种公共消费实物(如住宅)或服务(如医疗),国家和政府则是公共消费资料的直接供应者、组织者和支配者。货币补贴的获取方式指居民通过获取国家货币补贴的方式从市场上自由选择所需的消费资料。在这里,国家不是通过直接提供公共消费资料(如福利住宅、医疗等),而是通过货币补贴的方式,来实现居民对公共消费资料的消费权利。

不论居民以何种方式获取公共消费资料,消费资料总要由一定的提供者来供应。大致来说,有四种消费资料的提供者:国家、市场、社区和家庭(Edgell, Hetherington, and Warde, 1996)。国家是公共消费资料的主要提供者,市场是私人消费资料的提供者,但在一定的条件下也可以成为具有自然垄断性质的（准）公共消费资料的提供者（即公共消费资料的货币化和商品化，以及公共消费资料供给的非国有化和市场化）。社区（街道、居委会、邻居和义务性、志愿性群众组织）往往是社会工作服务（即公共消费服务）、慈善事业和互惠性义务工作（如街坊邻里义务性的老年护理等）的提供者。而家庭则是私人义务消费服务的提供者（如做家务、义务扶养小孩和老人）。就个人与这些供给者的关系来说，个人与市场是交易关系，他/她是作为顾客来面对市场的；个人与国家是公民与代理的关系，国家由专业机构来代理对公民的公共消费的供给；个人与社区是互惠和网络关系；个人与家庭的关系则是一种血缘关系（参见 Edgell, Hetherington, and Warde, 1996: 3）。

四　公共消费方式的变迁

上面我们从分析的、静态的和横切面的角度对公共消费方式的一些基本概念做了初步界定，现在有必要从归纳的、动态的和历史的角度对公共消费方式的演变或变迁进行社会学的解释。我们将分别考察英国和中国迄今为止的公共消费方式的变迁。

1. 西方公共消费方式的变迁：英国个案

英国是公共消费发展得比较早的国家，同时也是欧洲在福利和公共消费领域最早进行改革的国家之一，因此，把英国作为个案来加以讨论，具有典型意义。根据桑德斯（Saunders, 1986）的观点，英国的消费方式在过去的一个半世纪里经历了三个阶段的变化。这三个阶段的消费方式依次是市场化消费方式、社会化消费方式和私有化消费方式。第一个阶段始于19世纪中叶，在这个阶段，消费主要是通过市场组织的。例如，1860年，除了贫穷法规定的一些救济、疫苗注射、给予精神病院和教会学校奖学金以外，国家的收入保障系统、医疗看护系统、国立教育系统、国家福利住宅和国有公共交通等，均不存在。人们消费需要的满足主要是通过市场购买的形式来实现的，并伴以一定的私人慈善服务和私人间的相互帮助（如朋友社、建筑社）。这种市场化消费方式的主要问题在于低工资和高消费成本之间的矛盾（Saunders, 1986: 312 - 313）。

随着工人阶级状况的恶化以及相关的社会问题变得严重，国家开始对消费领域逐步进行干预，取代市场化消费方式的新的社会化消费方式的种子开始萌芽，并随着第二次世界大战以后的"贝弗里奇改革"（the Beveridge reform）而趋于成熟。1946 年，覆盖全社会的国民保险系统开始启动，随后，医疗护理、住宅、城市规划和教育系统等均开始了意义深远的改革，从而建立了社会化的支持系统。这个系统由两种方式构成：一种是现金支付方式（如失业救助、老年退休金、家庭津贴和其他福利补助）；另一种是实物和服务支持方式（如福利住宅、免费医疗服务、免费教育系统等）。这种社会化消费方式通过提高家庭的收入和降低私人消费成本，克服了与市场化消费方式相联的低工资与高消费成本的矛盾（Saunders，1986：313－314）。然而，社会化消费方式在克服旧矛盾的同时，又创造了新的矛盾，即社会化福利供应的成本不断增加和有限的税收来源的矛盾。这一矛盾导致了英国以及西欧其他福利国家的"财政危机"（fiscal crisis）。正是这一矛盾以及与之相联系的财政危机导致了英国对公共消费方式的又一次改革，即向私有化消费方式转型（Saunders，1986：314）。

这一转型经历了几个阶段：首先是在住宅、医疗、教育和退休金项目上允许私营部门和公营部门并存；其次是放弃免费福利原则，引入用户付费制度（如处方费、眼镜架费等）；再次是将用户付费标准与市场或商业标准看齐（如在 70 年代早期提高公屋房租，80 年代早期取消对公共交通的补贴）；最后是将公共消费资料的所有权向私人转移，如向住户出售公屋，将国家退休基金（the State Earnings Related Pension Scheme）民营化（Saunders，1986：314）。有必要说明的是，这种消费方式由社会化向私有化的转型，依然涉及国家一定程度的补贴（免除按揭贷款利息税、公屋折价出售、在私立医院就诊可以同时使用公共部门或公立医院的设施等）。因此，无论如何，私有化消费方式并不是向 19 世纪的市场化消费方式倒退。国家在私有化消费方式中仍然起着一定的作用（Saunders，1986：315）。正因为如此，有人把这种私有化消费方式称为"市场—国家消费方式"（Edgell，Hetherington，and Warde，1996：4）。

事实上，由市场化消费方式向社会化消费方式转变，所要解决的问题是消费中的公平问题；而由社会化消费方式向私有化消费方式转型，所要解决的则是公共消费的效率问题，即管理成本、管理效率以及消费效率（即公共消费支出与社会消费效用之比）问题。社会化消费方式的管理成本是不断提高的。由于免费的原因，人们对公共消费的需求会不断提高，导致公共消费成本增加和财政负担日益沉重，而人们对公共消费资料不注意爱护和节约，又导致对公共消费资料的消费效率下降，浪费增多。更重要的是，由于官僚科层机构的管理效率低下，导致公共消费服务质量的不断下降，而财政的吃紧和收缩更使公共消费服务质量雪上加霜。因此，这两种消费方式的转型都是与特定时期所面临的主要问题相关的，各自具有一定的合理性。

在消费方式由社会化向私有化转型的过程中，一个重要的社会后果就是社会阶层的再分层。由于国家减少公共消费开支，从而减少了纳税人的缴税负担，这导致了公共消费服务规模的萎缩和质量的相对下降。面对这种情况，富裕阶层可以在很大程度上放弃利用公共消费资料和服务，转而利用市场提供的消费资料和服务，从而享受高质量的消费资料和服务；而贫困阶层则不得不继续依赖剩余的公共消费资料和服务，并同时忍受服务质量的下降。

尽管英国的公共消费资料是覆盖全社会的，为全体公民所共同享用的，但是，这并不意味着所有的公民都对公共消费资料具有同等程度的依赖。如上所述，那些拥有较多的私人消费资料的人，对公共消费资料的依赖，就比那些拥有较少私人消费资料的人要低，因为拥有较多消费生活资料的阶层可以通过他们的财产所有权来满足他们的大部分消费需要（如私立医院、私立托儿所和幼儿园、私立学校、商业性退休保险等），从而享受优质的服务和产品，而不必过多地依赖国家提供的公共消费服务（这些服务的质量往往不如市场上由私人提供的服务的质量）。而那些拥有较少私人消费资料的人，则需要更多地依赖国家提供的消费资料和服务，如福利住宅、公共交通、医疗服务、公立学校和幼儿园等。因此，在英国，消费领域存在"社会分裂"（Saunders，1986：312，325）。这种消费领域的社会分裂实际上是英国特定的财产关系的一种反映。这种消费领域的社会分化，是英国在第二次世界大战以后出现的社会再分层。在这种分层中，沦落为社会最底层的是那些只能依靠救济金和公共福利（如福利住宅）生活的阶层（即 underclass）。如何解决消费方式的私有化所带来的社会分裂和再分层，是摆在英国消费方式改革面前的一个新的问题。

2. 中国公共消费方式的变迁

中国在 1949 年以前的公共消费水平是比较低的。在城市，消费领域实行的主要是市场化消费方式；在农村，消费领域实行的是小农消费方式（自给性和市场化相混合的消费方式）。因此，中国在实行社会化消费方式之前的起点比英国低得多。1949年新中国成立以后，中国迅速建立了社会主义公共消费制度，即与计划经济体制相配套的公共消费方式。在这种消费方式中，个人对私人消费资料的占有被压到最低的水平（即普遍的低工资政策），而公共消费资料的国家所有权和控制权则被大大地扩大和强化了。在城市，单位职工的住宅、医疗、子女的教育等都是公共消费资料，由单位按照统一的原则代理国家进行分配和控制。因此，在城市，消费领域实行的是"国家所有—单位分配的消费方式"。

在理论上，这种消费方式是要体现"劳动人民当家作主"的权利，但是，实际上，由于长期以来所奉行的"先生产、后生活"、"优先发展重工业"的政策，消费基金投入不足、欠账太多，以及人口和职工人数的增长，公共消费资料日益变得短缺。与此相联系，由于公共消费资料的控制权和单位领导对这些消费资料的分配权未受到严格的民主监督，因此在一些基本消费资料（如住宅）的分配上面，导致以权谋私的腐败现象和不公平现象，挫伤了广大群众的积极性。同时，由于公共消费资料的无偿使用，导致对公共消费资料的占有欲望和需求急速膨胀，后者反过来又加剧了公共消费资料的短缺。不仅如此，由于公共消费资料的国家所有权的"物象化"（reification），人们在"自己的"和"公家的"之间划分了明确的界限。所以，一方面，消费服务的生产者"官老爷"习气严重，生产和管理效率与服务质量低下；另一方面，消费者对公共消费资料不加珍惜和爱护，浪费现象严重（如药品），消费效率低下，使本来就捉襟见肘的国家财政有如填进了"无底洞"。除了上述弊端，这种公共消费方式的另外一个缺点是它的社会包容度低，社会覆盖面小（农村人口被排除在外）。正是由于政府和居民对上述消费方式的负面体验，导致了80年代以来对公共消费方式的全面改革。改革的步骤是渐进的、多阶段的、多元的和曲折的，但总的趋势是引进市场和商品因素，减少国家对消费资料的占有水平和供应范围，增加公民对消费资料的私人占有水平。可以看出，80年代以来的公共消费方式的改革，是在逐步朝着建立一个以商品化为主旨的混合消费方式迈进。在一些与家庭生活密切相关的消费资料（住宅、教育、社会保障和福利）上，采用了个人付费、单位补助和国家补贴"三结合"的混合消费方式。国家还逐步将原来国家占有和供应的一些公共消费资料实行商品化（如商品房）或部分程度的商品化（如安居房），在一定范围内按市场规则来进行生产、供应和定价。

尽管中国和英国的国情不同，但在公共消费方式改革的许多方面却有着惊人的一致，即都力图提高公共消费的效率、引入市场和商品化机制，使国家从公共消费资料和服务的供应与管理中逐步淡出，加大公共消费资料的商品化分量，建立以个人为消费主体、以市场为供应主体的公共消费体制。但是，由于在改革以前中国的公共消费水平与英国相比还显得很低，覆盖面也很小，因此，中国的公共消费方式向市场化和商品化的转型也遇到了不少独特的矛盾和问题。

统一的、覆盖全社会的公共消费体系，尤其是全民保险体系还未建立，公共消费方式的改革和发展跟不上经济体制改革和发展的需要。比如，在当前的医疗保障中，个人要为自己生大病支付一定比例的费用，造成比较重的负担，一些城市居民未能被纳入城市医疗保障体系，不少家庭被迫为预防家庭成员生大病而进行储蓄，相应地挤占了其他消费支出，居民消费市场的扩大因此被"拖了后腿"。

国家在一定程度上逐步推进公共消费服务的市场化的同时，考虑到一些产业的自然垄断性质，依然允许原来的一些公共消费服务的供给部门保留垄断的特权，但是，由于对这些部门的规制不力，导致这些部门形成自成一体的利益集团，追求赢利至上，在国家追加投入不足的情况下，提高价格以弥补经营效率低下造成的部门亏损，同时提高部门职工的奖金等工资外收入，但是，服务质量却未见提高。可见，一些部门放弃了社会福利最大化目标，而以赢利最大化为目标。消费者则被置于不平等地位，其利益经常受到损害（参见江华，1997：184~185，187）。

综上所述，公共消费涉及两个基本矛盾：其一是国家或地方财政收入的制约与居民对公共消费需求的日益增长之间的矛盾；其二是公共消费的公平与效率的矛盾。公共消费有利于维护社会公平，进行收入的再分配，维护社会的稳定，促进社会整合，但是，公共消费需求的无节制增长也增加了国家财政的负担，并容易导致公共消费的服务效率、管理效率和消费效率的相对低下。因此，如何有效地处理这两个矛盾，是一个具有普遍意义的课题。

第十三章
可持续消费问题

消费问题既是经济问题，又是社会和政治问题。把消费作为一种经济和政治问题来分析，超出了本书的范围，我们在这里主要讨论作为社会问题的消费问题。所谓社会问题，指的是社会生活中那些引起人们关注和干预的现象。首先，社会问题引起了人们的关注。由于社会生活中的某些方面直接或间接地威胁或损害了人们的利益、违背了人们的价值观念和道德理想（如犯罪、家庭暴力、贫困、吸毒等），因而引起了人们的关注，从而成为社会问题。其次，社会问题促使人们进行干预。由于社会问题影响了社会秩序，从功能上对社会有机体的运行或价值目标构成威胁，因而导致人们对其进行干预的愿望，并在一定条件下导致政府进行干预的行动（即社会政策和公共政策）。消费问题之所以成为社会问题，也是同样的道理：一是因为消费问题损害了人们的利益、违背了人们的价值观念和道德理想；二是它引起了人们进行干预的行动，包括消费者和政府的行动。

社会问题是社会建构的产物。同一种现象，在某种情况下被定义为社会问题，在另外一种情况下可能就不成为社会问题。例如，在过去相当长的一段时间内，周末兼职被认为是一种社会问题。但是，时过境迁，周末兼职不再构成社会问题，而成为被政府和社会所接受的现象。某种现象是否社会问题，既同社会主体的评价标准有密切的关系，又同界定社会问题的社会群体相关，因为不同的群体有不同的界定社会问题的标准和看法。

由于事实上每个人都是消费者，因而消费问题实际上是一个最广泛的社会问题，涉及千家万户的切身利益，为广大消费者所密切关注。但是，由于不同的消费问题对不同群体的影响是不同的，因而这些问题受关注的程度以及人们对它们进行干预的程度和范围也大不相同。那么，在中国现阶段，哪些消费问题引起了人们广泛的关注呢？概括起来，这些问题包括"假冒伪劣"产品问题和环境污染（可持续消费）问题。本章将讨论可持续消费问题，下一章将论述消费者权益保护和"假冒伪劣"产品问题。

一 关于可持续消费的探讨

现代工业发展所导致的生态和环境后果是人们一直关注的问题。1972年6月，联合国人类环境会议在瑞典的斯德哥尔摩召开，并于6月5日通过了《人类环境宣言》，6月5日也因此被定为"世界环境日"。时隔20年，1992年6月，联合国又在巴西的里约热内卢召开了有160多个国家参加的"环境与发展大会"，会议通过和签署了《21世纪议程》。该议程明确地将不适当的消费模式同生产模式称为导致环境恶化等问题的原因，促使人们不但关注可持续生产模式问题，而且也关注可持续消费模式问题。可持续发展因此分为两个相互联系、不可分割的方面，即可持续生产和可持续消费。在国外，围绕可持续消费问题的文献可谓多如牛毛（这类文献可以追溯到弗洛姆与马尔库塞的著作）。值得高兴的是，国内学者也对这个问题表示了深切的关注。

刘福森和胡金凤认为，我们必须用可持续发展的观点对资本主义工业文明的消费观进行重新评价。这种消费观乃是一种"挥霍型"的消费观。其挥霍性表现在两个方面：第一，它追求"一次性"和"类一次性"消费方式。前者如一次性塑料包装袋，后者如耐用消费品因市场上过快的更新换代而被抛弃。第二，与资本主义消费方式相联系的"深加工产品"造成了大量的资源浪费和对环境的污染。因此，资本主义工业文明的消费方式之所以是不可持续的，其根源在于，在资本主义商品生产条件下，消费背离了需要，消费需要不是目的而是生产经营者获取利润的手段，从而导致消费突破了需要的有限性，而无限扩张（刘福森、胡金凤，1998：23～25）。

梁琦（1997）认为，传统消费理论将导致对自然资源的滥用和环境污染，因而主张建立一种与之相对的生态消费经济观。他还总结了适度消费的三个标准，即生理标准、经济标准和社会标准。所谓生理标准，指人们的消费必须满足人们的基本生理需要。所谓经济标准，指社会的消费力要与一定的生产力水平相适应。所谓社会标准，指消费活动能满足消费者的心理需要并符合消费伦理。

洪大用（1999）则从三个角度讨论了"适度消费"问题。首先，从经济学角度看，消费既不能超前（否则就会导致经济过热、通货膨胀），也不能滞后（否则就会导致市场疲软、经济萧条），因而就有个"度"的问题。其次，从环境学角度看，过度消费会对环境造成负面影响，如增加对资源的压力，产生过多的废弃物，通过带动工业发展加剧环境污染，破坏生物多样性，破坏自然景观。而消费不足（即贫困）也会导致人们对环境的掠夺不择手段，造成环境破坏。再次，从心理学角度看，也并非消费越多越幸福，因而消费也有个"度"的问题。因此，从总体上看，不仅要反对和抵制消费主义，而且也要解决消费不足的问题，促进社会均衡消费。

杨家栋、秦兴方（1997a，1997b）认为，可持续消费问题的内核，指的是可持续消费是一种既符合代际公正原则又符合代内公正原则的消费。所谓代际公正指的是当代人的消费不应以损害后代人的消费需求能力为代价。所谓代内公正指的是当代一部分人的消费不应以损害另一部分人的利益为代价。他们将可持续消费定义为："既符合代际公正原则又符合代内公正原则，保证人类生态消费、物质消费和精神消费等各个方面的需求得到满足并不断由低层次向高层次演进的消费。"（杨家栋、秦兴方，1997a）杨家栋、秦兴方（1997b）还探讨了实现可持续消费的途径，提出了"四大控制"观点。第一，"源头控制"——可持续生产的实现机制。生产是消费的源头，因此可持续消费要从源头抓起。第二，"动机控制"——可持续消费的直接实现机制。通过宣传、教育和政策的制定，培养人们的可持续消费观念，从动机上促成消费方式向可持续转化。第三，"尾部控制"——污染处理机制。建立激励与约束并存的机制，强化对生产和生活污染物的直接处理利用与废弃物的回收回炉，加大对环境污染者的惩处力度。第四，"系统控制"——可持续消费的检测控制系统。从系统论的角度，建立对可持续消费过程进行监督、检测和控制的体系。杨家栋、秦兴方（2000）还从制度安排的角度考察了可持续消费问题，认为从制度上形成可持续消费是一种行为收益最大和行为成本最小的消费。制度安排的重点在于两个方面：一是经济方面，消除不可持续消费行为产生的经济根源（贫困），通过经济发展提高消费水平并使消费结构合理化；二是将个人和家庭消费的社会成本（即社会处理消费对环境的污染的成本）纳入消费者的消费效用—成本的考虑之中，以改变其消费决策。

方显仓、杨侠（1998）论述了可持续消费的必要性：第一，可持续消费是庞大的人口及其爆炸性增长的强烈要求；第二，可持续消费是资源有限性的必然选择；第三，可持续消费是生态环境不断恶化的客观要求。他们还分析了实现可持续消费的宏观条件和微观条件。宏观条件是：第一，树立人口和环境意识；第二，改变传统的生产方式；第三，加强法律、法规、制度建设；第四，加强国际合作。微观条件是：第一，建立资源价值体系以调整不合理的价格体系，提倡对环境资源的有偿使用和有价使用；第二，研究和开发可持续产品。

俞海山（1999）提出了可持续消费的几个原则。它们是：第一，适度消费原则。从人类总体角度来看，适度消费原则要求人类把消费需求水平控制在地球承载能力范围内。从人类个体角度来说，适度消费原则要求坚持以人的健康作为出发点和目标，减少无意义和有害的消费（如吸烟、营养过度、愚昧消费等）。第二，公平消费原则，包括代际公平消费和代内公平消费两个方面。第三，和谐消费原则。从消费角度建立一种人—自然—社会相互协调的关系。第四，不断增加精神消费比例的原则。郝睿（1999）主张，要采取有效行动来引导建立可持续消费模式，其中包括建立将环境和资源成本内在化的价格体系。傅家荣（1998）认为，要实现可持续消费，必须把"满足人们的消费需要，其中特别是生态需要"作为实现可持续消费的基本要素之一。曹新（1999）也论述了人除了具有物质生活需要和精神需要之外还有生态需要。陆满平（1999）从产品对人的健康和对环境造成的后果的角度考察了对物质产品（包括食品、服装、住宅、日用品等）的可持续消费问题。

欧阳志远（2000）在他的博士论文的基础上，从哲学和交叉学科的角度对可持续消费做了较为系统、全面和深入的探讨。他从文明史的高度分析了消费文明的演变与现代消费文明的自毁与补救措施。他的研究向人们揭示了可持续消费问题的由来、演变与前景，并提供了大量的经验事实和相关材料。

此外，许多关于可持续发展和环境经济学的文献，也或多或少地涉及可持续消费问题。综观上述文献，学者们分别从哲学、经济学、伦理学、管理学和政策学等角度对可持续消费问题进行了探讨。虽然有些文献也涉及社会学因素,但是,对可持续消费问题进行系统的社会学讨论的文献还很少见到。下面的论述主要是基于社会学视角的论述。

二 "不可持续"消费模式的价值基础

现代生产模式在一定的范围内导致环境和生态危机已经是不争的事实。但是,仅仅从生产角度而忽略从消费角度看待现代环境和生态危机是片面的,因为这种立场忽略了消费与生产互为因果和互动的关系。在马克思看来,"没有生产,就没有消费,但是,没有消费,也就没有生产,因为这样,生产就没有目的"(马克思、恩格斯,1972b:94)。所以,在马克思那里,消费与生产不仅是对立的,而且是同一的。"生产直接是消费,消费直接是生产"(马克思、恩格斯,1972b:93),"每一方表现为对方的手段;以对方为媒介;这表现为它们的相互依存;这是一个运动,它们通过这个运动彼此发生关系,表现为互不可缺,但又各自处于对方之外。生产为消费创造作为外在对象的材料;消费为生产创造作为内在对象、作为目的的需要"(马克思、恩格斯,1972b:95~96)。"生产为消费提供外在的对象,消费为生产提供想象的对象"(马克思、恩格斯,1972b:96)。"两者的每一方当自己实现时也就创造对方,把自己当作对方创造出来。"(马克思、恩格斯,1972b:96)由此可见,仅仅从生产模式来看环境和生态危机是不够的,还必须考察消费模式对生产和环境的影响。

消费模式直接受到生产的影响,这是明显的事实。但是,从不同的民族有不同的消费模式这一事实可以看出,消费模式也受到文化的影响。一定的消费模式是各种因素综合作用的产物。而每一种消费模式都同一定的文化和价值观念有着内在的关系。可以说,在一定的物质因素制约的条件下,消费模式是一定的文化和价值观念的实践方式。由此我们可以进一步断定,现代西方的消费模式,实质上是对现代物质享乐主义和技术乐观主义的价值观念的实践方式。

享乐主义作为一种价值观可以追溯到古罗马。从历史的角度看,可以说,在中世纪以前的古代文明(包括古罗马、中国的黄河流域、印度西北部和中东),在价值观上表现为对物质财富的崇尚和追求(屋太一,1999)。尽管当时物质极度匮乏,享乐主义价值观还是在贵族阶层被广泛地实践(当然,这种少数人的物质享乐是以绝大多数人在物质上的被剥夺和贫困为代价的)。但是,由于对物质财富的需求导致对森林的过度砍伐,当时唯一的能源——森林资源——迅速枯竭,土地沙漠化,从而导致古代文明的衰落(屋太一,1999)。西方进入中世纪以后,由于物质的极度匮乏,人们的价值观发生了根本的变化。人们不再崇尚物质享乐,转而追求精神和信仰方面的东西,宗教生活因而在社会生活中占据主导地位,宗教禁欲主义成为新的美学和伦理理想,并构成对物质欲望的禁锢,中世纪也因而被称为"黑暗时代"(屋太一,1999)。

西方的文艺复兴运动在某种意义上就是对中世纪的禁欲主义的一种反抗和逆动。作为矫枉过正,文艺复兴运动大力主张物质欲望是人性的正常体现,倡导对物质和生理欲望进行满足的合法性,推行享乐主义的价值观。可以说,这种价值观为现代消费模式的兴起奠定了某种价值基础。现代消费模式实际上是享乐主义的价值观和人生观在经济和生活领域的实践。而现代化的生产模式或工业化为现代消费模式提供了对象、资料、手段和条件。享乐主义同消费主义结合的产物,就是物质享乐主义或消费享乐主义。

消费享乐主义崇尚物质享受,追求对财富的占有和消费,导致物欲迅速膨胀。但是,物欲的膨胀和满足必须要有相应的财富和消费资料才有可能。也就是说,只有在社会生产力大大提高并形成了一个庞大的资产阶级或中产阶级以后,消费享乐主义才能成为一种较为常见的现象,否则,物质享受就只能是少数特权贵族的专利。工业大生产不仅大大提高了社会创造财富的能力,而且还造就了在特权贵族阶层之外的庞大的资产阶级和中产阶级。消费享乐主义因而不但获得了技术手段的支持,而且也获得了社会阶级基础。

消费享乐主义同技术乐观主义是并存的。人们追求物质享乐,因为他们相信现代生产和技术手段可以源源不断地创造出财富,创造出越来越多的财富。技术可以解决一切需求问题,不断地在人与自然之间实现能量的转换。这种技术乐观主义产生自英国哲学家培根,并在启蒙运动的推动下得到进一步发展。以培根和笛卡儿为代表的技术乐观主义者奉行"征服自然、改造自然"的自然哲学和信条。在他们那里,自然是"女仆",而人类则是"男主人",自然之"女仆"要服从人类之"男主人"的需要,听凭人类"男主人"的征服、改造、驯服甚至"蹂躏"。于是,以现代工业为代表的现代生产模式成为自然的"掠夺者"、"征服者"和"强奸犯"。而对自然的过度"掠夺"和"强奸",导致了生态环境的恶化,反过来降低了现代人的生活质量。但是，技术乐观主义依然支撑着现代消费模式，因为消费享乐主义者相信技术既然可以创造财富，也同样可以解决自身所带来的环境问题和能源问题。例如，人们有理由相信终有一天地球上的石油会被消耗光，但是，现代消费享乐主义者并不愿意因此而放弃使用汽车，因为他们相信，即便石油被用完了，将来的技术也可以找到替代能源，如太阳能电池或空气。

现代生态和环境危机在某种程度上是现代享乐主义的物质消费模式和现代"掠夺式"的物质生产模式双重因素相互作用的结果。也就是说，现代社会在"无节制"的消费享乐主义和技术乐观主义的双重支配下，形成了一种在生态、能源或环境意义上不可持续的生活方式和消费文明。这种消费文明强调人的再生产，却忘记了生态、能源和环境的再生产；强调本代人的再生产，却忽略了子孙后代再生产的环境、能源和生态条件。现代消费文明在纵容人们向自然"掠夺"的同时，也等于怂恿人们向后代进行"掠夺"。因此，这种消费文明在一定意义上是"代际自私"的，是以牺牲后代的生存环境和条件为代价来换取本代人的物质享乐。就横向关系来说，这种消费文明还导致发展中国家替发达国家以及穷人替富人的"不可持续的消费模式"（或物质享乐主义）承担环境和生态代价，从而不但导致消费权益的不平等，而且导致生态与环境权益的不平等（如发达国家将环境污染性产业向发展中国家输出）。在一定的程度上，发达国家在全球环境恶化这一既成事实上欠了不发达国家的账，因此，当发展中国家为了摆脱贫困而滥用或破坏自然资源时，或者当发展中国家向工业化国家迈进的过程中造成工业污染时，发达国家不但应该帮助它们预防环境恶化或治理环境，而且应该扶助贫困国家的经济发展（如免除债务）。

三 "不可持续"消费模式产生的社会、文化和市场机制

消费享乐主义的生活方式在环境、能源与生态意义上潜在地具有"不可持续性"。但是，当这种生活方式还只是少数贵族的特权的时候，这种不可持续性尚未表现出来。只有当消费享乐主义的生活方式成为一种大众的、普遍的生活方式的时候，它才对环境、能源和生态造成现实的压力，它的不可持续性才能充分暴露出来。当然，环境、能源和生态问题与生产模式

有密切的关系。但是，驱动人们不断改进技术和生产模式的动力是人们对财富的追求，尤其是对消费享乐主义所倡导的物质享乐的生活方式的追求。消费享乐主义具有在环境意义上"不可持续"的可能性，而当消费享乐主义导致"大量消费"（mass consumption）模式并因而导致"大量生产"（mass production）模式，特别是掠夺式的生产模式的时候，这种可能性就变成了现实。因此，消费享乐主义是导致环境危机的心理、文化和价值根源。消费享乐主义所导致的环境、能源和生态后果至少包括以下几点：第一，消费享乐主义导致人们在消费模式和生活方式上竞相攀比、竞争与模仿，从而导致抽象的需要能力（want to want）的形成和不断提高。这种抽象的需要能力的提高为日后"大量消费"模式的形成奠定了心理基础。为了满足"大量消费"的需要，"大量生产"模式（工业化）应运而生，使环境、能源和生态承受了巨大的压力。第二，消费享乐主义不但要求"大量消费"，而且导致对消费时尚和流行商品的追逐，而消费时尚则导致商品的社会寿命的大大缩短，人为地提高了商品更新换代的频率，导致大量的能源浪费和废弃物的增加。第三，消费享乐主义导致商品外观的美感分量和符号象征价值的增加，从而导致包装过度与广告成本飙升，造成大量的资源浪费。

享乐主义的消费模式往往是同资本主义的市场机制一起发挥作用的。消费享乐主义的流行离不开市场，而市场也需要消费享乐主义，并借助广告等促销手段煽动大众的消费享乐主义，二者形成了相互依赖的关系。但是，除了市场的因素之外，导致享乐主义消费模式产生的原因还有社会和文化的因素，即围绕消费领域的社会竞争和模仿（消费竞争和模仿）（社会因素）与社会评价标准（文化因素）。我们先来分析社会因素，然后讨论文化因素，最后再来探讨市场因素。

1. 消费竞争与消费模仿

要探讨现代享乐主义消费模式的产生过程，就要探索消费享乐主义从特权贵族向中产阶级以至向全社会大众蔓延的社会机制。由于英国是世界上最早进入工业化的国家，我们就以英国为个案来说明现代享乐主义消费模式的发生过程。

在16世纪末的英国，消费生活发生了显著的变化。伊丽莎白时代的贵族们以前所未有的激情进行豪华的消费。这种戏剧性的变化，不是没有原因的。而其中一个重要的社会原因，就是消费竞争与消费模仿。

有两个因素导致这一时期消费潮流的产生。首先，伊丽莎白一世把消费作为统治的工具。宫廷的仪式性和豪华性消费向人们传递了君主统治的合法性和权威，增添了宫廷和君主权势的神秘性、威严性和不可动摇性。宫廷豪华消费于是成为君主统治的象征，成为一种政治告示和说服（McCracken，1988：11）。伊丽莎白一世又成功地迫使地方贵族为宫廷消费分担费用。为了削弱地方势力，使权力中央化，伊丽莎白一世将全国的资源控制起来，并将这些资源以皇家恩惠的名义再分配给地方贵族。于是，为了获得更多的皇家恩惠，地方贵族们千方百计地讨好女王，以各种手段获取女王的恩宠和注意。而女王则只对那些对她效忠、服从她并积极分担宫廷仪式、庆典和豪华消费费用的贵族施以恩惠。分担这些宫廷消费的成本是巨大的，这就迫使地方贵族更有求于女王手中的资源分配，于是更加依赖女王、效忠女王。因此，在伊丽莎白一世那里，消费成为一种政治统治的工具（McCracken，1988：11—12）。

其次，伊丽莎白时代的地方贵族之间的消费竞争是引发消费热潮的第二个原因。由于在功能上更加依赖于女王，地方贵族们不但争相为女王的宫廷消费分担费用，而且彼此之间还进行互不相让的消费竞争和攀比，在自己身上进行豪华的消费投资，以获取女王的注意，博取名誉和社会地位，搞好与王室的关系。其后果就是消费标准的节节攀升（McCracken，1988：12）。于是，地方贵族们的消费模式逐渐同他们所居住的地方的消费模式发生了分化，拉开了距离。因此，这些地方贵族又成为当地其他群体的"参照群体"，成为当地其他群体争相模仿的对象。这种社会模仿导致地方贵族的消费模式的逐渐普及。地方贵族成为当地消费生活的意见领袖和趣味"立法者"。于是，地方贵族的消费趣味和倾向为其他阶层所接受，他们的消费模式逐渐为其他阶层所采纳（McCracken，1988：14—15）。在这场消费游戏中，女王、地方贵族和地方中产阶层成为建构消费的三方。他们的互动使地方贵族的消费模式得以不断地得到建构。

到了18世纪，英国又发生了新一轮的消费"革命"。麦肯德里克因此称18世纪的英国意味着"消费社会"的诞生（McKendrick et. al, 1982：3）。导致这场消费革命的动力仍然在于围绕消费所展开的社会竞争，即消费竞争。但是，与16世纪相比，这一时期的消费竞争的特征发生了变化。首先，16世纪的消费竞争的主体主要是家族，消费竞争的目的是为了维护家族的地位和名誉。到了18世纪，消费竞争的主体变成了个人，消费竞争的目的则是为了个人的地位和名誉。其次，16世纪的消费竞争的动力主要来自政治,而18世纪的消费竞争的动力则主要来自文化与市场,其表现形式就是对时尚的追逐和竞争。而时尚的制造者不仅仅是贵族,市场也参与到时尚的制造中来。时尚的流行性和短暂性加速了商品的更替,源源不断地创造了对"新"产品的消费需求。时尚的大众参与性导致西方历史上的首个"大量消费"时期出现(McCracken,1988:21)。

到了19世纪,贵族式的消费模式逐渐为大众消费模式所取代。这并不是说贵族消费模式消失了,而是说,贵族的消费享乐主义普及了,以至于不再成为贵族的专利,而是成为包括资产阶级、中产阶级和小资产阶级在内的社会阶层的追求。许多消费品不再是贵族私人消费的特权,而成为市场上可以购买得到的商品。在这个时期,名厨们不再留在贵族式酒店,而是流向了餐馆;裁缝们不再只为贵族量体裁衣,而是开起自己的商店。对豪华商品的消费不再是贵族的私人消费,而成为大众式消费(McCracken,1988:23)。而百货商店的出现,则不但意味着资产阶级的价值获得了物质的表现(Miller,1981:180),而且也标志着大众消费在规模和质量上都进入了前所未有的阶段。

到了20世纪,消费享乐主义进一步平民化(democratized)了。特别是在第二次世界大战之后,社会生产力水平的迅速提高,技术的迅猛发展以及新的产品源源不断地出现,导致登峰造极的消费革命。这次消费革命不仅表现在消费品的数量和质量上,而且更主要表现在消费享乐主义的广泛性和普及性上。如果说在20世纪以前工人阶级是被排除在大众消费的圈子之外的话,那么,在20世纪,西方工人阶级在消费模式上也逐渐"资产阶级化了",他们也模仿、采纳和享受了资产阶级的物质消费模式。

从上面对英国消费社会史的回顾我们可以发现,英国的消费模式经历了从精英消费到大众消费的转型,即从贵族到中产阶级再到大众的消费模式的转变。原来特权式的消费模式逐渐转变为平民式和大众式的消费模式。而导致这一转型的原因除了技术和市场的因素以外,还包括社会因素,既围绕消费而展开的社会竞争和社会模仿。这种竞争和模仿在不同的时代有不同的形式和含义,但都是围绕社会地位、社会权力和社会象征(名誉、身份等)而展开的。消费竞争与消费模仿因而导致原来仅仅为贵族所特有的消费享乐主义不断突破贵族特权的范围而成为一种大众现象。

贵族式的消费模式是以享乐主义和象征主义为特征的,因而在质和量上都要以豪华和奢侈为特征,以便拉开同其他社会阶层的距离。但是,消费竞争和模仿却意味着这种"距离"只能是短暂的。因此，消费竞争和模仿成为现代消费模式进化和演变的社会动力以及消费享乐主义普及化的社会机制（Schor，1998）。与此同时，技术的进步又使这种消费模仿和消费模式的普及成为可能。

但是，这种享乐主义的物质消费模式却往往是在生态意义上"不可持续的"。当消费享乐主义还只是少数贵族的特权的时候，这种生态意义上的"不可持续性"还处于潜在阶段，还表现得不明显。然而，一旦这种享乐主义的物质消费模式普及为大众消费模式，并因而需要借助现代工业生产体系才能维持的时候，这种享乐主义的物质消费模式的"不可持续性"就暴露无遗了。

因此，消费模式所导致的生态和环境危机并不仅仅是由技术性和生产性原因引起的，而且在一定程度上也是由社会原因引起的。我们看到，现代性的历程在某种意义上实际上是消费民主化和平民化的进程。而这种消费的民主化和平民化是以现代工业和技术为物质基础的。为了维护大众性的物质消费需求，现代工业和技术专注于源源不断地创造财富，源源不断地向自然界进行"掠夺"，同时也源源不断地制造环境危机。平民化的消费享乐主义迫使经济体系不断地向自然界"透支"，而"自利的"的生产商和消费者却不愿为维持和支撑这种物质消费模式所造成的环境、能源和生态后果付出必要的代价。其结果是，人们在对自然界进行"掠夺"和"蹂躏"的同时，也是在生态的意义上进行"集体慢性自杀"和对后代的"集体隐性谋杀"。一句话，现代性在技术上取得了骄人的成就，但是，在生态意义上它是失败的，或至少是不那么成功的。而围绕消费所展开的享乐主义和象征主义的社会竞争与模仿则是导致这种失败的社会学方面的原因。要使我们的经济发展成为可持续的，最根本的在于要使我们的物质生活方式或消费模式成为可持续的。也就是说，要改变社会竞争和模仿的规则，也就是说，社会的奖惩体系不应当鼓励对物质的消费越多越好的观念和行为。物质消费模式的转变是社会互动和社会建构的产物，因此，消费模式的不可持续性问题的解决，除了从经济政策等方面着手外，也有赖于从社会学方面进行诊断，制定有效的社会和文化政策。

2. 评价标准

任何社会都有一套对个人行为的社会评价标准。这一套标准就是以文化所接受和界定的行为目标作为个人行为的评价体系和道德奖惩标准。当个人的行为符合社会的评价标准的时候，个人就会得到道德上肯定的评价，获得名誉和面子，并在社会交往中被接受和受到欢迎。反过来，当个人的行为偏离了社会的评价标准的时候，个人就会背上"污名"，被人蔑视，并在社会交往中被人拒绝。

社会评价标准的确立，反映了一个社会和一个时代的"集体意识"（Durkheim，1982）。以美国为例，社会所确立的对个人的评价标准是"个人成功"，而"个人成功"的标志是物质财富。这种评价体系是美国的个人主义原则和竞争精神的"集体意识"的反映。"成功"（评价标准）与物质消费的这种内在联系，使人们对物质财富产生了无节制的追求，形成了"高消费"的动机，使整个社会成为"消费社会"。

社会和文化对物质消费的积极鼓励，使消费主义和物质主义成为支配人们日常思维的主导意识形态。但是，这种全民性的消费主义和物质主义的消费模式却使环境、能源和生态承受了巨大的压力。仍以美国为例，美国人均能源消费量相当于世界人均水平的4倍多，占世界不到5%的美国人口却消耗了34%的世界能源。每个美国人每天消耗资源55公斤。高消耗带来了废弃物的高排放。据1997年的一项调查，美国每年排放二氧化碳约5.23亿吨，占世界总量的1/4；人均排放二氧化碳约20吨（中国为2.51吨），为世界人均水平的5倍。美国每年产生有毒垃圾约2.15亿吨，其中有上千万吨被输出到经济落后的国家。如果全世界都按美国的标准来消费，那么，就还需要9个大气层才能安全地吸收温室气体，还缺少3个地球的生产用地（参见欧阳志远，2000：331）。

3. 市场理性

上面说过，以享乐主义为宗旨的物质消费模式潜在地"不可持续"。但是，在增加一定的生产成本的基础上，这种消费模式所导致的环境和生态后果可以在一定范围内得到治理或预防。然而，在不存在外部规制和强制措施的条件下，消费者和企业都不愿意支付这一额外成本，因为他们均遵循市场理性的行动机制。所谓市场理性，就是在市场交易中所遵循的以最小的支出获得最大收益的行动准则。市场理性也就是工具理性和个体理性。作为工具理性，市场理性只考虑以最小的代价来达到既定的目标。作为个体理性，市场理性只追求那些最符合自己的个体利益同时为之付出的代价最小的目标，至于这个目标是否客观上有损于社会整体的利益（外部不经济），只要"外部不经济"的后果不会导致来自外部的惩罚或受罚的概率很小，个体对此是不予考虑的。市场理性因而是一种局部理性。也就是说，对个人、团体或组织是理性的，对社会整体却可能并常常是不理性的。因此，在不受规制和制约的范围内，市场理性有可能并事实上常常导致整体的无理性。

在市场竞争的环境下，企业往往遵循市场理性来进行运作，即以最小的成本和代价来制造和生产既定质量和数量的产品。即便生产这种产品会对环境和生态造成损害，在没有外部规制或违规后受罚的几率较低、违规成本较小的条件下，企业便会置公共的环境利益于不顾。外部竞争的市场环境也迫使它以较低的价格来吸引消费者，以较低的成本来谋取利润，而不愿为治理环境支付额外的成本。在理论上，受市场理性支配的消费者在购物时也往往以最低的价格购进最大效用的商品，而不会自觉挑选那些价格较高但为环境治理支付较高成本的企业的商品。

可见，在环境和生态质量的保持方面，市场是失效的。在理想的自由经济条件下，遵循市场理性，企业和消费者行为往往对环境和生态造成负面后果。因此，为了克服市场理性的局部性和个体性，政府有必要担当"整体理性"的代理人角色，从社会的整体和长远角度出发，制定相应的政策来规范企业（如禁止不经处理排污水）和消费者（如禁食国家保护动物、禁止使用用野生保护动物的皮制作的皮制品）的行为，同时，通过征收相应的环境税来综合治理环境，把环境和生态质量作为公共产品来进行生产和再生产。

如果说市场理性所导致的直接的环境后果引起了政府和公众的反应和行动的话，那么，市场理性所导致的间接的环境后果则还不为政府和公众所注意。市场理性所导致的间接的环境后果主要体现在市场对消费者欲望以及消费主义的操纵和怂恿上面。上面说过，消费竞争和模仿是消费享乐主义普及化的社会机制，但这只是其中之一，另一个机制则是市场。生产的实现，取决于有没有市场。因此，消费者的消费欲望和需要成为厂家和商家操纵和作用的对象。在这个意义上，市场营销实质上就是"欲望工程"。它借助广告等各种营销手段，吸引消费者对产品的注意力，挑起消费者的购买欲望和消费激情，怂恿享乐主义的物质生活方式和消费模式的流行。在外部规制环境不健全的条件下，市场营销关注的问题是怎样对企业或公司有利，而不是怎样对社会有利。至于消费主义是否会带来消极的环境和生态后果，是厂家和商家所不愿关注的或关注较少的。因此，在这个意义上，市场理性在局部上是理性的，但从社会整体的角度来看则往往可能是无理性的。

四 环境问题的全球化与后消费主义

可持续发展问题的解决，不仅仅是技术和生产模式的问题（这些问题显然是重要的），而且也是消费模式和生活方式的问题。可持续发展问题的解决，在很大程度上仰仗可持续消费模式问题的解决。以消费享乐主义为特征的物质消费模式，常常是在环境、能源和生态意义上不可持续的，而消费享乐主义的最大发源地，则是发达国家。所以，如何在全球范围内坚持可持续发展的道路，从源头上对不适当的消费模式进行脱胎换骨的改造是一个重要的出路。但是，这还只是问题的一面；问题的另外一面是，环境问题的解决是一个全球性问题，需要一个公正的国际环境。

对发展中国家来说，其经济发展遇到了一个两难问题：是先发展经济然后才来治理环境，还是边发展经济边治理环境？对此各方争论不休，莫衷一是。发达国家在过去的一个世纪里走的是第一条道路。而发展中国家也有重走这条老路的冲动，但是却常常受到各种牵制，包括来自国际上发达国家的压力与国内绿色和平组织和大众的抗议，因而这条老路似乎也走不通了。但是，治理环境需要一笔庞大的"额外"费用，它在一定程度上会降低发展中国家企业的竞争力，并拖经济发展的后腿。更为重要的是，许多发展中国家由于贫穷的原因，无力担负这一环境治理的成本，为了维持老百姓的生计而不得不从事污染性生产，听任环境的恶化。同时，一些发达国家迫于国内的压力，以"援助"、"合作"的名义向发展中国家输出污染项目（如铅的冶炼，纸浆的生产，等等）（欧阳志远，2000：150～151），而发展中国家为了发展经济，在接受投资的同时也在接受污染进口。同时，为了争取这些投资项目，发展中国家还降低环境治理的标准，听任这些污染性企业对环境造成破坏。因此，尽管环境问题已经是一个不分国界的全球性问题，但发展中国家事实上还是首当其冲。它们不但需要吞下由发达国家在过去一个世纪里造成的全球环境危机的既成恶果，而且在发展过程中还要在某种程度上为发达国家的不可持续的生活方式支付额外的环境成本（如向发达国家出口的某些产品导致生态的破坏、不可再生能源的过度消耗或产品在制造过程中导致高污染）。有些发展中国家为了获得资金甚至不惜进口发达国家的核废料或有害垃圾。此外,发达国家还是一些不可再生能源(如石油)的主要消耗者。因此,在某种意义上,一些发达国家成了不折不扣的环境帝国主义者。当然,不可否认,发展中国家的环境恶化同当地某些人的贫穷和愚昧也有某种联系。例如,他们为了生存,不惜杀鸡取卵、竭泽而渔,破坏环境(如大肆砍伐森林、捕杀国家保护动物)。因此,治贫也是解决环境问题的重要措施。但是,发展中国家的贫困在一定程度上也是不公正的国际经济秩序的产物。因此,可持续发展问题必须从全球的角度来看才能获得充分的意义。

从全球的角度来看,我们讨论可持续发展的问题就不能不联系到可持续消费模式问题,尤其是发达国家的可持续消费模式问题。例如,发达国家的私人小汽车消费的普及,成为世界石油的最大消耗者和大气的最大污染者之一。发达国家不可持续的高消费的物质生活方式,是全球环境、能源和生态危机的主要根源之一。发达国家不但自己实行一套高消费模式,而且还通过文化输出(如好莱坞电影)和跨国公司将消费主义的意识形态推广到发展中国家,使消费享乐主义不断地向全球蔓延(黄平,1997)。为了追逐这种消费享乐主义,发展中国家也卷入了对不可持续的物质消费模式的实践。例如,许多发展中国家模仿发达国家将普及私人小汽车作为经济发展的支柱,发达国家的高消费群体也成为发展中国家的"参照群体",发展中国家的居民常常以效仿发达国家居民的生活方式为荣,追逐消费享乐主义,并因此放弃了自己传统的消费模式,从而也跟着走上了不可持续消费的不归路。

对于来自发达国家(即消费社会)和本国的消费享乐主义,发展中国家的态度是"好恶交织"、"喜厌参半"。一方面,消费享乐主义创造了市场需求,有利于经济的增长。对于以出口为导向的发展中国家来说,发达国家经济衰退、需求不旺导致出口不畅的时候,也就是这些发展中国家的经济和社会陷入窘境的时候:经济增长下滑、失业率上升、犯罪率提高、社会矛盾加剧等。因此,发达国家在消费需求上的"咳嗽",立即就会导致这些发展中国家的"感冒"。另一方面,以消费享乐主义为特征的物质消费模式常常直接或间接地导致负面的环境和生态后果。为了出口或满足国内的消费享乐主义需求,发展中国家的企业或居民常常以牺牲环境和生态为代价来进行生产。更为重要的是,发展中国家在发展过程中,承接了发达国家向第三世界转移的制造业,特别是污染性产业,从而在全球分工体系中分摊了大部分污染性产业。因此，发达国家与发展中国家的分工体系在环境污染的分配上是不公平的。

西方发达国家的消费文明曾经对历史做出过贡献，但是，它越来越显得与环境不和谐。改变这种不可持续的消费文明，并不是要人为地降低生活水平，而是要改变不适当的享乐主义的生活方式。例如，以高速、快捷和舒适的以电为动力的公共交通取代以汽油为动力的私人汽车，就是一种后消费主义的生活方式。这种方式并不降低人们的生活水准，而是使人们适当地放弃消费个人主义以便更能与环境和谐相处。建设可持续的生活方式，不但是发达国家的任务，而且也是发展中国家的当务之急。发展中国家理应反思自己的发展道路，避免走发达国家走过的弯路，更不可盲目模仿发达国家的生活方式，而是要建立一套适合自己国情的、在环境与生态意义上可持续的生活方式。为了建立和普及这样的生活方式，有必要从社会机制上建立一套新的行为奖惩模式，避免消费上的盲目攀比和炫耀之风，并大力倡导精神文化消费；同时从产业政策上大力扶持绿色环保产品的开发和普及，鼓励回收废品的良好习惯。对于可持续发展的政策，学者们已经提出很多建议，现在的问题是如何落实到居民、企业和政府的实际行动上，变成人们生活方式的一部分。当可持续消费成为人们生活方式的一个内在部分的时候，可持续发展问题的解决也就为期不远了。

第十四章
消费者权益问题

消费不但是个体或家庭满足生活需要的功能性过程，而且也是一种"社会关系"。一方面，消费体现了消费者之间的关系，如家庭成员之间、朋友之间和社区成员之间在消费选择和决策上的互动与相互影响的关系，以及消费在维持和创造社会关系中的作用；另一方面，消费又体现了消费者与生产经营者之间的交换和互动关系。这种关系不但是功能互赖关系（交换与互惠），而且也是利益协商和争夺的互动关系。消费者和生产经营者都为着自己的利益而同对方进行协商和竞争。消费者权益问题就是在消费者和生产经营者的关系中所产生出来的不利于或有损于消费者法定的利益（即权益）的现象。以往对消费者权益及其保护问题，从经济学、管理学或法学角度出发进行讨论的居多，从社会学角度所做的研究则较少。本章的任务就是对消费者权益及其保护问题所涉及的社会学问题进行分析。

一 交易关系中的消费者弱势

在市场经济条件下，消费者与生产经营者结成了交易关系，即以市场为媒介的交易关系。这种市场交易有几个特点：第一，它是一种形式上的平等交易。买方和卖方自由进行交易，交易的成功是基于双方的自愿，而非强制。一方不能强制另外一方进行对方不愿意的交易。因此，市场交易具有形式上的平等性，双方遵守一种彼此共同接受的平等、自愿的交易规则。第二，它是一种普遍交易。在市场理性支配的"理想"条件下，买方和卖方只根据交易的成本和收益来决定是否进行交易，而不是根据对方的个人特征（性别、年龄、外表、口音等）来决定交易的取舍。因此，消费者与生产经营者之间的交易常常是在陌生人之间进行的，在"理想市场条件"下不存在交易歧视。第三，它是一种非人格交易（汪和建，1999：266～280）。在市场理性支配的理想条件下，消费者与生产经营者之间的交易排除了道德和情感等非理性因素，遵循博弈的游戏规则，最大限度地减少交易支出以达到最大的交易收益。因此，在双方都有利可图的情况下，交易双方往往不因道德和情感因素而放弃交易。而交易的中断往往是因为交易的获益并不是最大化的（即在同等的交易成本的情况下，与其他人交易可以带来更大的收益），而不是因为道德或情感等非理性因素在作祟。第四，消费者与生产经营者之间的交易是一种契约交易。维持双方交易秩序的约束力量主要不是道德因素而是法律条文。双方是在这种法律的约束下进行平等交易的。一方的违约将导致另一方诉诸法律手段来解决争端。

既然消费者和生产经营者之间是一种平等的、往往有法律保障的交易关系，那么，消费者弱势是从何说起的呢？事实上，在上面所说的消费者与生产经营者之间的非人格化的交易特点时，已经潜在地决定了消费者的交易弱势。非人格化交易说明生产经营者和消费者双方都可能摈弃道德的约束，唯利是图，钻法律的空子，甚至在违约受罚的概率较小，或违约受罚的成本小于遵约所带来的收益的条件下，故意选择违约（汪和建，1999：278）。但是，在交易过程中，往往是生产经营者具备能力和条件来侵占消费者的利益，坑害消费者；而消费者则往往不具备同等的能力和条件来减损或坑害生产经营者的利益。因此，非人格化交易已经隐含了消费者处于弱势地位的可能，而在具备某些其他条件的情况下，这种可能便变成了现实。笔者将这些条件列示如下。

第一，交易双方对信息的占有不对称（王云川，1998：50；王旭，1997：27；赵宝库，1996：18；贾履让等，1994：55）。在消费者和生产经营者对信息的占有对称的条件下，双方特别是消费者可以按照理性原则充分地评估交易支付的成本和效用收益。一旦发现交易有损于自己的利益，或是发现有更好的其他交易对象，消费者就会终止交易，避免利益的损失。这种终止交易的自由和权利体现了市场交易的一种形式上的平等关系。但是，由于社会的高度分工、职业的高度专业化和产品的日益复杂化和技术化，消费者并不能完全占有、了解和理解商品的信息（如成本、性能、规格以及是否适合自己的需求等),从而在交易关系中处于信息弱势地位。这种信息弱势使得消费者不能充分发挥自己的理性判断能力,无法对交易的成本和收益做出充分清醒的估计。这种交易关系中的消费者信息弱势就使得生产经营者有机可乘,并在"纯粹的"市场理性的支配下,隐瞒商品生产和经营的全部或部分信息,利用自己的信息和专业优势与消费者的信息盲点,故意制造和公布虚假或歪曲事实的信息(如以次充好、价格欺诈、品牌欺诈、产品性能信息欺诈、产品度量衡信息欺诈等),从而在与消费者进行的交易中减损消费者的利益,扩大自己的交易收益。交易关系中的信息不均衡结构造成了消费者在客观上处于弱势地位,容易被欺诈而利益受损。

第二,交易双方的组织化程度的不对称。消费者是分散的、个体化的交易主体(王云川,1998:49),而生产经营者则是高度组织化的交易主体。上面说过,调节消费者与生产经营者之间的交易关系的因素不是道德而是法律。但是,作为分散的消费者个体,一旦在交易完成之后发现自己受骗上当、权益受损,往往没有时间、精力和能力与高度组织化的生产经营者进行法律抗争,无力承担法律诉讼的时间和经济成本,造成"寻求补偿能力的不足"(王云川,1998:50)。如果交易损失在可以承受的心理范围内,那么在"寻求补偿"和"忍受交易损失"之间,消费者往往"理性地"选择后者,因为进行法律诉讼等寻求补偿的行为意味着额外的时间、精力和金钱的支出,如果寻求补偿的成本大于所受的损失,那么,其结果就是得不偿失。即使消费者赢得了与其所受的损失相等量的补偿,从为之所付出的大量成本来看,消费者的损失也依然没有得到补偿(王云川,1998:51)。这种组织化程度的不对称常常使得生产经营者有机可乘,甚至有恃无恐,从而有可能在与消费者的交易中以减损消费者的利益为代价来达到增加自己的利益的目的。

第三,市场监控体系的不完善。在消费者和生产经营者不对称的交易关系中,如果没有专门的机构来代表消费者的利益,对消费者进行消费教育(弥补信息不对称的劣势),对生产经营者进行监督(弥补消费者组织化程度不高的劣势),那么,交易关系中的消费者"信息弱势"和"组织弱势"就可能导致消费者利益受损。即便生产经营者受到专门机构的监督和控制,但是,在市场监控环境不完善与监控的力量和技术条件有限的情况下,生产经营者"违法经营"受罚的预期风险小于"违法经营"获益的机会成本，或是即便被发现后，受罚的成本也较低，可以通过以后继续违法经营而迅速得到补偿，一些生产经营者常常会"理性地"选择违反法律，通过损害消费者的利益来达到增加交易收益的目的。

第四，市场法律体系的不完善。上述条件均假定了完善的市场法律体系的存在。但是，在市场经济发展的早期阶段，与市场相配套的用于维持交易秩序的法律体系未必是健全的。现存的法律条文也有一些漏洞，存在法律规定不完善、实际执行困难与处罚和赔偿力度不够等问题（冯中锋，1997）。在这种情况下，消费者在与生产经营者进行交易时的潜在劣势必然会变成现实。

第五，在垄断经营的条件下，消费者也明显地处于交易劣势。生产经营者可以制定不平等的交易条件，并迫使消费者接受这种强加的不平等条件（如中国电信业中的"手机双向收费"等做法，就是在垄断情况下强迫消费者接受不平等的交易条件），从而侵占消费者的利益。此外，比起在买方市场条件下，在卖方市场条件下消费者的交易劣势更为明显。但是，即便在买方市场条件下，由于上述原因，消费者仍然处于交易劣势。

历史证明，凡是实行市场经济的地方，都会不同程度地存在生产经营者损害消费者权益的情况。这是由客观上的消费者交易弱势和市场交易的非人格化造成的，是一种难以避免的现象。发达国家如此，中国更不例外。自从中国实行市场经济以来，"假冒伪劣"产品泛滥，坑害消费者的事件屡屡发生，消费风险大大增加，使消费者防不胜防。"假冒伪劣"成为长在中国市场经济肌体上的一个恶瘤，严重破坏了交易秩序和社会公共秩序，令消费者和秉公守法的企业深恶痛绝。

生产经营者损害消费者权益的情况包括以下几个方面：①交易欺诈（以次充好，以劣充优，假冒名牌或其他品牌，短斤少两，偷工减料，价格欺骗，以不正当手段如回扣等推销劣质产品，欺骗性的有奖销售，等等）。②产品质量与安全问题（产品质量低下，明知产品有害消费者人身健康和安全而从事生产和销售，置《食品卫生法》、《产品质量法》等法律于不顾，因施工质量问题导致房屋、桥梁坍塌，因食品或药品质量、添加剂过量、农药残留过量等问题而导致消费者死亡、残废或生病，因疏忽而导致医疗事故，因超载或拖延维修而导致交通或沉船事故，等等）。③在促销和产品标示方面发布虚假信息和广告，误导甚至欺骗消费者（进行欺骗性广告宣传，标示夸大产品功用，或隐瞒事实真相如生产日期或有效期，等等)。④生产经营者不履行事先的服务承诺,从事欺骗性经营(如对保修期内产品的维修采取推诿和拖延的手段,旅行社不履行事先的旅游安排承诺,等等)。⑤生产经营者在垄断或其他情况下强迫消费者接受不公平的交易条约(如现阶段国内电信部门的收费制度,导游或司机为吃回扣强迫游客到自己约定的商店买礼物或餐馆就餐,等等)。⑥在生产经营过程中对公共环境和生态造成破坏(如未经处理将废水排入河流,造成河流污染),从而损害了消费者的生活环境,并间接地损害了消费者的身体健康(如河流的污染导致海产品含有对人体有害的毒素)。

在此,也有必要指出,在某种条件下,消费者尤其是低收入的消费者群体的购买力低下和对价格的敏感在客观上为"假冒伪劣"产品的流行起了"同谋合作"的作用。例如,仿冒的名牌产品比真正的名牌产品(如服装)在成本和价格上都要低得多,容易吸引低收入的消费者。有些消费者明明知道是假冒的名牌,但因为价格的原因和以假冒名牌替代真正名牌的心理,也促使他们乐意购买假冒产品,从而客观上为某些假冒产品创造了市场,并同制假售假者一道参与对真正的名牌产品企业的"社会盗取"。在这种情况下,名牌产品企业是真正的不正当竞争的受害者。"盗版"光碟现象也是同样道理。但是,在许多情况下,假冒名牌是以真名牌的身份和价格出售的,在这种情况下,消费者和名牌产品企业双方都是受害者。至于那些对人身健康和安全构成威胁的伪劣产品,更使消费者处于受害的地位。因此,正如我们在前面说过的,在大部分情况下,消费者在与生产经营者进行交易时,是处于弱势地位的,往往容易成为受害者。

二 消费者权益受损现象的宏观社会学分析

"假冒伪劣"产品损害消费者利益的现象同不完善的市场经济有某种内在的联系,这一点可以从中国在实行市场经济以前和以后的"假冒伪劣"现象的严重程度的对比看出来。但是,在那些同样实行市场经济的国家,"假冒伪劣"现象的严重和泛滥程度是不一样的。之所以如此,至少有两个原因:第一,这些国家的市场体系,包括市场监控体制和法律体系以及市场的政治环境的完善程度不同;第二,这些国家的生产经营者的"自律"程度不同。市场和市场环境的完善同社会结构和市场本身的进化与"精致化"(elaboration)程度有关,而企业的"自律"既同市场进化程度有关，也同一个国家和民族整体的法律意识和道德水平有关。在市场交易的理想条件下，我们可以说市场交易是非人格化的。但是，在现实中，市场交易还是受到一个国家或地区民众整体的守法意识和道德水平的制约，至少是受到一定的"道德底线"的制约。可见，单是从经济与道德不可分割的事实来看，对于"假冒伪劣"等交易失序现象，不能仅仅停留于上述微观经济学的解释，还必须从宏观社会学的角度进行分析。下面将分别就"假冒伪劣"经营现象所涉及的政治、经济和道德层面进行宏观社会学的剖析。

1. 地方利益主体性与地方保护主义

在中国实行市场经济以来"假冒伪劣"产品的泛滥中，地方保护主义扮演了非常"不光彩"的角色。也就是说，在一定的程度上，地方保护主义充当了"假冒伪劣"产品的"保护伞"（柳思维，1996；徐淳厚，1997）。根据柳思维（1996）和徐淳厚（1997）的观察，在20世纪90年代，地方保护主义充当"假冒伪劣"产品的保护伞表现在下面几个方面：第一，为了本地区和本部门的利益，增加本地产值，扩大就业门路，开辟财源，增加税收，地方保护主义姑息甚至纵容本地区的"假冒伪劣"产品的生产、加工、制造和销售活动。第二，用行政力量推销"假冒伪劣"产品，保护伪劣产品市场。第三，对来自上级或相关部门的清查"假冒伪劣"产品的活动设置障碍，袒护本地制假售假的违法分子。本地工商行政管理部门、技术监督部门处于瘫痪状态，无法开展工作。

为什么地方保护主义要为"假冒伪劣"产品的生产提供保护屏障呢？这显然同社会转型期利益格局的调整有密切的关系。在计划经济时期，权力高度集中，国民财富的再分配也高度集中在上级权力机关的手里。因此，地方的利益主体性还不明显，地方保护主义难以形成气候。在那个时期，产品的质量问题主要是技术和管理因素造成的，而不是社会因素造成的。自改革开放以来，中央逐步向地方下放权力和地方自主性的增强，导致地方的利益主体性开始形成。地方的财政收入和就业等问题同本地的经济发展息息相关。然而，在许多地方，由于缺乏资金、技术、资源和人才，难以同经济较发达地区进行竞争，于是，这些地方的企业便采取生产、加工和制造"假冒伪劣"产品的手段，以不正当的手段来进行竞争，在客观上扰乱了市场经济的秩序。而地方政府为了地方利益，对此采取了姑息或纵容的态度。

地方保护主义一方面同全国还未充分实现市场一体化以及市场竞争的充分化有关（这一点我们留到下面来讨论），另一方面也说明随着社会转型，中央对地方政府官员的行为奖惩模式发生了变化。在计划经济时代，地方政府官员升迁的考核标准主要是政治上的忠诚（是否忠实地贯彻上级的意图）。在现阶段，地方官员的人事考核和升迁除了政治忠诚因素以外，主要是以政绩作为考核标准。而政绩的主要参考依据是地方经济的产值等数量方面的经济指标，至于地方是否存在"假冒伪劣"产品问题，则由于地方的隐瞒没能被列入政绩考核指标。这种政治行为奖惩模式的转变，客观上助长了地方政府只顾本地经济产值等数量方面的指标，全然不顾地方企业所生产、加工和制造的产品是否"假冒伪劣"，或明知如此也放任自流。因此，地方"假冒伪劣"产品的生产和流通与对地方政治行为的奖惩模式有一定的联系。

不仅如此，地方政府和官员的利益同地方的利益也紧紧地绑在了一起。例如，地方经济发展不好，地方财政就吃紧，地方政府就无法获得必要的资源来维持正常运转，政绩的建立也只能是心有余而力不足，有些贫困地方甚至连公职人员的工资都发不出来。地方政府与地方整体的"利益共同性"，使得地方政府为了本地的经济利益而姑息甚至保护本地"假冒伪劣"产品的生产，甚至为这些产品的销售提供市场保护。

地方利益主体性的形成使地方以一个完整的市场竞争者身份出现在市场上。在竞争处于劣势的情况下，地方竞争者就可能选择不正当的竞争手段来扭转竞争劣势，不但以假冒名牌等投机取巧的手段掠夺其他地区名牌企业的利益（并同时间接地掠夺消费者的利益），而且以低成本的伪劣产品来欺骗和坑害消费者，直接掠夺消费者的利益。当地方企业最直接的监督者——地方职能部门——在受到地方保护主义者的行政干扰而无法对本地企业的"假冒伪劣"生产和销售行使监督的职能时，"假冒伪劣"产品的泛滥也就不奇怪了。因此，从宏观的角度看，"假冒伪劣"产品的泛滥同政治系统的局部功能丧失有直接的关系。

2. 市场进化与阶段性市场失序现象

经济学家们往往将"假冒伪劣"产品的盛行看作是市场经济早期共有的一种阶段性市场失序现象（秦军，1997），是市场经济诞生的一种必要的"阵痛"。随着市场经济的进一步发展，"假冒伪劣"现象会逐渐消失。之所以如此，是因为在市场体制比较完善的条件下，采用欺骗性的生产经营方式已经不"合算"了。同时,对于那些经过原始的交易欺诈和掠夺而获得资本的企业来说,也有了"金盆洗手"、步入主流社会和正常经营的社会欲望。

秦军(1997)归纳出了导致市场经济早期阶段"假冒伪劣"产品盛行的几个原因:第一,资金的高度匮乏和技术的低下。在白手起家、资金和技术条件不足的情况下所生产的产品往往是质量低劣的,要把这种产品推销出去,只能采取不正当的竞争手段,或者假冒名牌产品的商标,或者采用给进货人员大量"回扣"或"贿赂"的推销方式,或者采取欺骗性广告宣传的手法。这也就是为什么"假冒伪劣"产品大多出自经济不发达地区,尤其是出自乡镇企业的原因。第二,致富欲望突然间变得强烈。在计划经济时代,消费资料平均分配,大家一起过清贫生活,安于现状。从计划经济过渡到市场经济后,平均主义被打破,个人和地方的致富靠自己的本事和奋斗。在致富欲望的强烈驱动下,有些人或企业就会不择手段,生产"假冒伪劣"产品。第三,竞争的不充分。由于市场发育不健全,竞争不充分,使"假冒伪劣"产品的生产和销售有了可乘之机。第四,经济生活呈现一种明显的短期化特征,信誉观念普遍低下。第五,法制不健全。

从宏观社会学角度来看,"假冒伪劣"现象的盛行是一种"社会事实",往往同市场经济不发达、社会还处在转型阶段有关,因此在很大的程度上是市场进化不成熟的产物。市场经济的正常运行要求有一个完善的市场体系,包括市场监控体系和法律体系。在市场经济的早期阶段,由于经验的缺乏,这些体系还不可能一下子就完善起来,需要人们在市场交易实践的基础上逐步总结经验、吸取教训,逐步将其完善。因此,在市场发育不健全的情况下,还存在许多法律上的盲点和市场监控的盲区,同时,随着人们的交易实践摆脱了传统道德的奖惩模式的束缚,"假冒伪劣"等各种不正当的生产经营方式便获得了广泛的生存空间。这种生存空间是指,在市场监控体系和法律体系不健全的情况下,从事"假冒伪劣"等欺诈性经营活动受罚的风险较低,而成功获益的机会却较高。这也就是为什么"假冒伪劣"现象屡禁不止的原因。不仅如此,在市场体系不完善的阶段,尽管有关政府部门采取一定的行政手段来加大"打假"的力度,从事"假冒伪劣"产品生产的经营者也同样会不断总结经验,增强"抗打"能力,制假售假的手段隐蔽、复杂和多变,使"打假"难度增加,"打假"成本加大。而地方保护主义的暗中作梗、通风报信,更使制假售假者可以从容应对,即便"遭打",还可以"卷土重来"。

但是，一旦市场体系进化到较为成熟的阶段，如在市场经济发达的北美和日本等国，"假冒伪劣"现象就较少见到。为什么会出现这种情况呢？其中一个根本原因，就是市场体系和市场环境的进化达到了高级阶段，市场监控体系、市场法律体系和市场竞争体系都已经完善化和精致化了。在这种市场进化的高级阶段，从事"假冒伪劣"产品的生产、加工和销售的风险比起在市场进化的初级阶段来要大很多。在市场监控体系和法律体系完备的情况下，不仅"假冒伪劣"产品的生产和销售被发现和识别的概率增加，而且制假售假者的经营行为一旦被发现，将给制假售假者在经济上和信誉上带来灭顶之灾。同时，商品的竞争也趋于饱和，商品的质量和配套的服务越来越受到重视，企业越来越注重长期性行为，靠"假冒伪劣"等欺诈性、短期化经营手段已经较难获得生存空间。

市场环境的改善和市场体系的完善还只是企业经营行为的"他律"环境。在这种环境下，企业"理性"地选择合法经营和长期性经营行为，放弃"假冒伪劣"等短期性和不正当经营手段，因为这些手段的高风险代价大大超过了合法经营的收益，同时还使企业失去了通过正当经营获益的机会成本，是很不合算的。

但是，尽管存在高风险，但这种风险并没有达到百分之百，采用"假冒伪劣"等不正当经营手段仍然可以得逞一时。因此，即使在市场体系和市场环境较完善的情况下，仅仅具有"他律"环境还是不够的，企业还必须能够做到"自律"，即从内部自己管好自己。这种"自律"的自觉性，来自两个方面：第一是企业的规模；第二是企业经营理念的变化和企业文化的建设（包括道德文化的建设）。就企业的规模来说，在市场体系健全（如不存在严重的政治腐败和官商勾结问题）的情况下，企业的规模越大，资本越雄厚，受社会和政府部门注意和监视的程度就越强，违规受罚的风险就越高，代价就越严重，因而越可能选择长期化的经营行为和策略，从而依靠道德进行"自律"的程度往往较高。而那些小型的企业，由于资金少、规模小和分散，受社会和政府注意和监视的程度较低，隐蔽空间较大，就更可能选择变通的、短期化的经营行为。

就企业的经营文化来说，在市场进化到高级阶段后，企业或公司的集团化、规模化和跨国化使有实力的大企业或公司在市场文化的建设中起主导作用。这种大型企业或公司本身就是一个小型社会，不可避免地要受到社会整体的道德水平的影响，并按照所处社会的道德理想和目标来进行企业文化建设。西方的 CI 经营战略和 CS 经营战略首先都是出现在大型企业或公司。它们的先后出现，说明了企业经营理念的进化；而这些战略显然融入了社会的道德理想和目标（如 CI 所代表的企业公共形象与 CS 所体现的新的经营伦理和策略）。近年来，"公司公民性"（corporate citizenship）和"企业社会责任"作为学界倡导的企业经营理念，正逐步被许多大企业、大公司所接受。但是，上面所说的大企业、大公司的"自律"倾向是有前提的，那就是社会的政治、法律体系的健全，否则，大企业、大公司就更有能力利用政治腐败来从事垄断或其他不公平竞争。

在完善的市场环境和新型的企业文化的双重作用下，企业行为发生了从市场进化早期阶段的短期化行为模式向市场进化高级阶段的长期化行为模式的转变。而企业的长期化行为模式必然要重视消费者的满意感，实行品牌战略，建立企业的知名品牌，并树立企业良好的社会形象和道德形象。一个著名的品牌，不但代表商品的质量，而且也代表了企业的社会信誉和道德形象（如对消费者负责任、公平交易的形象）。而品牌是一种无形资产，是企业的无价财富，会给企业带来丰厚的物质回报。可见，一旦企业行为转向长期化，便不可避免地要确立企业信誉在经营中的作用。用更一般的话来说就是，企业行为的长期化导致企业信誉"资本化"，而信誉的资本化又导致企业不得不将自己的经营行为与社会的道德协调和一致，或至少是不发生冲突。于是，经济与道德便发生了逻辑联系。

企业行为的"合道德化"预设了其他企业也采取同样的经营策略，即都遵守市场规则。如果仍然还有很多企业在用仿冒名牌等"违规"手段进行竞争，往往就会导致"劣币驱逐良币"的后果，迫使负责任的企业也采取短期性经营行为。要防止这种恶果的发生，就必须做到：第一，"违规"者是少数；第二，"违规"者很容易受到相应的处罚。这种局面的形成，既意味着市场行为的奖惩模式发生了变化（市场能做到给"守规"者以机会，给"违规"者以处罚），也意味着市场的主流行为目标迈向了更高的境界（即"合道德化"目标）。但是，企业行为的长期化和"合道德化"并不是市场自动进化的产物，而是人们行动建构的结果，是消费者、政府管理部门和司法机关、企业等各方在互动中形成的。市场进化并不像自然进化那样否定人们在其中的能动作用，相反，市场的进化是人们积极干预和参与的结果，是人们的自觉行动所带来的并常常是未曾预料的社会后果。因此，市场进化是吉登斯（Giddens，1984）

"结构化"理论所阐述的"能动"和"结构"的互动辩证法的一个例证。

3. 社会失范与社会盗取现象

"假冒伪劣"经营现象的泛滥不但是在迪尔凯姆意义上的"社会事实",而且是一种"社会失范"〔关于中国的"社会失范"问题,樊平(1998)做了总的论述;这里我们将借鉴美国社会学家默顿的"失范"理论来分析中国的"假冒伪劣"产品现象〕。"失范"(anomie)概念由迪尔凯姆首先引进社会学,其字面意思是"没有规范"("normlessness","without norms")。它的社会学含义指"社会的或个人与社会的关系的一种状态,在这种状态中,几乎不存在一致的价值或目标,或者在价值或目标上缺乏确定性;调节集体或个人生活的规范或道德框架缺乏有效性"(Jary and Jary, 1991: 22)。在迪尔凯姆(Durkheim, 1933; 1952)那里,"失范"泛指社会缺乏有效的调节个人行为的规范的状态,是以"机械整合"为特征的传统社会尚未充分实现向以"有机整合"为特征的现代社会转型的一种不正常的社会形式(Durkheim, 1933)。在《自杀论》(Durkheim, 1952)中,他指出,失范的社会状态与自杀率存在相关关系,这类自杀叫做"失范性自杀"。

默顿深化了迪尔凯姆的"失范"概念。在默顿(Merton, 1957)看来,"失范"是指社会或个人缺乏有效调节规范的状态,在这种状态中,文化地界定的目标和个人所能得到的、获取这些目标的制度性手段之间发生了脱节。默顿把"失范"作为分析"越轨"的概念。他(Merton, 1957: 140-157)认为,一旦出现了文化地界定的目标和个人或团体所能采用的社会所赞同的手段之间发生脱节,就可能出现四种不同的反应或离轨行为。这四种反应均是以不同的方式分别对"文化地界定的目标"和"社会地赞同的手段"进行反应(采纳或拒绝),见表14-1。

表14-1 对失范的四种反应方式

反应方式	是否接受文化地界定的目标	是否采用可得的制度性手段
发　明	+	-
仪式主义	-	+
退　却	-	-
反　叛	+/-	+/-

注:(1)表格有所改动;(2)"+"指积极反应或采纳;"-"指消极反应或拒绝。
资料来源:Merton, 1957: 140。

在表 14-1 中，作为对失范的一种反应方式，"发明"指的是个人或群体为了达到文化所推崇的目标（如以金钱与财富衡量的成功），拒绝采用现有的制度性手段，而采取社会所不能赞同的手段（即不择手段），不惜以犯罪、违规等手段来达到这些目标（Merton, 1957: 141-149）。"仪式主义"指的是个人或群体为了减轻文化所推崇的目标给自己带来的焦虑和压力，降低人生目标和追求，接受制度性手段和不作为方式（Merton, 1957: 149-153）。"退却"指个人或群体（如精神病患者、孤僻者、贱民、流浪汉、无家可归者、酒鬼、吸毒者）对文化所推崇的目标和制度性手段的双重放弃（Merton, 1957: 153-155）。"反叛"指个人或群体以各种方式试图改变现存的社会结构或系统（Merton, 1957: 155~157）。

尽管默顿所描述的几种对"失范"的行为反应方式是针对美国社会的实际的，但他的"失范"反应模式理论的适用范围却超出了美国，具有一定的普遍性。在中国，"假冒伪劣"产品的生产和经营是实行市场经济以后才大量出现的，因此，它同社会转型期的"失范"有着密切的关系。

首先，以市场经济为标志的社会转型导致原有的在计划经济体制下调节人们行为的规范失去了效力。

在计划经济时期，个人的利益被置于社会和集体的利益之下，而文化和意识形态所推崇的个人目标是个人目标与集体目标保持一致，为集体目标的实现无私奉献自己的一切。作为维持个人生计的生活资料来源（如城镇居民的粮油供应等）也与居民的"服从"（conformity）行为相挂钩；一旦居民有严重的"离轨"行为，则可能被取消城市户口和相应的粮油供应等福利（如"反右"运动和打击犯罪分子的运动）。在这种行为奖惩和调节的规范支配下，个人选择服从规范的支配，追求政治服从和忠诚所带来的政治和道德回报以及与之相关的物质利益。在这样的环境下，个人对物质利益，尤其是对超出社会所能接受的平均水平的物质利益的直接或赤裸裸的追求是与"规范"相违背和冲突的，因而往往会给个人带来惩罚（如70年代农村的"割资本主义尾巴"的运动）。因此，在那个时期，一方面，社会的理想化目标变成个人所接受的目标，使个人愿意为这些远大目标的实现"添砖加瓦"、"无私奉献"；另一方面，为社会所赞同的、实现这些目标的制度性手段也被大众所接受，个人安于本职工作，"甘做社会主义事业的螺丝钉"，"做老黄牛"，勤勤恳恳，忘我工作，并保持高度的政治和道德忠诚，"一切听从党安排"，"党叫干啥就干啥"。一句话，社会所赞同的制度性手段同文化所推崇的目标取得了高度的一致。这个时期的特征是"高规范"而不是"失范"。

改革开放以后，通过对"文化大革命"的反思和对政治生活的"正本清源"，以及一系列的改革措施，原有的规范发生了动摇，并逐渐失去了调节个人和群体行为的效力。许多过于理想化和不切实际的政治和经济目标（如"一大二公"、"人民公社"、"大跃进"等）被证明是行不通的、失败的，新的、更为现实的目标取代了原来的目标。随着人们开始反思过去为这些目标所付出的代价和现实的实际后果，人们开始产生"逆反心理"，部分人对过去所奉行的、为官方意识形态所确立的理想和目标发生了动摇，理想幻灭，失去了道德和价值的支柱和依从，在心理上感到无所适从。在这种意识形态性的"失范"的情况下，一种普遍的反应就是，人们转而开始追求个人看得见、摸得着的现实的物质利益。个人对物质利益和富裕的追求不但在文化心理上，而且也在意识形态上"合法化"了。从1992年确立市场经济体制改革目标以来，金钱在个人的社会地位评价中占据越来越重要的地位，使金钱和财富成为许多民众的追求目标，拜金主义开始流行。

其次，对金钱和财富的追求成为新的、为主流社会和文化所赞同的目标，但是，在新的财富目标和现存的制度性手段之间存在严重的脱节的情况下，人们就可能在制度性手段之外"发明"新的手段，包括不正当或离轨的手段，来实现这些目标。例如，在国有企业和集体企业的工人和职工凭工资或农民凭种水稻田（现存的制度性手段），是无法达到致富目标的。当致富的欲望变得很强烈，而依靠现有的制度性手段（如低工资、低收入）又完全不可能实现这些愿望的时候，人们开始跳离原有的制度性手段的束缚，辞去原来的职业，"下海"经商，通过新的手段来实现致富的目标。但是，由于市场环境的混乱和无序，新旧规则并存（如价格双轨制）或相互冲突，新的市场法律体系的不健全，使"违规"生产经营者可以利用市场规则的漏洞，常常可以"一夜暴富"，跻身于"大款"行列（如"官倒"现象、卖批文等），而"守规"经营这一新的制度性手段比起旧的制度性手段来，当然可以给人们带来更多的物质收益（如"炒股票"），但是，其致富的速度和机会远不如采用投机取巧的"违规"经营手段来得快、来得多。于是，在制度性手段和致富目标之间脱节的情况下，不少人选择"不择手段"。市场被看作是博弈场所，许多人想的是怎样赢得博弈的结果，而不是怎样在游戏规则下赢得博弈。在这种情况下，"假冒伪劣"产品的生产和经营,就成为一些个人、群体和地方不择手段追求物质利益的产物。

一般来说,在社会底层群体那里,文化所推崇的目标和制度性手段之间的脱节显得较为严重。这也就是为什么社会底层群体往往会率先跳出旧的制度性手段的束缚的原因。同时,这也是何以社会底层群体的"离轨"率较高、贫困地区和乡镇企业的"假冒伪劣"现象较为严重的原因。可以说,贫困与离轨有某种相关关系,但是这种相关是有条件的。贫困固然意味着缺乏机会,容易使人"铤而走险"和"不择手段",但是,正如默顿所观察到的,贫困和缺乏机会并不是导致离轨的唯一原因。在僵硬的、等级森严的传统社会,致富和富裕在文化和心理上仅仅被看作是社会上层阶层的目标,而不是下层阶层的目标,因而在这种社会,贫困并不会导致离轨和犯罪,因为下层阶层认为"贫穷"是"命"而安于现状。相反,如果致富和富裕被看作是一切人的目标,不分阶层、等级、身份和区域,贫困及与其相联的劣势才可能导致离轨行为或"不择手段"的犯罪行为(Merton, 1957:146 - 147)。在已经致富的阶层和地区的"示范作用"下,强烈的贫富对比使这种"不择手段"以实现致富目标的冲动变得更加强烈。上面说过,当"不择手段"受罚的风险成本较低的情况下,"不择手段"就不但是可能的选择,而且是现实的、"理性的"选择。"假冒伪劣"产品的生产和经营就是这种"不择手段"经营策略中的一种。

"假冒伪劣"经营现象在一定范围内是"社会不均衡发展"的一种常态的离轨反应,是劣势地区和企业对社会、对成功的企业(通过仿冒名牌)和对消费者(通过交易欺诈和劣质产品)利益的一种"社会盗取"。导致这种"社会盗取"现象的原因除了上面说的"致富的普遍目标"和"所能得到的常规致富手段的有限性"之间的冲突以外,还包括社会分层的距离过大和贫富两极分化导致的不平衡心理。当制造"假冒伪劣"产品与一个地方的"脱贫致富"的合法目标取得一致的情况下,"假冒伪劣"产品的生产经营者便为自己找到了"不择手段"的"合法"依据,并在思想上和心理上将这种经营行为"合理化"了。当地方利益与社会利益发生冲突的时候,"假冒伪劣"产品的生产经营者选择了前者、捍卫了前者。因此,要消除"假冒伪劣"产品现象,仅仅从道义上、道德上对这些"假冒伪劣"产品的生产经营者进行谴责是无济于事的,因为在"失范"状态下,"地方合法性"和"地方规范"成为他们经营行为的替代规范和道德依据。要消除这种社会盗取现象，不但要从完善市场体系、改善市场环境着手，而且要从根本上解决社会的不均衡发展问题，包括沿海与内地、东部与西部、城市与农村之间的不均衡发展问题。当然，社会整体的道德和精神文明建设也是十分重要的，必须同步进行。

三 消费者权益的保护问题

每个人都是天然的消费者，而每个人却只有在一定条件（即有劳动能力和就业）下才成为生产者。一个人不可能只是生产者而不是消费者。因此，当制假售假不是个别现象，而是一种十分普遍的现象的时候，这就意味着制假售假者在坑害其他消费者的同时，他们自己也会被其他制假售假者所坑害。于是，对个体或小群体来说，以制假售假等手段可以赢一时之利，获得局部理性的结果，但对社会整体来说，则贻害无穷，并归根结底也害了制假售假者自己。当到处都是危害人身安全和健康的伪劣产品、使人防不胜防的时候，制假售假者不也同样要受到危害吗？这正是个体的理性导致了整体后果的无理性。在维护社会整体的理性方面，政府必须责无旁贷地担负起责任。

为了捍卫自己的利益，消费者必然进行抗争。消费者抗争其实早在古代就存在了，如古代集市上的讨价还价。但是，在当时，产品还比较简单（如农产品和手工艺品）、价值与价格的关系比较容易识别，产品的生产和销售也受到很强的道德支配、监督和奖惩，因而消费者抗争主要体现为价格上的协商。但是，在当代市场经济中，产品及其技术高度复杂化了，道德规范让位于法律规范，道德自律让位于市场理性，交易关系的"非道德化"使消费者在交易关系中处于劣势地位，消费者抗争对消费者个体来说难度加大，抗争也不再局限于价格，而是对更为一般的消费者权益的保护。但是，当消费者以分散的个体形式来与高度组织化的生产经营者进行抗争时，仍然处于劣势地位，难以充分保证自己的利益。

正是由于分散的消费者的交易劣势和抗争劣势逐渐导致消费者运动或消费者主义。消费者运动是社会运动的一种，"它是由众多消费者参与的、具有相当规模的社会行为现象。它的目的是保护消费者自身的权益，形成公平的市场交换规范"（彭华民，1996：220）。其根本特征是使消费者抗争组织化、制度化和压力化。"组织化"就是各种消费者权益保护组织的形成，如各级消费者协会，其目的是克服分散性消费者抗争的劣势，以组织化形式增强消费者的抗争力量和权力。"制度化"就是借助消费者权益保护组织，使消费者抗争运动常规化、日程化和固定化，而不是"三天打鱼，两天晒网"。"压力化"就是借助消费运动的组织化和制度化，增强消费者抗争的权力（如索赔、投诉、调解），给生产经营者造成一个外部压力环境，增加"不正当经营行为"受罚的风险及其交易成本。

消费者运动的发展是与市场经济中的交易失序相关的，它起源于 19 世纪后期的西方，并在 20 世纪后期逐渐国际化了。中国的消费者运动则起源于 20 世纪 80 年代。在这个过程中，中国的新闻媒体也广泛参与了舆论监督的过程（如中央电视台的《焦点访谈》以及媒体机构进行的"质量万里行"舆论曝光活动），这是中国消费者运动的一个突出特色（彭华民，1996：244~245）。关于消费者运动在国外和国内发展的详细的历史过程，彭华民（1996：228~245）做了详细的描述和讨论，故在这里没有必要重复。

在广义上，消费者运动不仅是民间自发的运动，而且也包括政府的介入。政府是消费者运动中一个重要的参与角色。从消费者的角度看，消费者运动是一种消费者为了自身利益而进行的抗争活动。从政府的角度看，消费者运动则是一种政府对消费者权益的保护活动。在交易秩序的维持和市场环境的改善方面，市场本身往往是无能为力的，所以需要政府的介入。消费者权益的保护也同样如此。消费者的自我保护总是被动的、有限的，而政府则能借助手中的资源，对消费者提供强有力的保护。

政府对消费者权益的保护包括行政保护和法律保护。从法律保护的角度看，立法机关制定了一系列旨在保护消费者权益的法律。1962 年，当消费者运动在美国处于早期阶段的时候，美国总统肯尼迪向国会发表了《关于保护消费者利益的总统特别咨文》，宣布了著名的"消费者拥有的四项基本权利"，内容是：①安全的权利（the right to safety）；②知情的权利（the right to be informed）；③选择的权利（the right to choose）；④反映自己意见的权利（the right to be heard）。虽然在此之前美国已经颁布了一些保护消费者的具体法令（如 1938 年颁布的食品、药品和化妆品法令），但这一消费者权利法案还是成为美国消费者运动的根本性的指导文献。中国政府也先后颁布了一系列保护消费者权益的法律法规，包括：《商标法》（1982 年通过，1993 年修订）、《药品管理法》（1984 年）、《计量法》（1985 年）、《环境保护法》(1989年)、《消费者权益保护法》(1993年)、《产品质量法》(1993年)、《反不正当竞争法》(1993年)、《广告法》(1994年)、《食品卫生法》(1995年)、《水污染防治法》(1996年),以及一些相关的条例,如《物价管理暂行条例》、《进出口商品检验条例》、《化妆品生产管理条例》、《工业产品质量责任条例》、《城乡集市贸易管理办法》、《建设工程质量管理条例》等。在《消费者权益保护法》中,规定了消费者具有如下权利:①安全权利;②知情权利;③自主选择权利;④公平交易权利;⑤索赔权利;⑥成立维护自身合法权益的社会团体的权利;⑦获得有关消费和消费者权益保护方面的知识的权利;⑧人格尊严和民族风俗习惯得到尊重的权利;⑨监督的权利。对于这些权利的具体内容,彭华民在《消费社会学》中做了详细的阐释(彭华民,1996:258~270)。《消费者权益保护法》也对"经营者的义务"、"国家对消费者合法权益的保护"、"消费者组织"、"争议的解决"、"法律责任"等方面的问题做了具体的法律规定。

从行政保护角度来看,中国政府相关部门的行业管理组织从各自的功能出发履行了保护消费者权益的职能,这些部门管理组织包括:工商行政管理组织、技术监督行政管理组织、卫生监督行政管理组织〔关于这些组织的具体管理功能和职能分工,彭华民(1996:300~314)做了详细的描述,在此不再赘述〕。除了行政职能部门的制度化管理,新闻媒体组织也对生产经营者的违规行为进行舆论监督。

就现阶段来说,面对市场管理和监督任务的繁重,现有的市场管理力量显得力量不足、力不从心。同时,市场管理组织在职能分工基础上未能进行有效的协调、统一行动,工商、税务、审计、物价、商检、卫生等部门各行其是,对"假冒伪劣"产品的管理缺乏统一的制度和方法,形成了大量的管理漏洞,给制假售假者以可乘之机(柳思维,1996)。就法律保护方面来说,一方面,市场立法仍然不够全面,有些法律规定不完善(如法律规定的受伪劣产品损害的消费者的赔偿少,也没有规定间接的财产赔偿和精神赔偿)(冯中锋,1997;柳思维,1996);另一方面,现实中还存在有法不依、有法难依、执法不严、违法不究的现象。在实际执法过程中,存在以罚代刑和制假者通过贿赂、找靠山或拉关系干扰执法人员的情况(冯中锋,1997;柳思维,1996)。此外,市场管理的物质检测技术和手段的落后也是"假冒伪劣"产品钻空子的一个原因(柳思维,1996)。因此,尽管政府不断加强对"假冒伪劣"产品的打击力度，但"假冒伪劣"产品现象仍然不能从根本上得到遏止。当然，这种情况在一定程度上同中国的市场进化仍然处在早期不成熟阶段有关。但是，人的能动性对加速市场的成熟和完善起着积极的作用。因此，加强政府的行政保护和法律保护，杜绝法律、管理和执法上的漏洞，使市场监控体系日益完善和精致化，是政府责无旁贷的任务，也是当务之急。此外，消费者协会的权威和职权也应当进一步得到加强。在消费者权益的保护问题上，学者们已经提出了各种具体的建设性建议（如王云川，1998；冯中锋，1997；严学军，1997；徐淳厚，1997；秦军，1997；等等），现在的问题是怎样使各种建议可行化和操作化，并在实践中真正得到贯彻落实。

结 束 语

在"经济学帝国主义"的大厦里,消费是生产的逻辑延伸,是经济运行过程中的一个逻辑链条。同时,消费本身也是一种"准生产",因为消费是一种算计,是一种交换,是劳动力的再生产,是根据理性的原则对效用最大化的追求。至于消费效用的标准是什么,消费效用是否同人们对商品意义的建构有关,消费的社会和文化意义何在,以及它们是如何被建构出来的,等等,就成为经济学的一个"黑箱"。在经济学家那里,消费的理性被"自然而然化"了,消费者被"理性"的阳光烤得只剩下逻辑选择的"骨骼"了。

我们的分析则显示,消费并不是一个完全可以通过经济学理性逻辑地演绎出来的"故事"。那个故事只是消费的所有版本的"故事"中的一种而已。消费是一个复杂的、涉及许多方面的综合性现象,它有许许多多的"故事"。而消费社会学则为我们讲述了消费在社会和文化层面上的"故事"。从社会学的角度看,消费者不但是一个理性的"经济人",而且是一个有血有肉的活生生的人,是生活在社会关系和文化世界中的人,是一个立体的人。消费活动不但是一个"逻辑学家"和"数学家"的算计活动,而且也是一个"诗人"和"艺术家"的想象、抒情和"意义创造"活动。因此,社会学对消费的研究,必须进行两个"社会学还原":首先是把消费者还原为一个社会的人、真实的人、完整的人,一个感性和理性相统一的人;其次是把消费生活还原成真实的、具体的社会生活的一部分,而不是把消费仅仅抽象成选购、预算等精确的算计活动。一旦我们完成了这两个"还原",我们就可以发现,消费领域隐含着丰富的社会和文化内容。

消费向我们揭示了个人自由与社会控制之间的矛盾。在传统的自然经济社会，生产者自己生产自己的消费品，个人对生产以及产品完成的全过程拥有控制权和自主权，与之相对，消费完全受生产决定，它只具有从属的地位和意义。但是，生产者的自主性和控制权是受到自然界巨大的不确定性（风调雨顺或自然灾害）支配和控制的。因此，表面的自由掩饰着巨大的不自由。随着近代工业资本主义的兴起，工厂劳动成为工业大生产的主要形式。工厂劳动有几个特征：一是分工细致；二是工作任务程式化、重复和单调；三是劳动者缺乏对生产以及产品完成的全过程的控制和自主权，处于"零碎"和"异化"状态。因此，在生产过程中，劳动者失去了自主性，受到整个生产系统的控制，而每个工厂又受到市场这个"无形的手"的支配。正是在这样一个背景下，消费对工人产生了某种特别的意义：它不仅是维持劳动力再生产的功能性活动，而且也获得了某种社会意义（"摆脱控制"）。正如马克思在描述资本主义社会工人的异化状况时所说的，"当他不工作的时候，他感到自在（feels at home）；当他工作时，他感到不自在。因此，他的劳动不是自愿的，而是强迫的；这是强制的劳动……外在的劳动……自我牺牲的劳动"（Marx, 1977：66）。与这种异化的劳动相对，消费和休闲成为个人复原自主性和自我控制的生活领域，因而被赋予"解脱"、"自由"和"目的"的意义。但是，个人的消费领域也常常成为资本和权力控制的对象。例如，在工业资本主义的早期阶段，资本家为了榨取工人的绝对剩余价值，将工人的工资压到极低的水平，工人因此被迫延长工作日的劳动时间以赚取维持劳动力简单再生产的必要消费资料。

随着现代性的发展，消费者自由选择的权力、范围以及消费者的自主性都大大提高了，但是，在消费者自由选择的外表下仍然掩盖了各种结构性力量对消费者的影响和控制。因此，消费事实上隐含着个人与各种"系统"的对立统一、辩证互动的关系，消费生活就是在这些互动过程中被建构的。

首先，消费揭示了个人与市场的关系。一方面，消费者是自由的，可以根据自己的好恶、偏好和倾向来自由选择商品，并根据自己是否购买商品来"投票"决定企业的生死存亡；另一方面，消费者的欲望成为市场所操纵、引导和控制的对象，以"市场营销"为手段的"欲望工程"无孔不入地作用于消费者、左右着消费者，不断地消解着消费者的自主权和自由选择的实质内容。因此，消费者与生产经营者之间既相互依赖，又相互对立，双方构成了"好恶交织"的关系。

其次，消费显示了个人与文化的关系。文化为个人制定行动的规则，创造了符号系统和客观"意义"体系，从而使消费者的意义交流和表达成为可能。但是，在现代性中，随着现代机器生产取代了传统的手工生产，消费文化越来越成为一种客观文化，现代工业的大批量生产方式使商品成为标准化、批量化和客观化"意义"的符号载体，与此同时，商品对个体消费者的主观意义，即商品与消费者之间的一对一的主观意义（如裁缝"量体裁衣"制作的衣服对消费者的个性化意义），却随着现代性的到来而逐渐消失了（Simmel，1990）。面对这种客观文化，消费者总是试图创造自己的主观文化，通过各种创造"差异"和"区分"的消费风格来表现自己的个性、品位和情趣（Bourdieu，1984）。然而，任何主观意义都只有暂时性的存在。通过"时尚"和"流行"等社会机制，客观文化总是要不断地侵吞主观文化，将主观文化客观化，将消费者类型化，在给他/她以个性（批量化的个性）的同时，同时也抹去他/她的个性（Simmel，1990）。消费文化正是在这种主观意义与客观意义、个人与文化之间的辩证互动中得到建构，并不断变迁的。

再次，消费体现了个人与社会的关系。消费生活不仅仅是个人或家庭自己的事情，而且也是社会行动，要考虑到他人对自己可能的社会评价和奖惩，并根据这种社会想象来相应地调整自己的行动（Weber，1978；Mead，1934）。因此，消费活动必须被纳入社会秩序的轨道，维持社会认同的秩序，塑造"我们"的理想形象。因此，消费活动的个体性后面隐藏着社会性。消费的主体不仅仅是"自我"，而且也是"我们"。"我"是按照"我们"所接受、认可、默认、赞许的方式来进行消费活动的。"我们"不但是"我"的"意见领袖"和"参照群体"，而且也是"我"的消费活动的"观众"和"道德裁判"。"我们"为"我"的消费活动划定了边界、制定了规矩；假如"我"超越了边界、违反了规矩，"我"就可能被推出"我们"的圈子，被划入"他们"的范畴。但是，随着现代社会交往圈子的扩大，特别是随着全球化进程的加快，"我们"与"他们"之间的一些界限在逐渐消失，"我们"的内容被稀释了，范围扩大了，在许多时候"他们"也转变成"我们"了（例如，"我们"都是地球人）。由于"我们"的边界的可伸缩性，个人就面临着一个难题："我"究竟按照哪个边界的"我们"来行事呢？在大众传媒与日常生活交织在一起的今天，"我们"已经不再是社区的"我们"，也不仅仅是民族的"我们"，"我们"越来越可以是人类的"我们"了，因为信息技术等传播手段已经消除了传统的阻隔"我们"与"他们"的空间距离和时间差，使得人类生活在一个地球村里。那么，"我"究竟应该固守社区"我们"的认同、民族"我们"的认同，还是全人类"我们"的认同呢？当不同的"我"（个体）面对不同边界的"我们"的时候，"我"该何所依从呢？很显然，在日益全球化的今天，传统意义上的个人与社会的关系发生了质的变化。个人的消费越来越与想象的、虚拟的"我们"交织在一起，越来越超出社区"我们"的边界，越来越变动不居、难以控制。

消费还向我们提出了三个严肃的问题：发展的真谛是什么？现代化的实质是什么？如果西方现代性的后果之一是消费模式上注重"消费得越多越好"，那么，这种现代性是我们发展的目标吗？这个问题包括两个方面：第一，消费得越多，是否越幸福？第二，消费的增长究竟有没有一个边界？第一个方面的问题似乎有点儿"形而上"，难有定论。但是，大量经验研究证明，许多人在消费上非常富足，但并不幸福；而许多人虽然在物质消费上贫乏，却仍然感到幸福。因此，幸福常常是一个主观的、精神层面的状态。当人们处于"意义"空虚状态的时候，即便在物质上很丰足，他们也未必觉得幸福——尽管一定的物质基础是幸福的基本条件。可见，西方现代性似乎把人带进了一个误区：它把"幸福"和"解放"建立在物质丰足和消费欲望的无穷满足的基础上，并通过对宗教的瓦解和世俗化过程而消解了"终极意义"及"终极意义"在社会生活中的地位。正是由于"终极意义"的传统制度化来源的枯竭，才导致消费、休闲、娱乐和流行文艺不得不承担起制造"终极意义"的重任。可是，消费文化和通俗文化（休闲、娱乐和流行文艺）要承担起制造"终极意义"的任务，显然是勉为其难的。西方现代性在张扬理性、消解"终极意义"的传统的社会和文化来源的同时，未能很好地提供"终极意义"的新的来源。而"意义"的缺位，恰恰是造成西方现代性的许多矛盾和问题的根源，其中包括"高消费主义"和"物质享乐主义"对环境所造成的破坏和对后代所造成的掠夺。可见，富足的消费是摆脱痛苦的基本条件之一，却未必是开启幸福之门的钥匙。从这个角度看，现代性的实质目标应该是什么，还是一个有待深刻反思的问题。

问题的第二个方面则涉及发展的真谛问题，即可持续发展和消费的模式问题。我们的发展究竟应该采取什么样的模式？在人口众多、资源相对缺乏的中国，能否采纳西方的高消费模式和消费个体主义？采纳这种模式会有什么后果？在环境、生态和能源意义上是不是可持续的？如果说我们的发展目标已经自觉或不自觉地以西方的消费模式为现代性的消费模型（如以普及私人小汽车为未来经济发展的支柱之一）的话，那么，是什么机制在促使我们不得不这样做？如果我们主张"消费民主"加"高消费"，主张分期分批地效仿西方的高消费模式和消费个体主义，家家住别墅，人人有私车，这样的目标有可能实现吗？实现以后有可能持续吗？如果在实际上只有一部分人可以达到这些目标，但是社会和文化却鼓励所有的人向这个目标努力，那么，常规手段与理想目标的脱节，会不会导致一部分人不择手段呢？这种不择手段地追求高消费主义会腐蚀社会的健全机体吗？本书对这些问题都做了初步的讨论，但还有待于进一步展开和深化。

参考文献

奥尼尔，约翰，1999，《身体形态：现代社会的五种身体》，张旭春译，春风文艺出版社。

巴尔特，罗兰，1999，《符号学原理》，王东亮等译，生活·读书·新知三联书店。

巴拉特，雷吉夫、约翰·G. 梅耶斯、大卫·A. 阿克，1998，《广告管理》（第5版，英文版），中国人民大学出版社、Prentice Hall 出版公司。

巴特，罗兰，1999，《神话——大众文化诠释》，许蔷蔷、许绮玲译，上海人民出版社。

巴特，罗兰，2000，《流行体系——符号学与服饰符码》，敖军译，上海人民出版社。

北京大学社会学系社会学理论教研室《社会学教程》编写组，1987，《社会学教程》，北京大学出版社。

本杰明，罗芭，1999，《电子社区：没有比之更佳？》，载唐·泰普斯科特、亚历克斯·洛伊、戴维·泰科尔著《数字经济蓝图：电子商务的勃兴》，陈劲、何丹译，东北财经大学出版社。

曹新，1999，《社会进步与生态需求》，《消费经济》1999年第6期。

陈淮（主编），1998，《过剩经济！过剩经济？——形势与对策》，经济科学出版社。

陈惠雄，1999，《人本经济学原理》，上海财经大学出版社。

陈学明、吴松、远东（编），1998，《痛苦中的安乐：马尔库塞、弗洛姆论消费主义》，云南人民出版社。

丛树海（主编），1999，《公共支出分析》，上海财经大学出版社。

堤清二，1998，《消费社会批判》，朱绍文等译校，经济科学出版社。

恩格斯，1972，《恩格斯致约·布洛赫》，《马克思恩格斯选集》第4卷，人民出版社，1972。

樊平，1998，《社会转型和社会失范：谁来制定规则和遵守规则？》，载刘应杰等著《中国社会现象分析》，中国城市出版社。

方卫平，1996，《闲暇的特点、意义与质量分析》，《浙江师大学报》（社会科学版）1996年第4期。

方显仓、杨侠，1998，《全新消费模式：可持续消费》，《经济问题探索》1998年第2期。

费孝通，1998，《乡土中国　生育制度》，北京大学出版社。

冯客，1999，《近代中国之种族观念》，杨立华译，江苏人民出版社。

冯中锋，1997，《假冒伪劣商品存在的根源及对策》，《湛江师范学院学报》（哲社版）1997年第1期。

弗洛姆，1998，《弗洛姆论消费主义》（下篇），载陈学明、吴松、远东编《痛苦中的安乐：马尔库塞、弗洛姆论消费主义》，云南人民出版社。

傅家荣，1998，《可持续消费的合理内涵及其实现对策》，《经济问题》1998年第3期。

富永健一（主编），1984，《经济社会学》，孙日明、杨栋梁译，南开大学出版社。

冈本庆一，1988，《剧场社会的消费》，载星野克美等著《符号社会的消费》，黄恒正译，台北：远流出版社。

高丙中，1998，《西方生活方式研究的理论发展叙略》，《社会学研究》1998年第3期。

格尔兹，克利福德，1999，《文化的解释》，纳日碧力戈等译，王铭铭校，上海人民出版社。

郭景萍，2008，《情感社会学：理论·历史·现实》，上海三联书店。

国世平、袁铁坚、杜平，1991，《中国人的消费风俗》，中国社会科学出版社。

郝睿，1999，《21世纪消费模式的主流：可持续消费》，《消费经济》1999年第2期。

何星亮，1992，《中国图腾文化》，中国社会科学出版社。

洪大用，1999，《关于适度消费的若干思考》，《社会科学研究》1999

年第 6 期。

胡伊青加，1998，《人：游戏者——对文化中游戏因素的研究》，成穷译，王作虹、陈维政校，贵州人民出版社。

华梅，1992，《中外服饰的演化》，中国社会科学出版社。

黄平，1997，《未完成的叙说》，四川人民出版社。

吉登斯，安东尼，1998，《现代性与自我认同》，赵旭东、方文译，王铭铭校，三联书店。

贾履让、郭冬乐、房汉廷，1994，《消费者行为目标及其主权保护》，《甘肃社会科学》1994 年第 2 期。

江华（编著），1997，《消费经济理论与实践》，广东经济出版社。

姜彩芬，2009，《面子与消费》，社会科学文献出版社。

蒋原伦，1998，《传统的界限：符号、话语与民族文化》，北京师范大学出版社。

金泽，1998，《宗教禁忌》，社会科学文献出版社。

卡西尔，恩斯特，1985，《人论》，甘阳译，上海译文出版社。

凯恩斯，1997，《就业、利息和货币通论》，徐毓枬译，商务印书馆。

克雷克，珍妮弗，2000，《时装的面貌：时装的文化研究》，舒允中译，中央编译出版社。

李培林、张翼，2000，《消费分层：启动经济的一个重要视点》，《中国社会科学》2000 年第 1 期。

李淑梅，1998，《社会转型与人的现代重塑》，山西教育出版社。

李文，1998，《大众时代的时尚迷狂》，《社会学研究》1998 年第 5 期。

李新家，1992a，《创建消费社会学刍议》，《社会科学》1992 年第 5 期。

李新家，1992b，《消费社会学的几个主要问题》，《求索》1992 年第 4 期。

李亦园，1999，《田野图像——我的人类学研究生涯》，山东画报出版社。

梁琦，1997，《构建生态消费经济观——兼评我国适度消费理论》，《经济学家》1997 年第 3 期。

梁漱溟，1987，《中国文化要义》，学林出版社。

林乃燊，1997，《中国古代饮食文化》，商务印书馆。

刘福森、胡金凤，1998，《资本主义工业文明消费观批判》，《哲学动态》1998年第2期。

刘光明，1999，《经济活动伦理研究》，中国人民大学出版社。

刘毅，2008，《转型期中产阶层消费特征——以珠江三角洲为例》，社会科学文献出版社。

柳思维，1996，《转轨时期假冒伪劣商品泛滥的深层原因》，《经济学动态》1996年第9期。

陆满平，1999，《论物质产品的可持续消费行为》，《消费经济》1999年第6期。

罗红光，2000，《不等价交换：围绕财富的劳动与消费》，浙江人民出版社。

罗子明（主编），1998，《消费者心理与行为》，中国财政经济出版社。

马尔库塞，1998，《马尔库塞论消费主义》（上篇），载陈学明、吴松、远东编《痛苦中的安乐：马尔库塞、弗洛姆论消费主义》，云南人民出版社。

马克思、恩格斯，1972a，《马克思恩格斯选集》（第一卷），人民出版社。

马克思、恩格斯，1972b，《马克思恩格斯选集》（第二卷），人民出版社。

Orel, Tufan, 1998，《"自我-时尚"技术：超越工业产品的普及性和变化性》，载马克第亚尼编著《非物质社会——后工业世界的设计、文化与技术》，腾守尧译，四川人民出版社。

欧阳志远，2000，《最后的消费：文明的自毁与补救》，人民出版社。

帕森斯、斯梅尔瑟，1989，《经济与社会》，刘进等译，华夏出版社。

佩卓斯基，亨利，1999，《器具的进化》，丁佩芝、陈月霞译，中国社会科学出版社。

彭华民，1996，《消费社会学》，南开大学出版社。

秦军，1997，《谈消费者权益的保护》，《陕西经贸学院学报》1997年第3期。

秦言，1999，《过剩经济》，天津人民出版社。

青木贞茂，1988，《商品的符号学》，载星野克美等著《符号社会的消费》，黄恒正译，台北：远流出版社。

瞿明安，1993，《中国民族的生活方式》，中国社会科学出版社。

商俊峰，1998，《改革的困点与兴奋点：三波九折话房改》，珠海出版社。

舍克，赫尔穆特，1999，《妒忌与社会》，王祖望、张田英译，社会科学文献出版社。

石培华，2000，《注意力经济》，经济管理出版社。

叔本华，1982，《作为意志和表象的世界》，石冲白译，商务印书馆。

斯梅尔瑟，1989，《经济社会学》，方明、折晓叶译，华夏出版社。

孙沛东，2007，《全能主义背景下的时尚——"文革"时期广东城市居民着装时尚的情境和实践分析》，中山大学博士学位论文。

所罗门，迈克尔，1999，《消费者行为》（第三版），张莹、傅强等译，张一驰校，经济科学出版社。

汤林森，1999，《文化帝国主义》，冯建三译，郭英剑校，上海人民出版社。

童恩正，1998，《人类与文化》，重庆出版社。

汪和建，1993，《现代经济社会学》，南京大学出版社。

汪和建，1999，《迈向中国的新经济社会学：交易秩序的结构研究》，中央编译出版社。

王德胜，1996，《新编消费心理学》，山东人民出版社。

王建平，2007，《中国城市中间阶层消费行为》，中国大百科全书出版社。

王宁，1999，《关于消费社会学研究对象的几点思考》，《中山大学学报》（社会科学版）1999年第5期。

王宁，2000，《略论休闲经济》，《中山大学学报》（社会科学版）2000年第3期。

王宁，2005，《消费的欲望：中国城市消费文化的社会学解读》，南方日报出版社。

王宁，2009，《从苦行者社会到消费者社会——中国城市消费制度、劳动激励与主体结构的转型》，社会科学文献出版社。

王宁、戴慧思、埃尔潘等，2010，《消费社会学的探索——中、法、美学者的实证研究》，人民出版社。

王琪延，2000，《中国城市居民生活时间分配分析》，《社会学研究》

2000年第4期。

王旭，1997，《"上帝"受害之谜——消费者市场交易矛盾探索》，《商业研究》1997年第12期。

王玉波、瞿明安，1997，《超越传统——生活方式转型取向》，京华出版社。

王云川，1998，《消费者的市场地位——消费者权益受损害的重要原因》，《经济问题》1998年第2期。

屋太一，1999，《知识价值革命》，金泰相译，沈阳出版社。

向翔，1997，《哲学文化学》，上海科学普及出版社。

星野克美，1988，《消费文化符号论》，载星野克美等著《符号社会的消费》，黄恒正译，台北：远流出版社。

熊思远，1995，《谈谈居民的理性消费与感性消费》，《经济问题探索》1995年第3期。

徐淳厚，1997，《试论消费者权益保护》，《北京商学院学报》1997年第2期。

徐滇庆、李瑞，1999，《政府在经济发展中的作用》，上海人民出版社。

严学军，1997，《构建我国消费者权益保护规则体系的若干思考》，《中南财经大学学报》1997年第5期。

阎云翔，2000，《礼物的流动：一个中国村庄的互惠原则与社会网络》，李放春、刘瑜译，上海人民出版社。

杨家栋、秦兴方，1997a，《可持续消费：世纪之交人类共同面对的战略性研究课题》，《扬州大学学报》（人文社科版）1997年第1期。

杨家栋、秦兴方，1997b，《重视可持续消费研究，促成可持续发展》，《江苏经济探讨》1997年第6期。

杨家栋、秦兴方，2000，《可持续消费行为及其制度安排》，《消费经济》2000年第2期。

尹世杰，1993，《消费需要论》，湖南出版社。

油谷遵，1989，《消费者主权时代》，东正德译，台北：远流出版社。

于良春，2000，《企业·居民·市场——社会主义微观经济研究》，经济科学出版社。

俞海山，1999，《可持续消费：内涵、原则与意义》，《消费经济》1999年第3期。

藏旭恒，1994，《中国消费函数分析》，上海三联书店、上海人民出版社。

翟学伟，1998，《中国人：脸面类型、关系构成与群体意识》，载沙莲香等著《社会学家的沉思：中国社会文化心理》，中国社会出版社。

张国珍，1991，《论闲暇》，《湖南师范大学社会科学学报》1991年第2期。

张仙桥、洪民文，1993，《住宅社会学概论》，社会科学文献出版社。

赵宝库，1996，《论消费者问题》，《海南大学学报》（人文社会科学版）1996年第4期。

赵瑞政，1994，《消费水平与闲暇生活》，《学术交流》1994年第6期。

赵卫华，2007，《地位与消费：当代中国社会各阶层消费状况研究》，社会科学文献出版社。

郑红娥，2006，《社会转型与消费革命》，北京大学出版社。

中国城市住宅问题研究会、住宅社会学学术委员会（编），1991，《住宅社会学导论》，安徽人民出版社。

钟敬文（主编），1998，《民俗学概论》，上海文艺出版社。

周显志，1995，《消费社会学初论》，《消费经济》1995年第4期。

朱国宏（主编），1998，《社会学视野里的经济现象》，四川人民出版社。

Abercrombie, N. and A. Warde. 1988. *Contemporary British Society: A New Introduction to Sociology.* Cambridge: Polity Press.

Anderson, Benedict. 1991. *Imagined Communities*, revised edition. London: Verso.

Appadurai, Arjun. 1986. "Introduction: Commodities and the Politics of Value." In Arjun Appadurai (ed.), *The Social Life of Things: Commodities in Cultural Perspective.* Cambridge: Cambridge University Press.

Bachelard, Gaston. 1964. *The Poetics of Space.* Trans. by Maria Jolas. Boston: The Orion Press.

Baudrillard, Jean. 1988. *Selected Writings.* Edited by Mark Poster. Cambridge: Polity Press.

Bauman, Zygmunt. 1987. *Legislators and Interpreters: On Modernity, Postmodernity and Intellectuals.* Cambridge: Polity Press.

Belk, Russell W. 1995. "Studies in the New Consumer Behaviour." In Daniel Miller (ed.), *Acknowledging Consumption: A Review of New Studies*. London: Routledge.

Berger, John. 1972. *Ways of Seeing*. London: British Broadcasting Corporation and Penguin Books.

Bocock, Robert. 1992. "Consumtion and Lifestyle." In R. Bocock and K. Thompson (eds.), *Social and Cultural Forms of Modernity*, ch. 3. Oxford: Polity.

Boorstin, D. 1964. *The Image: A Guide to Pseudo-events in America*. New York: Harper & Row.

Bourdieu, Pierre. 1977. *Outline of a Theory of Practice*. Cambridge: Cambridge University Press.

Bourdieu, Pierre. 1984. *Distinction: A Social Critique of the Judgement of Taste*. Translated by Richard Nice. London: Routledge.

Bowlby, Rachel. 1985. *Just Looking: Consumer Culture in Dreiser, Gissing and Zola*. London: Methuen.

Bruckner, Matilda Tomaryn. 1980. *Narrative Invention in Twelfth-Century French Romance: The Convention of Hospitality (1160 – 1200)*. Lexington, Kentucky: French Forum Publishers.

Campbell, Colin. 1987. *The Romantic Ethic and the Spirit of Modern Consumerism*. Oxford: Blackwell.

Chon, Kye-Sung. 1990. The Role of Destination Image in Tourism: A Review and Discussion. *The Tourist Review*, 45 (2): 2 – 9.

Cohen, Erik. 1974. Who is a Tourist?: A Conceptual Clarification. *Sociological Review*, 22: 527 – 55.

Corrigan, Peter. 1997. *The Sociology of Consumption*. London: Sage.

Csikzentmihalyi, Mihaly and Eugene Rochberg-Halton. 1981. *The Meaning of Thing: Domestic Symbols and the Self*. Cambridge: Cambridge University Press.

Dann, Graham M. S. 1977. Anomie, Ego-enhancement and Tourism. *Annals of Tourism Research*, 4: 184 – 94.

Davis, Fred. 1989. Of Maids' Uniforms and Blue Jeans: The Drama of Status Ambivalence in Clothing and Fashion. *Qualitative Sociology*, 12 (4): 337 – 355.

Douglas, Mary and Baron Isherwood. [1979] 1996. *The World of Goods: Towards an Anthropology of Consumption*. London: Routledge.

Duncan, James S. 1981. *Housing and Identity: Cross-cultural Perspectives*. London: Croom Helm.

Durkheim, Emile. 1933. *The Division of Labor in Society*. Trans. by George Simpson. London: Micmillan.

Durkheim, Emile. 1952. *Suicide: A Study in Sociology*. Trans. by John A. Spaulding and George Simpson. London: Routledge & Kegan Paul.

Durkheim, Emile. 1982. *The Rules of Sociological Methods and Selected Texts on Sociology and Its Method*. Edited by Steven Lukes and Translated by W. D. Halls. London: Macmillan.

Dyer, Gillian. 1982. *Advertising as Communication*. London: Methuen.

Edgell, Stephen, Hevin Hetherington, and Alan Warde. 1996. "Introduction: Consumption Matters." In Stephen Edgell, Kevin Hetherington, and Alan Warde (eds.), *Consumption Matters: The Production and Experiences of Consumption*, pp. 1 - 8. Oxford: Blackwell.

Elias, Norbert. 1978. *The Civilizing Process, Vol. 1: The History of Manners*. Oxford: Blackwell.

Elias, Norbert. 1982. *The Civilizing Process, Vol. 2: State Formation and Civilization*. Oxford: Blackwell.

Elias, Norbert. 1984. *The Court Society*. Trans. by Edmund Jephcott. Oxford: Basil Blackwell.

Elias, Norbert and Eric Dunning. 1986. *Quest for Excitement: Sport and Leisure in the Civilizing Process*. Oxford: Blackwell.

Ewen, Stuart. 1976. *Captains of Consciousness: Advertising and the Social Roots of the Consumer Culture*. New York: McGraw-Hill.

Featherstone, Mike. 1990. Perspectives on Consumer Culture. *Sociology*, 24 (1): 5 - 22.

Featherstone, Mike. 1991. *Consumer Culture and Postmodernism*. London: Sage.

Fornäs, Johan. 1995. *Cultural Theory & Late Modernity*. London: Sage.

Freud, Sigmund. 1963. *Civilization and Its Discontents*. Trans. by J.

Riviere, revised and newly edited by J. Strachey. London: The Hogarth Press and the Institute of Psycho-analysis.

Friedman, Jonathan. 1994. *Cultural Identity & Global Process*. London: Sage.

Fromm, Erich. 1976. *To Have or to Be?* London: ABACUS.

Gabriel, Yiannis and Tim Lang. 1995. *The Unmanageable Consumer: Contemporary Consumption and Its Fragmentation*. London: Sage.

Giddens, Anthony. 1979. *Central Problems in Social Theory: Action, Structure and Contradiction in Social Analysis*. London: Macmillan Education.

Giddens, Anthony. 1984. *The Constitution of Society: Outline of the Theory of Structuration*. Cambridge: Polity Press.

Giddens, Anthony. 1991. *Modernity and Self-identity: Self and Society in the Late Modern Age*. New york: Basic Books.

Giddens, Anthony. 1992. *The Transformation of Intimacy*. Cambridge: Polity Press.

Goffman, Erving. 1959. *The Presentation of Self in Everyday Life*. Harmondsworth: Penguin.

Goffman, Erving. 1968. *Stigma: Notes on the Management of Spoiled Identity*. Harmondsworth: Penguin.

Graburn, Nelson H. H. 1989. "Tourism: The Sacred Journey." In V. Smith (ed.), *Hosts and Guests: The Anthropology of Tourism* (2nd ed.), pp. 21 - 36. Philadelphia: University of Pennsylvania Press.

Gregory, Derek and John Urry (eds.). 1985. *Social Relations and Spatial Structures*. London: Macmillan.

Hochschild, A. R. 1983. *The Managed Heart: Commercialization of Human Feeling*. London: University of California Press.

Jameson, Fredric. 1985. "Postmodernism and the Consumer Society." In H. Foster (ed.), *Postmodern Culture*. London: Pluto Press.

Jameson, Fredric. 1991. *Postmodernism, or the Cultural Logic of Late Capitalism*. London: Verson.

Jary, David and Julia Jary. 1991. *Collins Dictionary of Sociology*. HarperCollins Publishers.

Jenkins, Richard. 1996. *Social Identity*. London: Routledge.

Kopytoff, Igor. 1986. "The Cultural Biography of Things: Commoditization as Process." In Arjun Appadurai (ed.), *The Social Life of Things: Commodities in Cultural Perspective*. Cambridge: Cambridge University Press.

Kumar, Krishan. 1995. *From Post-industrial to Post-modern Society: New Theories of the Contemporary World*. Oxford: Blackwell.

Lee, Martyn J. 1993. *Consumer Culture Reborn: The Cultural Politics of Consumption*. London: Routledge.

Lefebvre, Henry. 1991. *The Production of Space*. Oxford: Blackwell.

Leidner, Robin. 1993. *Fast Food, Fast Talk: Service Work and the Routinisation of Everyday Life*. London: University of California Press.

Leiss, W., S. Kline, and S. Jhally. 1997. *Social Communication in Advertising* (2nd ed.). London: Routledge.

Longhurst, Brian and Mike Savage. 1996. "Social Class, Consumption and the Influence of Bourdieu: Some Critical Issues." In Edgell, Hetherington, and Warde (eds.), *Consumption Matters: The Production and Experiences of Consumption*. Cambridge: Blackwell.

Lunt, P. K. and S. M. Livingstone. 1992. *Mass Consumption and Personal Identity: Everyday Economic Experience*. Buckingham and Bristol: Open University Press.

Lury, Celia. 1996. *Consumer Culture*. Cambridge: Polity Press.

MacCannell, Dean. 1973. Staged Authenticity: Arrangements of Social Space in Tourist Settings. *American Journal of Sociology*, 79 (3): 589 – 603.

MacCannell, Dean. 1976. *The Tourist: A New Theory of the Leisure Class*. New York: Schocken.

Marcuse, Herbert. 1955. *Eros and Civilisation*. London: The Beacon Press.

Marx, Karl. 1977. *Economic and Philosophic Manuscripts of 1844*. London: Lawrence & Wishart.

Maslow, Abraham H. 1954. *Motivation and Personality*. New York: Harper.

Mauss, Marcel. 1966. *The Gift: Forms and Functions of Exchange in Archaic Societies*. Trans. by Ian Cunnison. London: Routledge & Kegan Paul.

McCracken, Grant. 1988. *Culture and Consumption: New Approaches to the*

Symbolic Character of Consumer Goods and Activities. Bloomington and Indianapolis: Indiana University Press.

McKendrick, Neil, John Brewer, and J. H. Plumb. 1982. *The Birth of a Consumer Society: The Commercialization of Eighteenth-Century England*. Bloomington: Indiana University Press.

Mead, George Herbert. 1934. *Mind, Self, and Society*. Chicago: The University of Chicago Press.

Merton, Robert K. 1957. *Social Theory and Social Structure* (revised and enlarged edition). Glencoe: Free Press.

Mestrovic, S. G. 1997. *Postemotional Society*. London: Sage.

Miller, Daniel. 1987. *Material Culture and Mass Consumption*. Oxford: Blackwell.

Miller, Daniel (ed.). 1995. *Acknowleding Consumption: A Review of New Studies*. Londen: Routledge.

Miller, Michael B. 1981. *The Bon Barché: Bourgeois Culture and Department Store, 1869 - 1920*. Princeton: Princeton University Press.

Mills, C. Wright. 1951. *White Collar: The American Middle Classes*. Oxford: Oxford University Press.

Morgan, Michael. 1996. *Marketing for Leisure and Tourism*. London: Prentice Hall.

Mumford, Lewis. 1934. *Technics and Civilization*. New York: Harcourt, Brace & World.

Nava, Mica. 1992. "Consumerism and Its Contradictions." In *Changing Cultures: Feminism, Youth and Consumerism*. London: Sage.

Peter, J. Paul and Jerry C. Olson. 1998. *Consumer Behavior and Marketing Strategy* (4th edition). 东北财经大学出版社/McGraw-Hill.

Poster, M. 1990. *The Mode of Information: Poststructuralism and Social Context*. Cambridge: Polity Press.

Rapoport, Amos. 1969. *House form and Culture*. Englewood Cliffs, N. J.: Prentice-Hall, INC.

Richins, Marsha L. and Scott Dawson. 1992. A Consumer Values Orientation for Materialism and Its Measurement: Scale Development and Validation. *The*

Journal of Consumer Research, Vol. 19, No. 3.

Ritzer, George. 1992. *Sociological Theory* (3rd ed.). New York: McGraw-Hill.

Ritzer, George. 1996. *The McDonaldiszation of Society* (revised ed.). Thousand Oaks, California: Pine Forge Press.

Roche, Maurice. 1992. *Rethinking Citizenship: Welfare, Ideology and Change in Modern Society*. Cambridge: Polity Press.

Rogers, Everett M. 1983. *Diffusion of Innovations* (3rd edition). New York: Free Press.

Rojek, Chris. 1993. *Ways of Escape: Modern Transformations in Leisure and Travel*. London: Macmillan.

Sahlins, Marshall. 1976. *Culture and Practical Reason*. Chicago: Chicago University Press.

Saunders, Peter. 1986. *Social Theory and the Urban Question* (2nd ed.). London: Routledge.

Saunders, Peter and Collin Harris. 1990. Privatization and the Consumer. *Sociology*, 24 (1).

Schiffman, Leon G. and Leslie Lazar Kanuk. 1997. *Consumer Behavior* (5th edition). 清华大学出版社/Prentice-Hall International.

Schor, Juliet B. 1998. *The Overspent American*. New York: HarperPerennial.

Sennett, Richard. [1976] 1978. *The Fall of Public Man: On the Social Psychology of Capitalism*. New York: Vintage Books.

Shields, Rob. 1991. *Places on the Margin: Alternative Geographies of Modernity*. London: Routledge.

Shields, Rob. 1992. A Truant Proximity: Presence and Absence in the Space of Modernity. *Environment and Planning D: Society and Space*, 10 (2): 181–198.

Simmel, Georg. 1990. *Philosophy of Money* (2nd enlarged ed.). Trans. by T. Bottomore and D. Frisby. London: Routledge.

Slater, Don. 1997. *Consumer Culture and Modernity*. Cambridge: Polity Press.

Smith, Anthony D. 1981. *Ethnic Revival*. Cambridge: Cambridge University

Press.

Synnott, Anthony. 1989. Truth and Goodness, Mirrors and Masks? Part I: A Sociology of Beauty and the Face. *British Journal of Sociology*, 40 (4): 607 - 636.

Synnott, Anthony. 1990. Truth and Goodness, Mirrors and Masks? Part II: A Sociology of Beauty and the Face. *British Journal of Sociology*, 41 (1): 55 - 76.

Thompson, E. P. 1967. Time, Work-discipline and Industrial Capitalism. *Past and Present*, 38: 56 - 97.

Thompson, Michael, Richard Ellis, and Aaron Wildavsky. 1990. *Cultural Theory*. Boulder: Westview Press.

Thornton, Mary Anna. 1987. "Sekt versus Schnapps in an Austrian Village." In Mary Douglas (ed.), *Constructing Drinking: Perspectives on Drink from Anthropology*. Cambridge: Cambridge University Press.

Thrift, Nigel. 1990. "The Making of a Capitalist Time Consciousness." In *The Sociology of Time*, John Hassard, ed., pp. 105 - 29. London: Macmillan.

Tomlinson, Alan (ed.). 1990. *Consumption, Identity, and Style: Marketing, Meanings, and the Packaging of Pleasure*. London: Routledge.

Torkildsen, George. 1992. *Leisure and Recreation Management* (3rd edition). London: E& FN SPON.

Tuan, Yi-Fu. 1977. *Space and Place: The Perspective of Experience*. London: University of Minnesota Press.

Turner, Louis and John Ash. 1975. *The Golden Hordes: International Tourism and the Pleasure Periphery*. London: Constable.

Veal, A. J. 1993. The Concept of Lifestyle: A Review. *Leisure Studies*, 12: 233 - 252.

Veblen, Thorstein. [1967] 1994. *The Theory of the Leisure Class*. Harmondsworth: Penguin.

Walker, J. 1982. *British Economic and Social History 1700 - 1982* (4th edition), revised by C. W. Munn. Estover, Pymouth: MacDonald and Evans.

Wang, Ning. 1996. Logos-modernity, Eros-modernity, and Leisure. *Leisure Studies*, 15 (2): 121 - 135.

Wang, Ning. 2000. *Tourism and Modernity: A Sociological Analysis*. Amsterdam, Lausanne, New York, Oxford, Shannon, Singapore, Tokyo: Elsevier Science.

Warde, Alan. 1990. Introduction to the Sociology of Consumption. *Sociology*, 24 (1): 1 – 4.

Weber, Max. 1958. *The City*. Chicago: Free Press.

Weber, Max. 1970. *The Protestant Ethic and the Spirit of Capitalism*. London: Unwin University Books.

Weber, Max. 1978. *Economy and Society*, vol. 1 and 2. Edited by Guenther Roth and Claus Wittich. London: University of California Press.

Werlen, Benno. 1993. *Society, Action and Space: An Alternative Human Geography*. London: Routledge.

Williams, Rosalind H. 1982. *Dream Worlds: Mass Consumption in Late Nineteenth Century France*. Berkeley: University of California Press.

Williamson, J. 1978. *Decoding Advertisements: Ideology and Meaning in Advertising*. London: Marion Boyars.

Willis, Paul. 1977. *Learning to Labour: How Working Class Kids Get Working Class Jobs*. Farnborough: Saxon House.

Willis, Paul. 1997. *Common Culture: Symbolic Work at Play in the Everyday Cultures of the Young*. Milton Keynes: Open University Press.

Winship, J. 1987. *Inside Women's Magazines*. London: Pandora.

Zerubavel, Eviatar. 1981. *Hidden Rhythms: Schedules and Calendars in Social Life*. London: University of California Press.

再版后记

本书第一版的出版是在2001年。那个时候，消费社会学还未受到国内社会学界的重视，许多人的观念还停留在"生产主义"时代，还纠缠于解决供给不足的问题。10年以后，国内居民消费占GDP的比重连续多年持续下降，已成为经济失衡的重要表现，消费问题的重要性已成为全社会广泛的共识。不仅如此，社会学学者可以对消费问题的研究做出贡献，也被社会学界所认可。可以说，今天，国内社会学界已经承认了消费社会学的学科地位，消费社会学已经成为一门显学。

这本出版了10年的《消费社会学》，已经得到市场检验，评价还算不错，算是被读者接受了。该书在市场上早已脱销。早在数年前，社会科学文献出版社的负责同志和编辑就要求我对该书进行修改，以便再版，但因事务繁忙，拖至今日才完成。再版书稿删掉了一些句子和段落，增补了一些内容。

本书适合作为社会学专业本科生"消费社会学"课程的教材，或本科生"经济社会学"课程的参考书，也适合作为研究生"消费社会学"课程的参考书。

感谢社会科学文献出版社鼎力支持本书的再版，感谢该出版社社长谢寿光、社会学室主任童根兴、责任编辑杨桂凤以及所有为本书的再版付出心血的出版界朋友，感谢多年来一直与我一起参与消费社会学研讨班讨论的研究生，感谢分享我研究心得的朋友与同仁，感谢为我付出的家人。

2011年11日于中山大学

图书在版编目(CIP)数据

消费社会学 / 王宁著. —2版. --北京:社会科学文献出版社, 2011.7 (2020.12重印)
(现代社会学文库;第2辑)
ISBN 978-7-5097-2320-3

Ⅰ.①消… Ⅱ.①王… Ⅲ.①消费-社会学 Ⅳ.①C913.3

中国版本图书馆CIP数据核字(2011)第066397号

现代社会学文库·第二辑
消费社会学(第二版)

著　　者 / 王　宁
出 版 人 / 王利民
项目统筹 / 童根兴
责任编辑 / 杨桂凤
出　　版 / 社会科学文献出版社·群学出版分社(010)59366453
　　　　　 地址:北京市北三环中路甲29号院华龙大厦　邮编:100029
　　　　　 网址:www.ssap.com.cn
发　　行 / 市场营销中心(010)59367081　59367083
印　　装 / 三河市龙林印务有限公司
规　　格 / 开　本:787mm×1092mm　1/16
　　　　　 印　张:18　字　数:304千字
版　　次 / 2011年7月第2版　2020年12月第9次印刷
书　　号 / ISBN 978-7-5097-2320-3
定　　价 / 39.00元

本书如有印装质量问题,请与读者服务中心(010-59367028)联系

▲ 版权所有 翻印必究